KB270493

즐거운 교실공부

즐거운 교실공부

초판 1쇄 인쇄 ┃ 2008년 12월 1일
초판 1쇄 발행 ┃ 2008년 12월 5일

지은이 ┃ 이화규
펴낸이 ┃ 박옥희
펴낸곳 ┃ 도서출판 인디북
등록일자 ┃ 2000년 6월 22일
등록번호 ┃ 제 10-1993호

주　소 ┃ 서울시 마포구 용강동 469 하나빌딩 2층
전　화 ┃ 02)3273-6895　팩　스 ┃ 02)3273-6897

ISBN　978-89-5856-116-3　43370

* 잘못 만들어진 책은 구입처나 본사에서 교환해 드립니다.
* 사진 촬영에 도움을 주신 숙명여고의 김유미 김희원 백지민 심숙인 이재연 정혜림
　조선주 차혜근 최고은 님께 감사드립니다.

대학 입시에 강한 숙명여고 **이화규** 선생님의

즐거운 교실공부

이화규 지음

인디북

이제 교정은 12월이다. 매서운 삭풍을 느낄 사이도 없이 한 학기의 끝마무리로 마음이 분주해진다. 어느덧 한 학년도를 정리해야 하는 시점에 이르렀음을 느낀다.

수능시험을 치른 3학년들의 상황이 몹시 신경 쓰인다. 치밀한 마지막 마무리로 다들 원하는 목표를 얻어낼 수 있어야 하리라. 비록 담임은 아니지만 수업에 들어갔던 3학년 3반 아이들이 궁금하다. 분위기는 어리버리하였지만, 유독 정이 들었던 학급이었다. 녀석들. 수능 성적이 잘 나와야 할 터인데. 수시에 합격하고도 행여 수능 최저학력기준에 못 미쳐 탈락하는 일은 없어야 할 터인데. 논술 보는 대학의 논술 준비를 효율적으로 잘 해야 할 터인데.

한 해의 끝자락에서 서서, 부끄럽고도 조심스러운 마음으로 이 책을 시중에 내놓는다. 교육문제를 다루었으니, 교사인 나의 본연에 충실한 결과물일 수도 있겠다. 하나 탄착점을 분명히 하여 초점을 좁히다 보니, 실용성만이 부각된 편협한 책이 되어 버린 듯싶다. 이게 이 책이 지닌 어쩔 수 없는 한계이다.

사실 교육 전반에 걸쳐 하고 싶은 이야기는 많았다. 특히 거시적인 교육 시스템에 대한 이야기를 다루고는 싶었다. 하지만 이 책에서 거의 다루지 못했다. 가장 마음에 걸린다. 기실 시스템의 문제를 다루었더라도 나의 집필 역량에 명백한 한계가 생겼을 게다. 하기야 이렇게라도 말해야 불편한 나의 마음이 다소 누그러질 듯싶다. 그저 학생들에게는 미안한 마음뿐이다. 현장 교사라면 누구나 교육문제에 대해 잠재된 부담감과 부채 의식이 있나 보다. 나 역시 그러하다.

생각건대 처음 출판사와 약속한 책은 여행과 문학의 만남이었다. 한국 고전문학사의 중요 인물의 자취를 찾는 르포 기행이었다. 이것이 간다라 미술의 현장인 실크로드의 카라코람 하이웨이 기행으로 돌더니, 결국은 '공부 방법론'을 자처한 교육서로 엉뚱하게 돌변하고 말았다. 돌고 돌아 현장 교사 본연의 자리로 다시금 왔다. 어차피 다루어야 할 내용이었으니 어찌 보면 잘 되었는지도 모른다. 하지만 독자들이여, 나음의 작업을 기다러 주기를. 여행, 음악, 영화, 연극 공연 등의 문화와 교육이 만나는 지점에 필자는 항상 서고 싶어 하니까. 분명한 것은 삶의 장소 모두는 교육의 현장이라는 점이다.

시중 책방의 서가에는 교육 관련 서적들이 지천으로 널려 있다. 그러기에 이 책이 그 서가에 비벼 끼워 넣은 또 하나의 부담으로 독자들에게 다가서지 않을까 적이 두렵다. 하지만 소박한 바람도 있다. 나는 어떤 형태로든 교육의 최일선에 선 현장 교사의 모습을 알리고 싶었다. 그간 우리 주변에는 교육문제에 관한 외부인의 목소리가 너무도 많았기 때문이다. 사교육 관계자의 상담실, 학원 강사의 강의실, 교육학자의 서재에서 나오는 현장 바깥의 목소리가 우리 주변에 더 크게 울렸던 것이 사실이다. 이 점에서는 나는 감히 교육 현장 내부인으로서의 소명감과 대리자 의식까지도 느끼고 있다. 하지만 그럼에도 불구하고 여전히 조심스럽다. 혹여 이 책에 담긴 나의 어설픈 변설이 일선 교사들에게 일점일획의 누라도 끼치지 않을까 해서이다.

이 책이 나오기까지 실로 많은 분들에게 유무형의 부채를 안겼다. 인디북 심연순 편집부장의 노고가 제일 컸다. 도무지 진척이 없는 나의 원고로 인해 지독한 가슴앓이를 하고는 자다가도 벌떡벌떡 일어나곤 했단다. 책의 진행에 대해 지속적인 관심을 보여 주신 이돈희 교장 선생님, 기꺼이 내용 감수를 해 준 연구부 김정훈 선생님께도 진진한 감사의 말씀을 드린다. 참으로 온유한 나의 아내 그리고 자랑스러운 두 딸 유진, 유림이에게 사랑을 전한다. 가족의 이해와 격려가 있었기에 집필이 가능했다.

이 책을 소리 없는 땀으로 교단을 적시는 현장 교사들에게 바친다. 하지만 여전히 나는 두렵다. 내가 감히 이런 말을 할 자격이나 있는지 해서이다.

2008년 12월
이화규

1장 즐거운 교실

즐거운 교실에 들어가면서

교실에서

교사들은 교실을 좋아한다. 교실에는 어느 곳에서도 맛볼 수 없는 생기가 느껴지기 때문이다. 교실 화단의 피튜니아 꽃 내음과 적당한 먼지 내음, 그리고 교실에서만 느낄 수 있는 사각의 공간감이 교사들을 흥분시킨다. 여기에 교사들을 위한 무대가 펼쳐진다. 교사들은 학생들과 호흡하고, 대화하며 자신이 지닌 이야기들을 풀어낸다.

필자는 교무실에서는 학생들을 다소 격의 있게 대하는 편이다. 학교 공간에서 학생 개개인과는 격식을 차리는 것이 옳다는 소신에서이다. 그러면 교사와 학생으로서 교단과 교탁만큼의 거리감이 확보된다. 교사는 교사답고 학생은 학생다운 모습이 생기는 것이다. 하지만 다수를 접하는 교실에서만큼은 최대한 부드럽게 분위기를 풀어 가며 학생들을 대하고자 노력한다. 그들이 하고 싶은 질문이나 의견을 스스럼없이 표할 수 있는 현장을 만들어 내고자 한다. 이곳에서 필자는 마치 스스로가 한 사람의 연기자가 된 것 같은 착각에 빠진다. 학생들에게 자신이 지닌 것을 내보이고, 전달하고 그리고 쏟아부어 주고 싶은 열정을 느낀다. 이곳은 누구도 간섭할 수 없는 교사와 학생들이 만나는 생생한 공간이기 때문이다.

오늘의 교사를 생각해 보자. 학교에서의 하루는 참으로 격무의 연속이다. 오늘날 우리의 교육 현실은 교사들에게 많은 짐들을 부과하고 있기 때문이다. 담임으로서의 학급 경영과 잡무, 부서원으로서의 업무, 수업을 위한 연구 그리고 교실에서의 수업 — 교사들에게 이 모든 것들은 쉴 새 없이 다중적으로 부과되고 있다.

이런 가운데 주변의 동료 혹은 선후배 교사들을 보노라면 각자의 장점이 드러난다. 누구는 입시 지도에, 누구는 수업 능력에 뛰어난 장점을 보인다. 누구는 끊임없는 연구 자세에 집중력을 보이고, 누구는 담임교사로서의 학급 운영 능력과 보직 교사로서의 뛰어난 행정 능력을 보인다. 여기에는 수치로 계량화할 수 있는 부분과 계량화하기 어려운 부분이 있다. 그러기에 교사에 대한 평가는 참 어려운 일면이기도 하다.

필자는 교사로서 여러 분야에서 부족한 점이 많다. 특히 가장 취약한 것이 학생들 개개인과의 면담 능력이 아닐까 한다. 힘이 든다. 하지만 교실에서의 수업에서만큼은 필자 스스로가 좋아하고 있다고 감히 자부한다. 아니 신명이 나야 한다고 믿고 있다. 왜일까? 그냥 학생들이 좋아서일까? 교사로서의 최일선의 현장이 바로 수업이라고 굳게 믿기 때문일까? 교사라는 자부심이 교실로 나를 이끄는 것일까? ─ 이러한 여러 의문들이 바로 이 책을 쓰게 된 하나의 연유이기도 하다.

교실에서의 수업 풍경

필자는 2학기만 되면 고3의 교실 수업에서 EBS 파이널을 가르치는 경우가 많다. 올해 역시 마찬가지이다. 국어 선생이니 언어를 가르치는 셈이다. 지극히 실리적으로 수업이 진행되고 있다. 대학수학능력시험이하 수능시험이 얼마 남지 않은 때인 만큼 요약해서 가르치려고 노력한다. 어찌 보면 문제 풀기 요령을 가르치고 있다고 해도 과언이 아니다. 학생들에게 함정에 빠지지 않으면서도 출제 의도를 정확하게 파악하여 신속하게 문제를 해결해 내는 능력을 강조한다. 그러다 보니 수업 내용이 지극히 압축적이 된다.

예컨대, 끊임없이 다음과 같이 잔소리를 해 댄다. 일단 시험지를 대하면 문제 흐름부터 살펴라. 그리고 어떤 문제 유형이 있는지 헤아려라. 언어영역 듣기는 영어 듣기가 아니니 절대로 틀리지 않겠다는 마음을 지녀라. 듣기 내용을 메모하라. 고도로 집중하라. 틀린 답안부터 지워 나가라. 쓰기는 신유형이 많이 나오니 유의하라. 길고 복잡한 쓰기 문제일수록 답지의 내용에서 간단히 해결될 수 있으니 뒤로 미루지 마라. 표현하기 같은 유형의 경우는 '보기'의 조건을 최우선으로 체크하라. 고쳐 쓰기의 경우라면 '보기'부터 읽지 말고 답지를 통해서 역으로 '보기'의 이상 여부를 확인하는 게 옳다. 현대시는 처음 접한 작품이라도 절대로 난해하지 않으니 걱정 마라. 당황하지 말고 시적 정황을 따져라. 시대 현실과 작가에 관한 외재적 감상이 필요한 시라면 반드시 '보기'에 외재적 감상의 판단 근거가 들어 있다. 하나 이 경우라도 절대 '보기'부터 보지 마라. 답지부터 보고 '보기'를 보아라. 답지만 가지고도 문제가 해결되는 경우도 있다. 비문학은 어쩌고저쩌고.

가끔씩 교육문제와 연관하여 스스로의 모습에 대해 격렬하게 의문을 던질 때도 있었다. 하지만 한시가 급한 학생들을 앞에 놓고 교육 시스템의 문제를 따지는 것은 부질없는 일이다. 맹자 말하기를 "물에 빠진 여인은 손으로 끌어내어 일단 건져라嫂溺則援之以手."고 하지 않았던가. 현재의 상황에서 교사로서 학생들에게 그들이 당면한 문제를 해결해 주기 위해 손을 잡아 건지려 노력하는 것은 당연한 책무이다. 정도正道라고 공인은 못 받아도, 맹자의 말대로 마땅한 권도權道일 수는 있다.

교육문제와 같은 시스템의 문제는 반드시 점검되고 변화되어야 한다. 하지만 우리의 교육 제도에 문제가 많다고 하더라도 현재의 입시판을 통째로 들어 엎을 수는 없다. 변화의 방향을 바라보되, 급격한 시행착오를 겪지 않도록 중지를 모아야 한다. 필자 앞에서 교육문제에 대해 전문가적 식견으로 열변을 토하다가도, 자신의 자녀에 관해서는 완전히 딴말을 하는 학부모들의 묘한 이기심을 많이 보아 왔다. 교육문제에 있어서만큼은 현실과 이상의 괴리가 너무도 크다는 점을 실감한다.

이 점에서 이 책은 매우 실용적인 목표를 향해 접근하고 있다. 그러기에 여기에서는 교육 시스템의 근본 문제에 대한 논의가 거의 들어 있지 않다. 사실 시스템의 문제는 다음 기회에 다른 책으로 다루고 싶다. 하지만 분명한 것은 필자는 학생들이 보다 효율적인 입시 전사가 되기를 기대하고 이 책을 쓴 것은 아니라는 점이다. 필자는 학생들이 주어진 입시에서 최대의 역량을 발휘하여 긍정적인 결과를 얻는 수단으로 이 책을 활용할 수 있기를 바라고 있다. 그러면 된다. 우리의 학생들은 미래의 희망이요, 꽃이다. 하지만 생각해 보자. 흔들리지 않고 피는 꽃이 어디 있으며, 눈물의 이슬에 적시지 않는 꽃잎이 어디 있겠는가.

교실 생활 20년

어느새 교실에서 학생들과 부대낀 지 20여 년의 시간이 흘렀다. 필자 나이의 교사들에 비해 적어도 5~6년은 늦게 시작한 교직 생활이었다. 남자들의 성장 과정이 곧잘 늦되다지만 나는 더더욱 정신적으로

'늦된' 인간이었나 보다. 청년기에는 음악에 미쳐 음악감상실에서 디제이 생활 한다고 나다니느라 많은 시간을 허비했다. 후회는 없다. 인생을 많이 배웠기 때문이다. 국문과 과사무실에서 조교로 지내던 시절, 숙명여고에서 선생님을 채용하니 보내 달라는 전화를 받았다. 88년 겨울이었다. 대학원 석사를 끝내고 박사를 준비하던 시절인데, 학회에서 박사 과정의 선배들하고 매일 언쟁을 벌이고 있었다. 사회 변혁의 시기인지라 서로가 극도로 날카로워져 있었다. 국문과 학회의 분위기는 그대로가 야전 전투장이었다. 보다 날카로운 자의 목소리가 득세하던 시절, 필자는 몹시 지쳐 있었다. 이유야 어찌 되었건 다양한 문화적 컨센서스와 소통이 증발된 시기였다.

남을 보내지 않고 '내'가 숙명여고로 왔다. 교사 생활을 한 1~2년만 하려 했다. 언제든지 다시 돌아갈 태세가 되어 있었기 때문이다. 싸우다 중간에 사라진 탈영병의 모양새로 남고 싶지는 않았다. 공자의 말씀대로 "힘이 부족한 사람은 중간에 그만두게 마련이다 力不足者 中道而廢."라는 평가는 듣고 싶지 않았기 때문이었다. 대학원 생활은 심지어 프라이버시까지 들춰내며 서로가 상대를 비판하기에 바빴다. 전투력이 부족해 밀리면 끝장이었다. 하지만 이곳 숙명여고는 상대를 배려할 줄 아는 점잖은 신사와 숙녀들의 천국이 아니던가.

하나 이도 사실 부수적인 이유에 지나지 않았다. 무엇보다도 필자는 교실의 수업이 좋았다. 학생들과 대화하는 것이 좋았기에 수업하는 시간이 짜릿한 설렘으로 기다려졌다. 수업에서 잘난 체하고, 아는 체하는 것이 좋았다. 그렇게 20여 년이 흘렀다. 특별히 내세울 것이 없는 세월이었다. 하지만 할 말은 있다. 학생들과의 수업에서만큼은 최선을 다했노라고.

그럼에도 불구하고 초기의 교직 생활은 학교에서만 움직이기에는 에너지가 남고, 다시 학계로 나가서 활동하기에는 에너지가 모자랐던 세월이었다. 많은 잡문들을 쓰고 썼다. 달리 등용문이 있지도 않은 상태에서, 어설픈 잡지의 레코드 평론가, 오디오 평론가 노릇을 자임했다. 학생늘 학습서에도 문제를 썼고, 지금은 공룡이 된 J출판사의 대표 필자 노릇도 했으며, EBS에서 나름대로 의미 있는 활동도 했다.

그러다 어느 날 문득 나 자신이 소속된 학교 안을 들여다보게 되었다. 어느새 희한한 아웃사이더가 되어 있는 스스로가 보였다. 동료들과의 관계는 타자화되어 가고 있었으며, 그들 사이에서 필자는 어느새 다루기 힘든 인간으로 평가되고 있었다. 문제는 '일'이 아닌 '관계'였던 것이다.

이러한 필자를 학교생활의 전면으로 이끌어 주신 분은 다름 아닌 전임 C교감 선생님이셨다. 그분은 필자에게 교직원상조회의 상조 담당을 맡기며 학교 내부를 들여다볼 것을 강하게 요구하셨다. 돌이켜 보니 방식은 투박했지만 참으로 마음이 따뜻한 분이셨다. 이 시기는 큰 의미가 있었다. 교직원들의 여러 경조사에 다니면서 인간관계와 인적 네트워크의 중요성을 다지는 교직 생활의 전환점이 되었기 때문이었다.

지금은 연구부장 소임을 맡고 있다. 평소 창의적인 상상을 즐기는 터라, 나름대로는 편안하게 업무를 대하고 있다. 하지만 가끔씩 생각해 보면 얼굴이 몹시 화끈거려진다. 지나간 시절, 그때의 그 일을 내가 좀 더 사려 있게 살폈더라면 하는 회상에서이다. 그러기에 나를 포용해 준 많은 동료 및 선후배 교사들에게 감사할 따름이다.

2학년 7반 교실

1990년 대 초반, 2학년 7반 교실을 결코 잊을 수 없다. 나는 이 교실 의 담임이었다. 그곳은 나와 학생들이 만들어 낸 '즐거운 교실'의 현장 이었다. 예나 지금이나 나는 학생들을 대하면서 항시 "학문만 하고 사 색하지 않으면 멍청해지고, 사색만 하고 학문하지 않으면 위태로워진 다學而不思則罔 思而不學則殆."라는 공자의 말을 평생의 금언으로 가슴 깊게 되새긴다. 한마디로 학문과 사색의 조화, 곧 지식과 인성의 조화를 강 조한 언급이다. 나는 학생들에게 실력 있는 교사로 인정받고자 나름대 로 노력했다. 그러면서 그들에게 문화적 소양을 길러 주고자 인성적인 측면에도 최선을 다했다.

아침 교실 조회 시간에 공자의 말씀 한 마디와 이를 번역한 아서 웨 일리Arthur Waley의 영역英譯을 들려주었다. 대학원 시절 학문적 필요에서 암송했던 논어의 짧은 구절을 골라 칠판의 왼쪽 귀퉁이에 세로로 적어 주었다. 그리고 '오늘의 음악'이라고 하여 조스캥 데프레Josquin des prés, 캉프라Campra, 장 질Jean Jille 등 르네상스 시기의 종교음악과 세속음악을 들려주었다. 중간·기말시험이 끝난 이후에는 클래식 음악과 대중음악을 갈래별로 골라 들었으며, 이생진의 시를 이성일이 읊은 〈그리운 바다 성산포〉를 들었다. 그리고 브로드웨이 뮤지컬과 지리 킬리안Jiri Kylian의 발레를 같이 보았다. 학생들과 함께 할리우드 영화 〈클리프행어Cliffhanger〉와 이탈리아 영화 〈메디테라니오Mediterraneo〉를 보러 다녔다. 생각건대 내가 가지고 있던 많은 문화 수집품들이 도움이 되었다. 온갖 부류의 서적, 엘피LP, 시디CD, 비디오Video, 엘디LD, 디브이디DVD 그리고 최근의 블루레이Blu-ray 까지.

그들에게 준 문화적 세례는 인상적인 결말을 맺었다. 한 학생은 르네상스 시기의 선율을 만들고 싶어 작곡을 소망했노라 했다. 결국 이 학생은 서울대 작곡과를 들어갔다. 한 학생은 서강대를 거쳐서 예술종합학교를 졸업한 이후에 무용평론가가 되었다. 그들은 말하기를 이 모든 것이 담임선생님의 영향이라나. 이 어찌 즐거운 추억이 아니겠는가.

'레코드 음악지'의 음악에 관한 크로스워드 퍼즐을 잘도 맞추던 희나, 반장으로서 부드러우면서도 리더십이 있었던 윤진, 캉프라의 모테트 〈살베 레지나Salve Regina〉를 듣던 순간에 흐느끼던 방송반 지원, 아버지가 교사로 참으로 착한 심성을 지녔던 승희, 노력파이면서 유머가 있었던 여나, 현재는 호주로 이민 가 있는 풍부한 감성의 선령, '낮은 목소리'라는 가훈을 지녔던, 미국 시애틀에 유학 가 있는 서영 등등 — 일부는 여전히 연락이 되고 일부는 소식이 끊겼다. 2학년 7반은 나와 학생들이 만든, '즐거운 교실'이었다.

다시 교실에서

다시 교실로 가 보자. 학생들과 교사들의 학교생활에는 여러 장소가 있을 것이다. 교정, 교실, 교무실, 식당, 독서실, 휴게실, 매점 등등. 물론 이중에서 가장 중요한 장소는 학교 교실이다. 학교 교실이 살아야 학교가 산다. 학교가 살아야 교육이 산다. 교육이 살아야 비로소 우리나라의 미래가 살 것이다.

그런데 불행히도 오늘날 주변에서 교육 행위의 주체여야 할 교사나 학생들의 목소리는 거의 들리지 않는다. 이론으로 들이대는 교육학자, 상업성에 물든 학원의 세칭 스타 강사이들의 학교를 무시하는 언동에 대해서는 사실 할 말이 좀 많다, 이상론으로 학교를 압박하기에 급급한 시민 단체, 병 주었다 약 주었다를 반복하는 언론사의 교육 담당자들의 목소리가 먼저 들린다. 하지만 가장 중요한 것은 교사와 학생의 목소리이다. 특히 교실이라는 현장에서의 목소리이다.

여러 정황으로 볼 때, 결국 우리 교사가 가장 활기찬 모습으로 활동을 해내야 할 공간은 다름 아닌 교실이다. 학생들은 영민하여 교사들의 태도를 금세 알아차린다. 우리 교사들이 지쳐 있는지 아닌지, 학생들을 애정으로 대하는지 아닌지, 수업에 상투적인지 아닌지를.

이러한 교실 활동의 문제를 다루고자 한 것이 이 책의 집필 의도이다. 필자는 이 책에 실린 방법론이 비록 오늘 당장에 일정 부분 유용하다고는 해도, 다음의 과제로서는 반드시 극복되어야 할 내용들이라고 굳게 믿는다.

그러기에 독자들이 이 책을 통해서 많은 것을 기대하지 말기를 간곡히 바란다. 단지 이 책에는 교실 현장에서 20여 년 나름대로 고민한 한 교사의 실용적 언술이 담겨 있다는 점만을 기억해 주시기를 바란다.

다만 소박하지만 확실한 바람은 하나 있다. 필자는 이 책이 교실 수업에 활기를 불어 넣을 수 있는 모퉁이돌, 혹은 마중물이 될 수 있었으면 하는 것이다. 그렇게만 된다면 필자로서는 몹시 과분할 것이다. 단지 노력했던 한 교사로서 기억되기를 즐겁게 상상할 따름이다.

2장
교실 혁명,
공부가 즐겁다

대입 시험의 기본, 공교육

모든 대입 시험의 기본은 공교육이다.

이는 너무도 당연한 명제이다. 하지만 문제는 많은 사람들이 자주 잊어버린다는 것이다. 공교육의 교과 과정이 중심이 된다는 이 말을 뒤집어 얘기하면 공교육의 교과 과정에 충실할수록 학생들이 좋은 성적을 올릴 수 있다는 것이다. 지금은 이러한 언급이 거의 없어졌지만, 1980년대의 학력고사나 이후의 수능시험에서 수석을 차지한 학생들이 거의 예외 없이 했던 말이 있다. "학교 공부에 충실했어요."라는 말 — 이는 그냥 하는 말이 아니다. 이들은 공통적으로 공교육의 교과 과정에 최선을 다했던 것이다.

공교육의 교과 과정에 충실한 이들은 사교육의 심화 과정을 빨리 받아들일 수 있다. 그러나 사교육의 심화 과정만을 중시하는 이들은 공교육의 교과 과정도 놓쳐 버릴 위험이 있다. 사교육에서는 자신의 단계에 맞는 교육을 해 줄 수 없다. 자신의 수준을 선택하는 것은 자신이다. 그러다 보니 자신의 위치나 실력에 맞지 않는 터무니없는 상태의 공부를 하는 경우가 태반이다. 돈도 버리고 시간도 버리는 악수惡手를 두는 일이 생겨나기 쉽다.

이러한 지적은 필자가 학교 선생님이라 공교육을 두둔해서 하는 말이 아니다. 그간의 입시에 관련된 여러 관계자들이나 시험관으로 참여한 여러 교수들이 한결같이 지적하는 말이기도 하다.

"사교육을 통해 논술 테크닉을 익힌 학생보다는 사교육의 혜택을 받지 못한 지역의 학생들이 훨씬 참신한 논술 실력을 발휘하는 경우가 많아요. 소위 서울의 강남 학생들이나 특목고 아이들 중에는 판에 박은 듯한 답안지를 제출하는 학생들이 많지요. 논술은 작문 실력이 아니라 사고력 실력인데 말이죠."

많은 것을 시사해 주는 말이다. 주장의 참신성이라는 측면에서 사교육은 실제적인 도움을 주지 못한다. 사교육은 자기 주도적 학습 능력을 키워 주지 못하기 때문이다.

학원 수업이나 과외를 전적으로 신봉하는 학생들의 맹점은 학교 공부를 등한시하는 것이다. 학교 공부는 부차적인 것으로 생각하고, 학원 공부와 과외가 주된 것이라는 생각을 갖기 쉽다. 대입 시험 준비의 시작은 스스로 공부하는 자기 주도적인 학습 습관을 기르는 것이다. 이를 통해 스스로 깊은 생각을 하고 다양한 문제를 해결할 수 있는 능력을 키우는 데 고등학교 과정이 필요하다.

자기 주도 학습이 가장 필요한 학교 수업

일단 학생들은 학교 수업에 초집중해야 한다. 선생님의 농담 한마디까지도 확인하는 집중력이 필요하다. 학교 수업을 등한히 하는 학생이 학원에 가서 수업을 잘 듣는다는 것은 어불성설이다. 예전 필자의 고등학교 시절에는 지금 생각해 봐도 부실한 수업이 많았다. 하나 지금은 어느 학교를 막론하고 고등학교 현장의 수업은 집중력 있게 이루어지고 있다. 각 시·도의 교육청은 질 높은 수업의 확보를 위해 교사들에 대한 연수와 재교육을 활발하게 실시하고 있다. 실력 있고 의욕 있는 많은 인재들이 교육계에서 활동하고 있고, 이들이 이끄는 좋은 강의가 학교 현장에서 이루어지고 있다.

그런 만큼 학생들은 학교 수업을 믿고 신뢰하며 중시하는 태도를 지녀야 한다. 제대로 공부하는 학생일수록 선생님의 말 한마디 한마디에 능동적으로 반응한다. 이런 태도를 가질 수 있어야 한다.

집중하는 수업의 예로 수학 시간을 들어 본다. 수학 수업은 학생들의 능동성, 곧 자기 주도 학습 태도가 가장 요구되는 시간이다. 학교 수학 수업의 장점은 개념 정리에, 그 단점은 일체성에 있다. 선생님들은 수업 시간에 평소 학생들이 놓치기 쉬운 개념을 정확히 정리해 준다. 이때 학생들은 그 개념을 분명히 이해해야 한다. 그리고 그 과정에서 의문 나는 부분이 있다면 반드시 질문해야 한다. 학생들은 의외로 풀이에만 집중하고, 개념에 약한 경우가 매우 많다. 학교 수업은 가장 기본이라 할 수 있는 수학적 개념을 차근히 정리해 주는 과정이다.

반면 학교의 수학 수업은 일체성의 단점도 지닌다. 수학 시간의 문제 풀이는 모든 학생과 함께, 아는 문제라도 설명을 듣고 풀어야 한다. 그런 만큼 학생들은 반드시 능동적인 태도로 집중하여 먼저 머릿속에서 수학 문제를 풀어 보아야 한다. 그런 다음 선생님의 설명을 들으면서 자신의 풀이와 다른 점이 무엇인지를 찾아야 한다. 아울러 선생님의 판서 순서에 유의해야 한다. 판서를 흉내 내는 것이 서술형 답안 작성에 큰 도움이 된다. 서술형 문제를 풀 때 무엇을 빼고 넣을지를 알게 되는 것이다. 이것이 능동적으로 반응하며 집중하여 듣는 수학 수업 시간의 공부법이다.

방학 때 위력을 발휘하는 방과후 학교

개별 학교에서 학기 중의 방과후 학교는 아직 활성화되지 않고 있다. 그런 만큼 학기 중이라도 교사들이 방과후 학교에 좀 더 적극적으로 참여할 필요가 있다. 아직까지는 행정적인 잡무와 많은 수업 시수로 인해 교사들이 학기 중 방과후 학교에 참여할 여건이 불충분하다. 그러나 각 교사의 수업 시수 개선이 이루어지면 방과후 학교의 활용 가능성은 극대화될 수 있을 것이다.

방과후 학교 수업은 주로 방학 때에 큰 위력을 발휘한다. 학생들은 이 방과후 학교 수업을 잘 활용할 수 있어야 한다. 대부분의 학교에서 다양한 수강 과목이 정말 저렴한 가격에 제공되고 있다. 이 기회를 적절하게 활용하는 태도가 필요하다.

현재 숙명여고는 다양한 방과후 학교를 운영하고 있다. 이에 따라 방학 중에는 평균적으로 적게는 30여 개, 많게는 50여 개 정도의 강좌가 개설된다. 2008학년도 여름 방학 방과후 학교의 예를 들어 본다. 국어 교과의 '현대시 터 잡기', '언어모의고사 4회분 완성'부터 시작하여 사회 교과의 '사회문화 총정리반', '한국지리 수능 대비반'에 이르기까지 31개 반이 운영되었다.

숙명여고에서 진행되는 방과후 학교 수업의 특색은 다음과 같이 정리할 수 있다.

첫째, 다양한 프로그램의 운영이다. 다수의 프로그램이 운영되기 때문에 비교적 수준별 수업이 잘 이루어지고 있다. 정규 교과 시간에 이루어지기 어려운 수준별 수업을 방과후 학교를 이용하여 운영하고 있다. 예컨대, '언어영역 문제 풀이'가 고급반, 중급반, 기초반 등으로 나누어 수강생을 모집하게 된다. 영어라면 중하위권 대상 수능기초어법반, 수학이라면 수Ⅱ 미분·적분 테마반 등으로 모집한다. 비교과반 수업도 활발히 이루어지고 있다. 주로 동아리나 계발활동반과 연계하여 운영하고 있다. 예로 '가야금반', '기악합주반', '수화반', '연극반' 등이 방과후 학교 수업으로 이루어진다. 또한 영어 이외에도 다양한 제2외국어 강의를 개설하고 있다. 예컨대 '스크린 일본어', '프랑스어 맛보기반', '중국어 기초반' 등이 개설되어 있다.

둘째, 학습 교재의 우수성이다. "강의의 수준은 교재의 내용을 넘어서지 못한다."는 명제가 있다. 교재의 중요성을 강조한 말이다. 숙명여고의 교사들은 자체 교재를 가지고 수업을 한다. 이 자체 교재는 두 가지 형식으로 제공되고 있다. 외부 출판사에 자신의 교재를 출간한 경우이다. 이 경우 자신이 출간한 교재를 가지고 자신만의 학습을 하게 된다. 또한 많은 경우 학습 교재를 자체 제작하여 보다 질 높은 수업을 위해 노력하고 있다. 이는 단순히 이곳저곳에 산재한 내용을 편집한 것이 아니다. 자신의 수업을 위해 교사 스스로가 전체 내용을 집필하곤 한다.

셋째, 정보 전산망의 긍정적 활용이다. 방과후 학교는 개설 강좌 안내 및 신청 등 전 과정이 별도의 인터넷 사이트를 통해 이루어지고 있다.

단계적으로 정복하는 학교 수업

학교 수업은 체계적으로 접근해야 한다.

국어를 예로 들어 보자. 현재의 교과 과정으로 보아 대부분의 일반계 고등학교에서는 1학년에는 국어(상)(하)와 국어생활, 2학년에서는 문학을 다루게 된다. 3학년에 가서는 실전 교재를 다루어 입시에 대비한다. 수험생들은 결국 이런 식의 학교 공부에 따라 적절히 입시를 준비하면 된다. 1학년 때에는 최대한 내신을 끌어올리는 데에 신경을 쓰면 된다. 2학년 때에는 문학 공부에 최대한 집중한다. 그러다가 2학년 겨울 방학 때부터 본격적으로 언어영역 공부 전반에 관심을 가지면 된다. 이것이 학교 수업에 단계적으로 대비하는 방법이다. 이 말을 뒤집어 말하면 학교 수업에 따라 적절하게 열심히 공부하면 국어 공부 전반에 대한 단계적인 대비가 된다는 것이다.

수학을 예로 들어 보자. 수학의 1학년 1학기 부분은 중학교 내용과 대동소이하다. 거기까지는 학생들이 잘 따라간다. 그러나 2학기 도형 부분과 삼각함수 부분에 이르면 말이 달라진다. 이는 중학교 때 다루지 않은 부분이기 때문이다. 특히 삼각함수는 전체 진도의 마지막 부분에 해당되는지라 진도를 급하게 끝내고, 2학년으로 올라가는 경우가 있다. 문제는 이런 부분이 수능과 결합해서 자주 출제된다는 점이다. 수리 논술에서는 삼각함수 부분을 다루게 된다.

　결국 1학년 때에는 선행 학습에 치중하기보다는 삼각함수까지 완벽하게 공부하는 것이 필요하다. 특히 인문계의 경우는 진도가 급하지 않으므로, 1학년 때 10－가·나를 공부하는 것이 필요하다. 자연계를 진학하는 학생도 앞서서 진도를 나가는 것보다 10－가·나를 완벽하게 공부하는 것이 우선된다. 2학년의 경우 행렬 부분이 공부하기는 쉽다. 그러나 정오문제가 어렵게 출제되므로 교과서뿐만 아니라 EBS 자료실 같은 것을 이용해서 정확하게 공부하는 것이 필요하다. 수Ⅰ 부분은 문제 풀이보다 개념 중심으로 학습하는 것이 필요하다. 확률·통계 부분은 교과서나 문제집에서 다루는 양이 적다. 그런 만큼 이 부분은 『정석』이나 문항수가 많은 문제집을 다루어서 문제 유형에 대한 감각을 기를 필요가 있다. 수Ⅱ와 선택 부분은 분량이 많다. 실제로 양이 많고 내용이 어렵다 보니 문제 자체는 쉽게 출제되는데, 학생들은 부담을 느낀다. 일단 기본문제를 습득한 이후에 기본서를 공부하는 것이 필요하다.

　이렇듯 학교 수업은 단계적으로 체계성을 갖추어 접근해야 한다. 다만 과목별로는 차이가 있을 수 있다.

　일단 1, 2학년 때에는 국·영·수와 같은 주요 과목의 성적 향상에 치중해야 한다. 과학과 사회 과목은 3학년에 가서도 방법적으로 점수를 올릴 수 있다. 물론 이 말을 오해하지는 말자. 사회와 과학 과목이 중요하지 않다는 말은 아니기 때문이다. 다만 3학년에 가서 국·영·수와 같은 도구 과목의 성적을 올리는 것이 용이하지 않다는 점을 강조하려 함이다. 결국 국·영·수와 같은 도구 과목의 경우 고3이 되기 전까지는 매일 꾸준하게 공부하는 태도가 가장 중요하다.

사교육, 꼭 필요한 부분만 하자

사교육의 학원 수강은 꼭 필요한 부분에만 투자해야 한다. 가장 중요한 것은 자신이 감당할 수 있는 범위에서 수강을 해야 한다는 것이다. 학원 수강을 많이 하면 많은 것을 얻겠지 하는 막연한 생각은 금물이다. 거개의 경우가 시간을 버리고 돈을 버리는 경우가 된다. 돈을 버리는 것은 어쩔 수 없다고 하더라도 시간까지 버리는 것은 큰 문제이다. 우선 자신이 감당할 수 있을 정도의 학원 수강을 목표로 해야 한다. 감당할 정도인지 아닌지는 예습 복습의 가능성 여부로 확인할 수 있다. 국어, 영어 과목과 같은 경우 예습을 할 수 있는지, 수학, 과학, 사회 과목과 같은 경우 적절하게 복습을 할 수 있는지가 관건이 된다. 이것이 제대로 이루어지지 않는다면 필요한 학원 수강이 아니라고 판단할 수 있다.

필요한 내용을 적절한 시간 안에 해결하는 것도 매우 중요하다. 예컨대 학원에서 언어영역의 문학 파트를 두세 달에 걸쳐 완성한다면 이는 시간 낭비가 심한 경우이다. 문학은 90분 한 타임으로 10회 이내에 완성해야 옳다. 고전문학과 현대문학을 포함해서 20회 이상을 넘어가면 시간 낭비가 된다. 생각해 보자. 언어영역에서 완성할 것이 어찌 문학뿐이겠는가. 비문학도 있고, 듣기·쓰기도 있다. 비중으로만 따지자면 문학은 전체 언어영역 문제의 40%에 해당된다. 학원에서는 그 속성상 시간 늘리기를 일삼는다. 학생들이 이에 이끌려 불필요하게 시간 낭비를 하지 말아야 한다.

사교육은 학교 수업을 심화시키는 범위 내에서 이루어져야 한다. 다시 말하면 사교육에서 학교 수업의 선행 학습이나 학교 수업의 복습이 이루어진다면, 이 두 부분 모두 적절하지 않다. 학원 수업의 존재성은 특정 부분에 대한 심화 학습의 방편 정도로 인식하는 것이 가장 적절하다. 예를 들어 보자. 문학 작품 중에서 현대시 부분에 특히 취약한 학생들이 있다. 도대체 어떻게 공부해야 할지 모르겠다는 것이다. 이런 경우 필자는 학생들에게 다음과 같이 처방한다. 방과후 학교의 현대시 강좌를 우선 권한다. 그래도 어려움이 있다면 그때 비로소 학원 강의를 들어 보라고 한다. 결국 사교육은 학교에서 이루어지는 방과후 학교와 같은 역할을 할 수 있으면 된다는 것이다.

수학의 경우를 예로 살펴보자. 수학은 사교육이 가장 많이 이루어지는 부분이다. 사실상 수학의 사교육은 필요하기도 하고, 필요 없기도 하다. 사교육이 필요 없다는 것은 수학은 본질상 그 원리를 혼자 깨우

쳐야 하는 과목이기 때문이다. 그런 면에서 만일 사교육이 이루어진다면, 그 사교육은 학생이 문제를 스스로 풀게 하는 자기 주도 학습 능력을 길러 주는 것을 목표로 해야 좋다. 개념만 설명해 주고 학생들에게 과제를 제시한 후, 과제 검사를 정확하게 하고, 문제를 다 풀게 하면 된다. 이 과정에서 무엇보다 중요한 것은 학생의 약점을 정확하게 파악해야 한다는 것이다. 어디가 부족한지 알아내서 유사문제와 보충문제를 제시해 주면 된다. 그러면 학생은 필요한 문제를 반복적으로 풀며 자기 주도의 학습 능력을 갖추게 된다.

그런데 어디 지금의 사교육이 그러한가? 사교육의 커리큘럼은 현재 업체에 가장 이익이 되는 방식으로 진행되고 있다. 학생들의 사정은 고려하지 않고 상업적 효율성에 따라 커리큘럼이 짜여 있다. 선행 학습은 물론이고, 내신 과목의 복습 등이 전천후로 이루어지고 있다. 이렇게 되면 학생들은 자기 주도적 학습의 기회를 잃고, 학교 수업을 소홀히 한 채로 우선순위에 혼란을 겪을 가능성이 크다. 이 과정에서 자연스레 '과잉 강의'가 이루어진다. 이런 강의는 학원의 이익이 최대한 보장될 수 있는 상태로 유지된다. 즉 학생 개개인이 해결하여도 될 내용까지도 모두 강의 프로그램에 우겨 넣는다. 결국 학생들은 일년 내내 수동적인 학습 과정을 겪으며 학원에 이끌려 가게 되는 것이다.

선생님의 우스갯소리도 놓치지 말자

학교 수업의 기본은 수업 내용을 무조건 스펀지처럼 쫘악 쫘악 빨아들여야 한다는 것이다. 가끔 공부를 곧잘 한다는 학생들 중에 선생님 강의를 들으면서 "이런 건 너무 사소한 얘긴데. 이게 뭐 그리 중요하다고 그렇게 열심히 말씀하시나. 시험에 안 나올 것 같은데……." 하며 수업 내용을 소홀히 하는 경우가 있다. 하지만 대개의 경우 선생님이 그렇게 열심히 설명을 할 때에는 다 그만한 이유가 있다. 아무렇지도 않았던 사소한 설명이 나중에 시험문제로 버젓이 등장하는 사례를 필자는 너무나 많이 봐 왔다. 특히 국어나 수학 시간에는 선생님이 우스갯소리처럼 강의하는 내용들을 잘 들어야 한다. 중요한 개념을 쉽게 설명하기 위해서 우스운 얘기로 풀어서 설명하는 분들이 의외로 많기 때문이다.

무엇보다도 모든 내용을 확실히 이해할 수 있도록 수업 시간엔 절대로 딴생각을 하지 말아야 한다. 그러지 않으면 진도가 나갈수록 수준이 높아지는 단원이 속속 등장하게 되고, 수업 내용을 잘 이해하지 못해 허둥대는 경우가 많아지게 된다. 물론 난이도가 그리 높지 않은 수업이라야 웬만큼 소화할 수 있다. 하지만 난이도가 높은 수업의 경우 복습을 소홀히 했다간 나중에는 따라가기 힘들어진다. 따라서 그런 문제가 생겼을 때는 염치불구하고 교무실로 선생님을 찾아가 모르는 부분을 물어보거나 친구의 도움을 받아서 그 부분을 꼭 해결하고 넘어가도록 해야 한다. 그동안의 수업 분량이 너무 많다면, 문제 풀이는 포기하고 일단 개념 정리에 중점을 두고 공부하는 것도 한 방법이다.

학원 수업도 예외는 아니다. 무슨 수업을 들었든 간에 그날 배운 내용은 꼭 집에서 복습을 해야만 자신의 것으로 소화할 수가 있다. 인터넷 강의를 들었건, 과외를 했건, 학원을 다녀왔건 간에 복습은 필수이다. 특히 학원 수업은 복습을 철저하게 해야 한다. 학원 강사들은 대체로 언변이 현란하다. 언변에 의존하는 강의는 학생들이 듣는 자리에서는 무슨 내용인지 확실히 알 수 있는 것 같지만 강의가 끝나고 다시 보면 잘 이해가 되지 않는 부분이 많아지게 된다. 유감스럽게도 인간은 기억하는 능력보다 망각하는 능력이 더 발달돼 있다. 그날 배운 내용을 그날 복습하지 않고 넘어가다 보면 결국엔 수업 시간에 필기했던 내용조차 이해하지 못하는 우울한 사태가 발생할 수 있다.

공교육 100% 활용하기

선생님을 믿고 따르자

학교생활이 즐거우려면 학생들이 선생님들을 존경하는 태도가 반드시 필요하다. 학생들은 자신이 다니는 학교의 선생님들을 믿고 따를 수 있어야 한다. 선생님들의 입장에서는 학생들의 태도가 확연히 눈에 보인다. 수업에서 자신이 맡고 있는 학생들의 태도부터 시작해서, 수업을 듣는 학생들의 태도까지 다양하게 단숨에 파악할 수가 있다. 학생들이 생각하는 이상으로 선생님들은 학생들을 잘 파악하고 있다. 다만 일일이 말로써 표현하지 않을 따름이다.

2학년 자연계 반에서 담임을 맡았을 때였다.

한 학생이 있었다. 성적 기록을 보니, 영·수에 비해 유별나게 국어 성적이 낮은 것을 알 수 있었다. 독서량이 문제였다. 이 학생은 비록 내성적이기는 하지만 담임인 나를 몹시 신뢰하였다. 나는 그 학생에게 국어 선생으로서, 담임으로서 내가 할 수 있는 최대한의 관심을 보여 주었다. 일단 학교에서 독서 과제가 부과되면 이를 보충할 수 있는 책을 두어 권씩 더 내 주었다. 국어 공부 방법에도 많은 대화를 나누었다. 고3에 올라갈 때쯤에는 국어 성적이 많이 향상되었다. 결국 이 학생은 이후 자신이 그토록 원하던 고려대에 진학할 수 있었다.

물론 학생들의 입장에서야 자신의 감정이나 취향에 따라 선생님에 대한 선호도가 달라질 수 있다. 하지만 고교 교육 과정은 선생님을 선택할 수 있는 체제가 아니다. 그렇다면 이야기는 분명하다. 자신을 가르치는 선생님을 존경하고 따를 수 있어야 한다. 그렇게 하지 않으면 불행히도 그 손해는 자신에게 돌아온다. 필자도 중학교 2학년 때 영어 선생님을 좋아하게 되었다. 그리고 이 영어 선생님의 눈에 들기 위해서(?) 정말 열심히 영어 공부를 했던 기억이 있다. 선생님에 대한 선호에 따라 그 과목의 성적이 달라졌던 경험을 다들 해 본 적이 있을 것이다.

연전 숙명여고에서 국어 선생님을 한 분 초빙한 적이 있었다. 200여 명 가까이가 응시하였다. 그중에는 서울대 법대를 졸업하고 다시 서울대 사범대를 나온 경우도 있었다. 실로 학벌과 실력이 출중한 지원자들이었다. 요즘의 교육계는 이런 참신한 인재들로 넘쳐 나고 있다. 학생들은 이런 유능한 인재들에게서 교육을 받고 있다. 이들로 인해 요즘 교육 현장은 교사의 질적 수준이 급속하게 향상되고 있다.

물론 선생님들마다 수업 방식이 다르다. 목소리의 톤부터 시작해서 억양, 그리고 강조하는 방식들이 다를 수 있다. 어느 선생님은 조는 듯이 말하지만, 그 수업 내용은 핵심만을 뽑아 강의하는 것이라 매우 알차다. 어느 선생님은 딱 부러지게 잘 말하지만, 내용이 성글고 핵심이 부족한 때가 있다. 물론 전달할 때의 방식과 내용이 모두 다 좋다면야 두말할 나위 없이 명수업이 될 것이다. 그러나 선생님들에 따라 수업 방식은 차이가 날 수밖에 없다.

문제는 이를 받아들이는 학생들의 태도이다. 좋은 수업을 만들어 내는 책임은 학생들에게도 있다. 좋은 수업이 되려면 학생들이 선생님을 따르고 좋아해야 한다. 학생들이 선생님을 믿고 신뢰한다면 선생님들은 이런 분위기를 금세 느낄 수 있다.

필자의 경우를 이야기해 본다. 현재 3학년 자연계 반에서 수업을 하고 있는데, 반마다 수업 분위기가 다르다. 어떤 반은 필자의 한마디 한마디에 귀를 기울이면서, 농담에 대해서도 우호적인 반응을 보여 준다. 교육의 상호 작용이 잘 되는, 일종의 인터랙티브 수업이 이루어지는 순간이다. 나는 최대한 잘난 체, 아는 체를 하고 학생들은 이를 신뢰하고 믿어 준다. 상호간에 극대화된 수업이 이루어진다. 이런 반에서는 내가 아는 지식, 내가 아는 정보를 최대한 전해 주고 싶어진다. 반면 어느 반은 도통 반응이 없다. 나를 쳐다보고 마치 "날 잡아 잡슈." 하는 멍한 표정으로 늘어져 있다. 이런 반에 들어가면 나 스스로도 집중력이 떨어진다. 몇몇 학생들의 산만한 태도를 지적하고 나면 수업의 맥이 탁탁 끊기게 마련이다. 밀도 있는 수업이 이루어질 리가 없다.

필자는 수업은 고도의 연기라고 생각한다. 50분 동안 선생님은 주인공이 되어 연기를 펼친다. 연기의 상대방은 학생들이다. 생각해 보자. 학생들의 반응이 냉담하고 냉랭한데 제대로 된 수업이 이루어질 수 있겠는가? 그렇다고 해서 학생들이 선생님과 호흡이 잘 안 맞는다고 다른 선생님으로 바꿀 수 있겠는가? 결론은 간단하다. 수업에 들어오는 선생님의 분위기에 최대한 맞추어 드려야 한다. 학생들은 자신을 담당하고 있는 선생님의 장점을 파악하고 이 장점을 최대한 이용할 수 있어야 한다.

수업 내용은 반드시 그 시간에 이해하자

수업 시간에 공부한 내용은 최대한 그 시간에 이해해야 한다. 막연히 다음에 생각해 보자 하는 태도로는 문제를 해결할 수가 없다. 우등생들에게는 공통적으로 드러나는 태도가 있다. 그것은 수업의 집중도가 아주 뛰어나다는 것이다. 이런 학생들은 수업을 하다 보면 금세 드러난다. 선생님의 농담 한마디도 열심히 필기를 하거나, 의문이 생기면 선생님에게 적극적으로 질문을 한다.

지혜로운 학생이라면 그날 배운 내용은 그 시간에 모두 소화하려고 애쓴다. 그 수업에 최대한 집중하는 것이다. 집중력이란 매우 중요한 습관이다. 교사의 입장에서 수업 시간에 그 학생이 집중하고 있는지 아니면 딴생각에 잠겨 있는지를 아는 것은 그리 어려운 일이 아니다. 눈빛만 봐도 금방 드러나기 때문이다.

현재 우리나라 고등학생들이 배우는 교과목 수는 너무 많다. 유럽이나 미국의 선진 다른 나라에 비해 월등히 많은 교과목 수를 보이고 있다. 그러다 보니 배워야 하는 여러 과목의 부담으로 인해 학생들은 홍역을 치르게 된다. 자연 예·복습하는 데 절대적인 어려움이 생긴다.

이러한 악조건을 해결할 수 있는 좋은 방법은 해당 수업 시간에 대한 초집중이다. 다시 말하면 수업 시간에 이루어지는 문제는 수업 시간에 해결하려는 마음가짐이 필요하다. 이렇게 수업 시간에 집중을 잘하게 되면 다음 시간에 대한 연계성이 높아지게 되어, 학습 효율 또한 월등하게 높아진다. 그러므로 자연히 짧은 시간으로도 충분히 큰 예습 효과를 누릴 수 있게 된다. 이 경우는 복습에도 그대로 적용된다.

다음 숙명여고 H양의 경우를 유의해 살펴보자.

　수업을 맡은 선생님들은 공통적으로 이 학생이 수업 시간의 내용을 일목요연하게 도표와 그림으로 정리를 잘한다는 점을 전한다. 수업 시간에 얼핏 이야기한 것까지 선생님이 사용한 용어보다도 더 정확한 용어를 사용하여 체계적으로 정리를 잘해 놓는다는 것이다. 결국 H양은 단순히 선생님의 수업을 받아서 재생해 놓은 것이 아니라 재분석하여 조합하는 창의적인 능력을 지녔다는 것이다 H양이 필기한 실제 노트는 4장의 〈맞춤노트〉에서 볼 수 있다 (153페이지).

　이 학생은 수업 내용에 대해서 집요하고도 예리한 질문을 통해 남은 문제나 과제를 해결하고자 했다. 매 시간마다 그 시간의 수업 내용에 대해서 자신의 생각과 다른 부분은 꼭 질문했고 때로는 질문거리를 수십 개 모아 와서 교무실에서 조목조목 질문을 하기도 했다. 단순히 참, 거짓의 판단 내용만이 아니라 표현된 언어의 개념, 필자의 의도, 다른 글과의 비교 등 입체적이고 다각적인 질문을 했다고 한다.

　당연히 이런 만큼 이 학생은 전 과목 모두 '수'로 평어 5.0 만점에, 전 교과 석차 백분율 2%대의 놀라운 학업 성취를 보였다. 전국연합학력평가 이하 모의평가도 번번이 교내 1위를 도맡아 하며, 과목별 우수상도 해마다 여러 개를 받았다. 결국 이 학생은 2007학년도 수능시험에서 전국 1위의 영예를 차지하고, 서울대 법대에 합격하게 된다.

물론 누구나 이 학생처럼 될 수는 없다. 그러나 최소한 이 학생의 수업 태도가 주는 중대한 시사점만은 명확히 파악할 수 있어야 한다. 수업 시간에 초집중하고 주어진 의문은 반드시 해결하려는 노력을 보여야 한다는 것 — 이것이 공부를 잘할 수 있는 핵심이다.

모의평가는 수능 실전처럼 치르자

현재 인문계 고등학교의 경우, 교육과정평가원이하 평가원과 시교육청 주관의 모의평가는 3학년의 경우 연중 6회에, 1, 2학년의 경우는 4회에 걸쳐 이루어지고 있다. 이밖에 2008학년도부터는 중앙·대성·종로 등 사설 학력평가기관이 주관하는 사설 모의평가 실시가 자율화되었다. 하나 당분간 이들 사설 모의평가는 3학년에 한해서 이루어질 것으로 전망된다.

학생들에게 당부하고 싶은 것은 이러한 모의평가를 정말 수능 실전처럼 최선을 다해 치러야 한다는 것이다. 연습이라는 생각을 지니지 말고 최선을 다해야 한다. 사실상 이것은 기본적인 태도로 매우 중요한 문제적 사안이다. 학생들이 모의평가를 최선을 다해 집중하여 치르게 되면 단순히 집중한 것을 넘어선 훨씬 큰 이득을 얻게 된다. 집중을 열심히 하게 되면 일종의 '긍정적 선순환'의 과정을 겪게 된다. 설명하자면 이런 것이다. 집중을 하게 되면 문제 해결 능력이 높아지고, 문제 해결 능력이 높아지면 획득하는 점수가 올라간다. 획득하는 점수가 올라가면 학생들은 자신감을 얻게 되고, 이 자신감은 수능 실전에도 그대로 이어질 가능성이 커지는 것이다.

집중력을 가지고 최선을 다하는 경우에는 평소보다 총점에서 최소 10점 이상 높게 나온다. 그렇지 않고 집중력이 떨어져 있는 경우는 평소보다 10점 이상 낮게 나온다. 결국 이 둘 사이에는 20점 이상의 차이가 난다. 이는 단순한 모의평가 성적의 차이가 아니다. 위에서 말한 '긍정적 선순환'의 기회를 놓치고 '부정적 악순환'을 겪게 되는 참담한 결과를 낳는다. 문제는 이러한 결과가 대학 입시까지 이어진다는 것이다. 현장의 경험으로 미루어 보아, 평소 모의평가의 성적이 수능 성적으로 이어지는 경우가 80% 이상을 차지한다. 나머지 20% 중, 10%는 모의평가 때보다 성적이 하락하고, 10%의 경우만이 상승한다. 물론 어느 시험도 의외성은 있을 수 있다. 예컨대 수능시험이라면, 시험 당일의 몸 컨디션이나 시험운 등도 변수로 작용할 수 있겠다. 그러나 이 10%의 요행에 자신을 맡길 수는 없다. 그렇다면 판세는 명확하다. '긍정적 선순환'을 위해 최선의 노력을 다해서 모의평가를 치러야 한다는 것이다. 이래야 결과적으로 수능시험에서 좋은 성적을 받을 수 있다.

자신에게 맞는 공부 습관을 선택하자

사람마다 자기 공부 습관과 방식을 지니고 있다. 어떤 사람은 잠을 푹 자야 능률이 오르는 사람이 있고, 천성적으로 잠이 없어 네다섯 시간의 수면으로도 충분한 경우가 있다. 필자는 중3 때에 극도로 잠을 줄여서 공부를 한 적이 있다. 한동안 고통을 겪으면서도 입시생이라면 마땅히 이러한 학습 태도를 가져야 한다고 생각하였다. 하지만 결과적으로는 졸도를 하고, 병원에 입원하는 지경에 이르면서 이러한 학습 태도는 문제가 있었다는 결론에 도달하였다. 그 이후 잠은 충분히 자면서 학습 능률을 높이는 쪽으로 공부의 방향을 바꾸게 되었다.

결론적으로 말해 사람마다 다양한 학습 유형이 있을 수 있다는 점을 인정해야 한다. 자신에게 맞지 않는 방식인데도 무리하게 잠을 줄여서까지 공부할 필요는 없다. 그럴 바에는 잠을 충분히 자고 자투리 시간을 활용한다든지 하면서 학습 능률을 올리는 것이 좋다. 반면 필자가 담당하던 학급의 한 학생은 쉬는 시간이 되면 잠을 청하고, 점심시간에도 토막잠을 자주 청했다. 이 학생은 최우등생이었다. 평소 부족한 잠을 그런 식으로 보충하는 것이었다. 물론 수업 시간에는 결코 조는 법이 없었다. 상황이나 특성에 따라 자신의 공부 방식을 조율하여 나가는 태도가 중요하다.

하지만 문제는 자신의 공부 습관이나 방식이 합리적인지 여부조차도 잘 모르는 경우이다. 평소에는 시간 관리에 소홀하다가 시험이 닥쳐서야 벼락치기 공부를 하면서 자신의 공부 습관은 벼락치기 유형이라고 당당하게 말하는 학생들도 있다. 난센스이다. 이러한 공부 유형으로는 중학교 때까지는 지탱될 수 있을지 모르겠지만, 고등학교에 올라와서는 감당하기 어려워진다. 특히 최근에는 내신이고 수능이고 할 것 없이 복합적 사고력과 통합적 사고력을 요구하는 평가 방식이 확산되고 있다. 고등학교에서는 과목간의 경계를 넘는 학과목, 예컨대 논술, 통합 사회, 생활과 과학 같은 과목들이 즐비하다. 그래서 벼락치기 공부는 결코 합당한 공부 방식으로 인정받기 어렵다. 공부 습관을 당장 바꾸어야 할 것이다.

일단 잠을 적정하게 자고 공부하는 학생의 경우라면, 학교생활의 자투리 시간을 충분히 활용할 것을 권장하고 싶다. 물론 항시 그러라는 것은 아니다. 긴장과 이완의 상태를 적절하게 조절하되, 컨디션이 좋고 학습 능률이 오를 때는 자투리 시간을 최대한 잘 활용하여 공부하는 습관이 필요하다. 중요한 것은 자기 혼자 이용할 수 있는 시간의 활용이다. 아침 시간의 활용, 쉬는 시간의 활용 그리고 점심시간을 적절하게 활용해야 한다. 요즘은 모든 학교가 급식을 하는 관계로 대부분 점심시간이 60분에서 70분 사이에 이르게 된다. 점심시간으로 20~30분을 잡으면 최소한 30~40분 정도의 시간을 확보하게 된다. 물론 정규 시간에도 스스로 활용할 수 있는 시간이 많이 생겨난다. 선생님들의 출장과 같은 이런저런 사유로 하여 자습 시간이 생겨난다. 혹은 교과 외 활동 시간이 자습으로 활용되는 경우도 생길 수 있다.

물론 컨디션이 좋지 않다든가 피곤할 때에는 과감히 쉬어야 한다. 무리하게 긴장을 유지하고 있으면 오히려 학습 능률상 역효과가 날 수 있다. 반면 능률이 오른 상태에서는 흐름을 최대한 오래 지속시킬 줄 아는 지혜가 필요하다. 그 능률을 최고조로 유지하기 위한 가장 효율적인 방편은 자투리 시간의 활용이다.

리더십과 봉사 활동이 합격을 좌우한다

위에서 말한 숙명여고 H양의 경우를 다시 한 번 살펴보자.

담임선생님의 말에 의하면 이 학생은 대학 입시를 목전에 둔 3학년 때에도 사회복지관과 보육원에서 꾸준히 봉사 활동을 하였다고 한다. 3학년까지의 봉사 활동 시간이 150시간이 넘었다. 보통 고등학교 학생들의 봉사 활동 시간이 평균 60시간 안팎인 점을 고려할 때, 이 학생의 이런 모습은 크게 칭찬을 받고도 남음이 있다. 전교 1등을 하려면 공부하기에도 바빴을 터인데 어떻게 시간을 내어서 이렇게 봉사를 했을까 하며 다들 감탄한다.

　뿐만 아니라 이 학생은 주변의 모든 일에 열심이었다. 1학년 때 합창대회에서 지휘를 하였고, 2학년 체육대회에서는 배구 선수로 활약하여 학급을 우승으로 이끌 정도로 예체능에도 재능이 있었다. 차분하고 다정다감하고 겸손한 성격이면서도 유머가 있고 열정이 있었다. 그러니 친구들 사이에서 신망이 두텁고 인기가 높을 수밖에 없다. 특히, 공부 방법이나 학습 과제 등에 대한 친구들의 질문에 성심성의껏 대답을 잘해 주었다 한다. 게다가 고등학교 1, 2, 3학년 모두 학급 대표로서 탁월한 리더십을 보여 주었으며, 교내 영자 신문반 기자로서 분기별로 영자 신문을 발간하면서 뛰어난 역량과 협동심을 발휘하였다.

　핵심을 살펴보자. 이 나이 또래의 학생들은 고3이라는 부담감으로 해서 자신의 목표만 중시하게 마련이다. 자신이 처한 힘든 상황으로 인해 주변 사람들을 돌아보고 챙기기가 어려운 법이다. 한데 이 학생은 오히려 인간관계를 제일 중요하게 생각하고 교우 관계를 중시했다. 이러한 적극성은 그대로 학습 효과로 이어졌다.

　이 H양의 경우를 특별한 학생의 특출한 사례로 돌려서는 안 된다. 필자는 사람 살아가는 방법의 교훈을 이 학생의 경우에서 얻는다. 결국 사람은 혼자 살 수 없다는 것이다. 공부야 혼자 하는 것이라지만, 사실상 이도 어떤 형태로든 주변과 얽히게 된다. 주변과의 관계를 사랑과 인정으로 집중할 줄 아는 사람은 학습에 있어서도 집중할 수 있고, 이는 긍정적인 효과로 나타날 수 있다.

그런 만큼 학생들은 학급 일과 학교 행사, 일상생활에도 적극적인 자세를 보여야 한다. 수시모집에서 봉사 활동 등이 직접적인 전형 요소로 들어가기도 하고, 면접 때에 결정적인 요소로 작용하기도 한다. 미국 대학의 경우, 특히 동부의 유명 대학들인 아이비리그의 학교들은 고등학교에서의 봉사 활동, 클럽 활동, 자치 활동을 매우 중요한 전형 요소로 삼고 있다. 이런 방면에서 특출한 리더십을 보이지 않으면 아예 응시조차도 못하는 경우들도 있다. 이제 앞으로 우리의 입시 상황도 이렇게 변화될 수 있을 것이다.

일상에서 최선을 다하는 사람이 대학 입시에서도 최선의 결과를 얻어 낼 수 있다는 점을 잊지 말자.

3장
교실 전략,
합격이 목표다

2009 대입, 자율이라는 이름의 굴레

2008년 2월, 이명박 정부의 새 교육 정책이 발표되었다. 학부모와 선생님, 그리고 학생들의 지대한 관심 속에 발표된 새 정부의 교육 철학은 예상했던 대로 '수월성 교육'과 '대학 자율화'에 초점이 맞추어져 있었다. 그밖에도 '영어 몰입 교육'이니 '자율형 사립고 추진', '국제중 설립 인가', '고교 선택제'와 같은 사회적 이슈가 될 만한 정책들이 봇물 터지듯 한꺼번에 쏟아져 나왔다. 하지만 학생들의 관심은 온통 '대학 자율 관리'에 따른, 앞으로의 대입 정책의 변화에 있다.

세칭 실용정부임을 자처한 현 정부의 대입 정책은 '대입 3단계 자율화 추진계획'으로 요약할 수 있다. 즉, 1단계로 2009학년도부터 수능등급제를 폐지하고, 대입 전형을 자율화하며, 입학사정관제를 도입하겠다는 것이다. 2단계는 2012년부터 수능 응시 과목을 네다섯 개 축소하고, 영어능력평가시험을 도입하겠다는 것이다. 이때 수능시험에서 외국어영역은 자연스럽게 없어지게 된다. 그리고 마지막 완성 단계인 3단계에는 대입을 완전히 대학이 관리하게 하는 '대입 완전 자율화'를 이루겠다는 것이 실용정부의 교육 로드맵이다.

실용정부의 교육 철학은 앞으로 대학 입시제도에도 많은 변화를 몰고 올 것이다. 그리고 새로운 변화의 조짐은 이번 2009학년도 대입 전형 요강에서도 벌써 적용되고 있다.

우선 대학의 자율성을 대폭 강화시키는 선에서 수능 반영 비율을 자율적으로 정하고, 논술문제도 자율적으로 출제하며, 대입 전형도 각 대학의 특성에 맞게 전형 요소를 구성하도록 했다. 이는 곧 대학 입시에서 '수시모집 전형이 지금과는 비교도 할 수 없을 만큼 다양화될 것'이고 '수능 점수의 학과별 가중 요소가 다 다를 것'이라는 의미이다. 과거 1970년대의 본고사와 흡사한 형태의 대입 전형이 앞으로 점점 더 두드러질 것이라는 게 입시 관계자들의 한결같은 전망이다.

- 서울대는 전년도 틀을 그대로 유지하면서, 특기자전형의 모집 인원을 다소 늘렸다. 전년과 달라진 것은 학생부 1, 2등급도 점수 차를 두며, 자연계열은 정시 1단계 선발 인원을 3배수에서 2배수로 줄였다. 입학사정관제가 확대 실시되며 기회균형선발특별전형 등, 로스쿨과 약학전문대로 인하여 모집 인원이 268명 줄었다.

- 고려대는 수시모집 선발 인원을 대폭 확대35% → 53.5%하였으며,

정시 자연계 논술이 폐지된다. 국제화특별전형은 수시 1학기로 옮겨지며, 수시2-1에 학생부우수자전형학생부90 + 서류10의 신설 및 입학사정관제를 활용한 교육기회균등특별전형수시2-2, 정원 외이 신설된다.

• 연세대는 정시 자연계 논술이 폐지되었으며, 수시 1학기에 연세인 재육성프로그램전형을 신설하여 입학사정관이 선발한다. 수시2-1 교과성적우수자전형은 면접을 폐지하고 학생부 100%교과 90 + 비교과 10로 선발하브로 수험생의 부담이 줄어들었다.

• 성균관대는 정시 논술이 폐지되며, 학생부 중심의 수시모집이 확대51% → 60%되었다. 입학사정관제를 활용한 리더십전형 신설 및 자연계의 글로벌리더전형 신설, 올림피아드입상자전형이 폐지된다.

• 서강대, 이화여대, 한양대는 정시 논술을 폐지하였으며, 수시모집 인원을 55%한양대~60%서강대로 크게 늘렸다. 이들 대학들도 수시모집에서는 논술의 비중을 높이고, 정시모집에서는 수능 성적을 주요 전형 자료로 활용한다.

• 로스쿨과 약학전문대학의 도입으로 상위권 대학에서 법대, 약대의 신입생을 모집하지 않는 것도 올 입시의 큰 변수로 작용할 것이다.

잠시 필자가 몸담고 있는 숙명여고의 경우를 살펴보자. 무엇보다도 달라진 입시 환경에 다각적으로 대비하고자 힘쓰고 있다. 우선은 학습 분위기의 전환이 입시 변화 적응에의 성패를 좌우한다고 보고 이것을 최우선의 목표로 삼았다. 곧 전원이 참여하는 0교시, 8·9교시와 같은 수동적이고 타율적인 학습 태도를 철저히 지양하고 있다. 선생님들은 각 개별 단위의 수업에서 학생들이 주체적인 학습 방식을 습득하도록 지도 목표를 정하였다. 학생들의 참여가 전제된 수준 높은 수업과 더불어 희망하는 학생들에 한해 자율학습을 제공하는 것이다. 이를 위해 최근 독립된 건물인 정보관 2층에 고3 전용 자율학습실과 1, 2학년 전용 자율학습실로 나누어 독서실을 설치하였다. 사교육을 이겨내고 능동적으로 공부하는 자율학습이 더 중요하다는 판단 아래 이루어진 결정이다. "스스로 공부하고자 하는 학생들에게 최고의 환경을 제공해 보자."는 목적으로 정성을 다해 계획하고 공사를 진행한 것이다. 변화하는 입시 환경에 전향적으로 대처하기 위해 연구부서의 선생님들과 고3 담임 전원이 참여한 TF Task Force팀을 상시 운영하고 있다. 그외에도 자체 진학 자료집을 제작하고 다양한 프로그램도 운영하고 있다.

　사실 이러한 대비는 1학년에 입학하면서부터 체계적으로 이루어져야 마땅하다. 그러려면 무엇보다도 학생 각자가 자신의 삶의 설계와 진로, 직업 선택에 대한 구체적인 도움을 얻는 일이 중요하다. 이를 위해서 본교 진로상담부에서는 '진로 노트'를 통해 자체의 진로 지도 프로그램을 운영하고 있다.

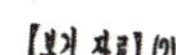

[보거 자료] (2)

♣ 흥미와 직업 ♣

흥미분야	특성	직업군
1. 문학적 흥미	시, 문학 등의 문예활동을 위주로 한 감정이나 아이디어의 창조적 표현을 중심으로 한 흥미	저술, 번역, 편집, 교정, 출판, 문인, 인쇄소, 신문사, 방송국, 영화
2. 물상, 과학적 흥미	자연과학 중에서 물리학, 화학, 지구과학 등에 대한 흥미	자연과학계열 학자, 공학계열 학자
3. 생물, 과학적 흥미	생물학, 생리학, 의학, 동물학, 식물학, 미생물학, 기타 생명계와 관련된 흥미	생물학자, 의사, 보건관계 전문 종사자, 농학자, 심리학자
4. 사회과학적 흥미	정치, 선전, 광고, 법률, 외교 등의 집단적, 언론적, 설득적 활동에 관한 흥미	사회과학 연구직, 교수, 법관
5. 기계적 흥미	기계, 금속, 조선, 섬유, 교통수단, 전기 등의 기계 공학적 원리를 이용하여 실제 생활에 적용시키는 흥미	엔지니어, 기술자, 기사, 건축사, 운수회사, 기계 조작 관련직
6. 전자적 흥미	전자공학기술 및 기타 전자분야를 다루는 활동에 관한 흥미	전자기술자, 전자공학자, 연구직, 컴퓨터 관련직
7. 상업적 흥미	경제, 경영, 무역관리 등 기업운영과 경제적 활동에 관한 흥미	경영인, 제조업자, 경제학자
8. 봉사적 흥미	사회사업, 사회복지, 교육, 종교 등의 활동에 관한 흥미	교직, 성직자, 사회사업가, 경찰, 소방대원, 간호사
9. 사무적 흥미	회계, 계산, 경리, 서기적 활동에 관한 흥미	은행원, 사무원, 회계사, 법조인, 공무원, 법률가
10. 옥외 운동적 흥미	체육활동 또는 야외활동에 관한 흥미	스포츠관련 직업, 건축, 운동선수, 심판, 코치
11. 음악적 흥미	성악, 기악, 작곡, 감상, 평론 등의 음악활동에 관한 흥미	음악 평론가, 성악가, 작곡가, 지휘자
12. 미술적 흥미	회화, 조각 등의 미술활동, 디자인, 감상, 평론 등의 미술적 활동에 관한 흥미	미술 평론가, 조각, 회화, 공예가, 보석감정, 가구 제작사

▶ 진로 노트는 숙명여고에 입학하는 1학년 학생들에게 배부되는 노트이다. 여기에는 미래 삶의 설계와 진로의 탐색 및 선택, 그리고 많은 진로 정보와 다양한 프로그램들이 수록되어 있다. 주로 학교생활과 대학 진학 및 취업 준비에 필요한 내용으로 이루어져 있다.

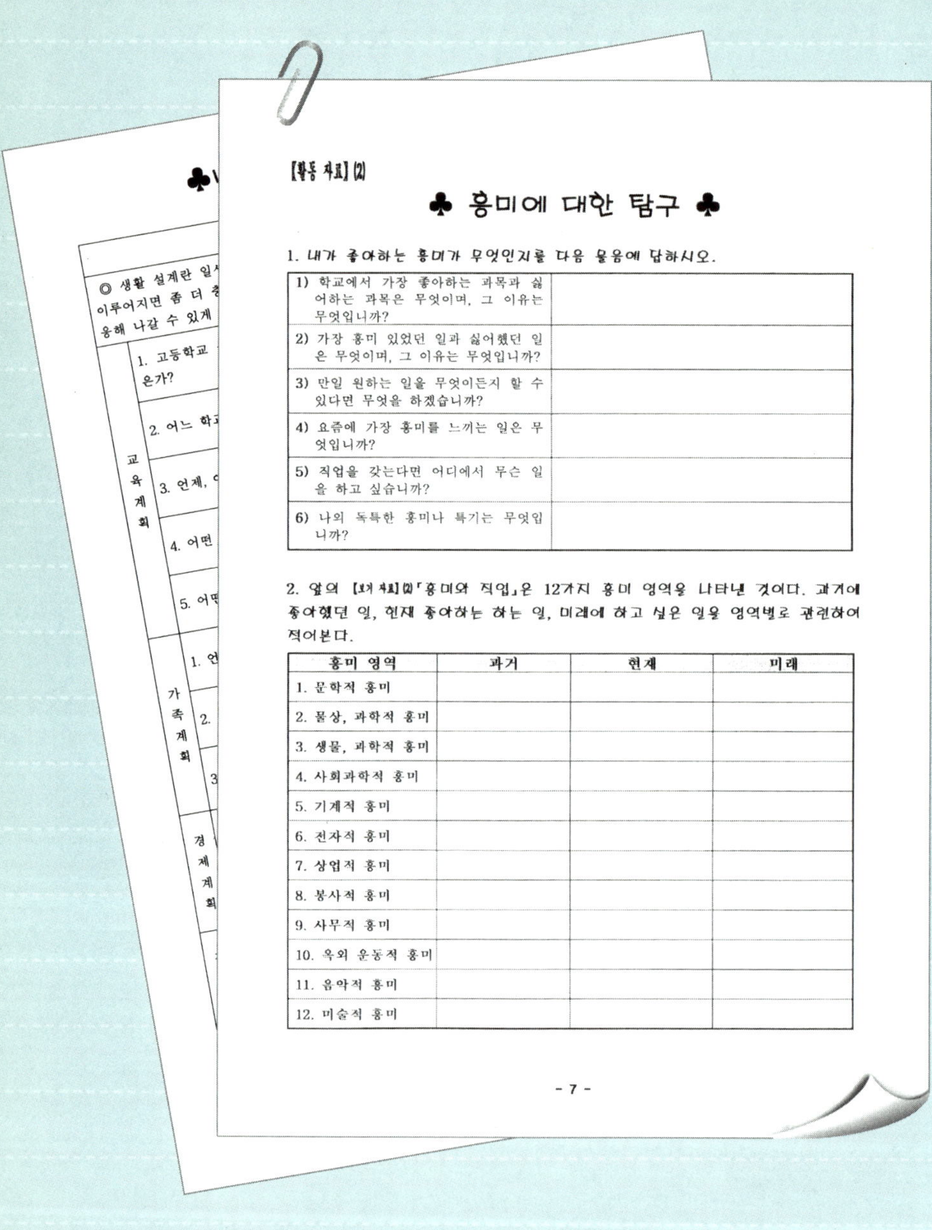

【활동 자료】(2)

♣ 흥미에 대한 탐구 ♣

1. 내가 좋아하는 흥미가 무엇인지를 다음 물음에 답하시오.

1) 학교에서 가장 좋아하는 과목과 싫어하는 과목은 무엇이며, 그 이유는 무엇입니까?	
2) 가장 흥미 있었던 일과 싫어했던 일은 무엇이며, 그 이유는 무엇입니까?	
3) 만일 원하는 일을 무엇이든지 할 수 있다면 무엇을 하겠습니까?	
4) 요즘에 가장 흥미를 느끼는 일은 무엇입니까?	
5) 직업을 갖는다면 어디에서 무슨 일을 하고 싶습니까?	
6) 나의 독특한 흥미나 특기는 무엇입니까?	

2. 앞의 【자료】(2)「흥미와 직업」은 12가지 흥미 영역을 나타낸 것이다. 과거에 좋아했던 일, 현재 좋아하는 하는 일, 미래에 하고 싶은 일을 영역별로 관련하여 적어본다.

흥미 영역	과거	현재	미래
1. 문학적 흥미			
2. 물상, 과학적 흥미			
3. 생물, 과학적 흥미			
4. 사회과학적 흥미			
5. 기계적 흥미			
6. 전자적 흥미			
7. 상업적 흥미			
8. 봉사적 흥미			
9. 사무적 흥미			
10. 옥외 운동적 흥미			
11. 음악적 흥미			
12. 미술적 흥미			

▶ 이 노트에는 숙명여고 학생들이 단원마다 모둠 학습 방법으로 다루는 하나의 학습 과정이 담기게 된다.

1. 내가 좋아하는

1) 학교에서 가장 어하는 과목은 무엇입니까?	
2) 가장 흥미 있 은 무엇이며,	
3) 만일 원하는 있다면 무엇	
4) 요즘에 가 엇입니까?	
5) 직업을 을 하고	
6) 나의 목 니까?	

2. 앞의
좋아했던
적어본다

흥
1. 문
2. 물
3. 사
4.
5.
6
7

♣ 나의 생애 곡선 그리기 ♣

나의 생활 설계

◎ 생활 설계란 일생을 어떻게 살아갈 것인가에 대해 계획하는 것이다. 생활 설계가 잘 이루어지면 좀 더 충실하게 일생을 보낼 수 있을 뿐 아니라, 어렵고 힘든 일에도 잘 대응해 나갈 수 있게 된다. 다음을 참고로 하여 미래의 생활 설계를 계획해 보자.

교육계획	1. 고등학교 졸업 후에 무엇을 하고 싶은가?	
	2. 어느 학교에 갈까?	
	3. 언제, 어떤 직업을 가질 것인가?	
	4. 어떤 자격증을 취득할까?	
	5. 어떤 취미를 가질까?	
가족계획	1. 언제쯤, 어떤 사람과 결혼할까?	
	2. 자녀는 언제쯤, 몇 명을 낳을까?	
	3. 자녀에게 어떠한 부모가 될 것인가?	
경제계획	1. 주택은 언제 마련할 것인가?	
	2. 자녀 독립을 위한 자원은 어떻게 준비할 것인가?	
직업은퇴	1. 언제쯤 은퇴할 것인가?	
	2. 노후 생활은 어떻게 할 것인가?	

▶ 학생들은 이 노트를 통해 자기 이해와 자존적 자아 확립, 다양한 직업 세계 탐색과 진로의 명료화, 학교 교육 과정의 선택, 진학 준비를 위한 학습 능력 향상, 바라는 대학 진학, 성공하는 직업인의 자세 등에 대한 구체적인 도움을 받게 된다.

대입, 피할 수 없으면 즐겨라

자신의 위치에서 최선을 다하자

60년대와 70년대의 근대화 과정을 통해 학부모 세대는 크나큰 사회 변동을 목격하였다. 그리고, 이에 능동적으로 대비하기 위해서는 학력이 필수적이라는 통념을 지니게 되었다. 명시적으로 말하지 않을 뿐이지 많은 학부모들은 이러한 생각을 의식의 저변에 깔고 있다. 물론 정도의 차이가 있을 따름이다. 아직 우리 사회는 여전히 학벌이나 학력의 자장 아래에 놓여 있다. 이게 숨길 수 없는 현실이다. 그러니 평범한 한 고등학생이 대학 입시를 피할 수 있겠는가? 아니다. 피할 수 없다.

그러면 어떻게 할 것인가? 우선은 주어진 입시 상황에 철저히 대비하여야 한다. 안이한 태도로 낭만적인 생각을 지니면 안 된다. 물론 조금 쉬었다가 재수를 한다든지, 대학 입시가 아닌 다른 길을 찾아본다든지 할 수도 있다. 하지만 이러한 미온적인 태도는 문제 해결에 별반 도움이 안 된다. 주변 사람들과 더불어 지금 현재의 상황을 직시하고 돌파하기 위해 최선을 다해야 한다.

그러려면 일단 대입 시험에 관한 다양한 정보를 활용할 수 있어야 한다. 어떤 경우 2학년까지의 생활이나 흐름으로 보아서는 도저히 대학에 가기가 힘들어 보이는데도 당당히 정시에서 합격하는 학생도 적잖이 나온다.

2학년 때까지 학교생활과 생활 습관에 문제가 있는 학생이 있었다. 자연 성적이 저조하여 이대로는 대학에 갈 가능성이 있을까 하는 회의가 들 정도였다. 그러나 모의평가에서 언어 성적은 그런 대로 좋게 나왔고 수리를 제외한 다른 과목은 4등급 정도가 나왔다. 2005학년도 정시 입시에서 숙명여대 인문계열은 수리가 10%로 적게 반영되었다. 담임선생님은 목표를 이 대학으로 정해 열심히 공부하라고 독려하며 자신감을 불어넣어 주었다. 당해 연도 수능에서 언어가 쉽게 출제되었다. 1등급이 98점이고, 2등급이 96점이었다. 총점에서는 좋은 점수가 나오지 않았지만, 등급을 반영한 관계로 언어가 1등급, 외국어가 2등급 아래가 나왔다. 결국 이 학생은 숙명여대 인문계열에 합격하고, 서울여대 교육학과에도 장학생으로 동시에 합격할 수 있었다.

정신을 차리고 집중 학습을 하면 3학년 때도 충분히 역전 가능성이 있다는 좋은 예에 해당된다. 더욱이 같은 대학이라도 학과별로 수능의 각 영역별 반영 비율이 다양하다. 2008학년도 숙명여대의 경우 정시 가군에서 교육학부의 영역별 반영 비율이 언어 33%, 수리 21%, 외국어 32%, 사탐 14%이었으며, 경영·경제학부의 경우 언어 21%, 수리 33%, 외국어 32%, 사탐 14%이었다. 정시에서 자신에게 가장 가능성 있고 경쟁력 있는 조합을 만들어 다른 지원자들과 비교 우위에 있는지 점검해 보는 것이 필수라는 점을 기억해야 한다.

〈 2009학년도 정시모집 수능 영역별 반영 비율 〉

대학	모집 계열	수능 영역별 반영 비율(%)					
		언어	수 리			외국어	탐구
			가	나	가·나		
경희대	인문계	30			25	30	15
	자연계	20	30			20	30
성균관대	인문계	20			30	30	20
	자연계	20	30			30	20
숭실대	인문·사회·법대	32			10	38	20
	공대·자연대	10			38	32	20
	경상대	10			32	38	20
이화여대	인문·사회·경영대	30			25	25	20
	자연대·공대	언어·외국어 중 택1 30, 수리40, 과탐30					
	과학교육과	25			25	25	25
중앙대	인문계	30		25		30	15
	자연계	15	30			30	25
한국외대	전 모집 단위	27.5			22.5	37.5	12.5
한양대	인문계	30		20		30	20
	경제금융·경영	20		30		30	20
	자연계	15	30			30	25

출처 : 서울시교육청 진학지도 자료집

반면 정시를 통해서 도저히 원하는 대학에 갈 수 없는 학생들이 수시에서 당당히 합격하는 경우가 있다.

필자가 담임을 맡은 2학기 반장의 사례이다. 모의평가 성적이 도무지 나오지 않았다. 그렇다고 수시로 이화여대 이상의 대학을 가기에는 내신이 미흡했다. 수시 2학기로는 운이 좋아 합격하더라도 수능에서 최저학력기준을 충족시키지 못할 가능성이 커 보였다. 결론은 하나였다. 최저학력기준이 없는 수시 1학기에 승부를 걸어야 했다. 이 학생은 결국 토플 성적을 통해 추가로 이화여대 국제학부에 당당히 합격하였다. 합격 소식을 전하던 그 학생과 학부모의 수화기 너머의 떨리던 음성을 기억한다.

최근 발표된 2009학년도 수시에 응시한 인문계 학생의 사례를 전한다. 이 학생은 수학 성적이 유독 나빴다. 수학은 다른 과목과 비교해 볼 때 그 기본 단위가 큰 만큼 내신 성적이 좋을 리 없었다. 그러나 이 학생은 끊임없는 노력으로 이화여대 국어교육과에 합격하였다. 논술로 취약점을 극복한 경우이다.

이런 경우도 있다. 모의평가 성적은 잘 나오는데, 내신이 미흡한 경우이다. 인문계 학생인데 1, 2학년 때 수학 과목에 실수가 있어서 애초에 수시로 상위권 대학을 진학하기에는 무리가 있었다. 하지만 모의평가 성적은 매우 잘 나왔다. 1학기 수시를 넘기더니, 드디어 2학기가 되자 2학기 수시에 신경을 쓰기 시작했다. 수시에 응시하더라도 기대를 걸지 말고, 오로지 정시에 최선을 다하라고 충고했다. 그 학생은 고려대, 연세대의 중하위권 학과의 수시에 떨어졌고, 내심 학생이나 부모나 실망하는 빛이 역력했다. 하지만 필자는 이 학생을 끊임없이 격려하였다. 충분히 서울대에 갈 수 있다고 했다. 희망을 잃지 않고 꾸준히 노력한 이 학생은 수능 성적이 인문계 전체 3등이 나왔고, 결국 서울대 인문학부에 당당하게 합격했다.

대입 전략, 자녀와 부모가 함께 준비하자

2009학년도 대입은 준비할 것도 많고 선택할 것도 많아진다. 수시모집이다 정시모집이다 해서 1년 내내 입시가 치러진다. 준비해야 할 서류도 많다. 학교장 추천서, 고교 생활기록부, 수상경력서, 수학계획서, 자기소개서 등 한두 가지가 아니다. 게다가 대학의 전형 방법도 대학마다 천차만별이다. 수능시험이 끝나면 곧바로 면접이나 구술고사, 논술 등을 준비해야 한다. 사정이 이렇다 보니 요즘 학부모들의 심정이 편안하지 않다. 예전처럼 학교에다 모든 것을 맡기자니 도무지 불안해서 견딜 수가 없는 것이다.

이처럼 복잡한 입시제도를 놓고 여기저기서 말들이 많지만, 수험생 자녀를 둔 부모님에게 중요한 건 입시제도의 제도적 타당성 여부가 아니다. 내 자녀가 원하는 대학에 합격할 수 있도록 최선의 지원을 다하는 것만이 중요하다.

그런 면에서 이제 대학 입시는 부모와 자녀가 함께 뛰는 총력전이 되어 버렸다. 때로는 정보전이기도 하고, 때로는 심리전이기도 하다. 이 모든 전술은 기본적인 전략, 즉 내 아이를 원하는 대학이나 학과에 합격시켜야 한다는 중대한 과제를 해결하기 위한 것이다.

대학 입시 자료는 지난 것은 지난 것으로 남겨 두어야 한다. 대부분 그해 입시의 종료와 함께 그해의 입시 자료는 정보로서의 기능이 정지된다고 할 수 있다. 무엇보다도 대입 상황이 조변석개 식으로 수시로 변화하기 때문이다. 그중에서도 '수시제도'는 그야말로 수시로 변하는 것이 그 특징이다.

따라서 수시모집을 적극적으로 고려하는 학생들은 시시각각 변하는 수시제도에 대한 최신 정보를 파악하고 있어야 한다. 바뀌는 입시 상황에 대해서 얼마나 빨리 정보를 획득하고 이를 토대로 조기에 대처하고 적극적으로 적응하느냐에 따라 좋은 결과를 낳을 수 있다.

수험생들이 기본적으로 파악해야 할 것은 모집 시기별 전형 특성을 정확하게 이해하는 것이다. 다시 말해 수시모집과 정시모집의 특성은 어떠한지, 모집 시기별로 어떤 전형 자료가 중요한지 파악해 놓고 있어야 한다는 것이다.

그러므로 현재 자신의 위치를 정확히 진단하는 것이 중요하다. 생활기록부, 수능, 논술, 심층 면접 중에서 어느 것에 강점을 보이는지 점검해 보고, 수시모집과 정시모집 중 어느 것을 택할지 결정해야 한다. 2학년까지의 성적이 좋지 않다면 수시모집보다는 정시모집에 대비하는 것이 현명하다. 지원하고자 하는 대학은 '가, 나, 다' 군별로 한두 개씩 마음속에 정해 놓아야 한다. 수시모집에만 매달리다 보면 후회하는 상황이 올 수도 있으므로 정시모집 준비도 소홀히 해서는 안 된다.

대학 입시에 관한 나름대로의 전략이 세워졌다면 그 다음부터는 수험생 스스로 생각할 수 있는 시간을 많이 가져야 한다. 대부분의 대학에서 선발 기준으로 활용하고 있는 수능시험은 암기 위주의 공부로는 좋은 점수를 받을 수 없는 형태로 바뀌었다. 논술과 면접도 주입식 공부나 요령 위주의 학습으로는 쉽게 해결될 수 없는 것들이다. 자신의 생각과 입장이 개입되어야 한다. 그러므로 학습 후에 자기만의 생각을 정리할 수 있는 시간을 반드시 가져야 한다.

기본적인 학습 전략을 세워 놓고 꾸준히 공부를 하다 보면 실력이 성큼성큼 자라나는 것을 느낄 수 있을 것이다. 다시 한 번 강조하지만 요즘의 대학 입시는 단기간에 성적을 올릴 수 있는 그런 성격의 시험이 아니다. 계획대로 꾸준히 공부한 학생만이 몰라보게 달라진 자신을 볼 수 있다. 그것은 수능시험의 성적표를 손에 쥐는 순간 확인할 수 있을 것이다.

결국 학부모나 학생이나 대입 시험에 관한 다양한 정보를 활용할 수 있어야 한다. 담임선생님이 모두를 적절하게 잘 지도해 주시면 좋겠지만, 그렇지 못하다면, 과연 이 경우 어찌할 것인가? 담임선생님이 40여 명 가까운 학생의 입시 지도를 모두의 입장과 형편에 맞게 잘할 수 있다고 생각하는가? 당위적으로는 그래야 한다. 하지만 물리적으로 그게 가능하지 못한 것이 어쩔 수 없는 현실이다. 결국 일정 부분은 본인과 가족이 현재의 대입 시험에 관한 다양한 정보를 바탕으로 필요한 준비를 해야 한다는 점을 인정해야 한다.

대학에서 요구하는 다양한 대입 자료와 전형 요소는 각 대학의 입학처나 한국대학교육협의회 홈페이지에 자세히 나와 있다. 이밖에도 EBS 홈페이지나 강남구청 인터넷 수능 방송, 대입 전문 사이트, 대입 관련 사업체 등의 홈페이지에도 최신 대입 정보가 상세히 나와 있다. 이들 사이트나 관련 사업체에서는 1대 1 대입 전략 상담까지 하고 있으니 적극적으로 활용해 볼 만하다.

학교의 맞춤형 대입 전략

고1, 2 때부터 실전 수능 체제로 준비하자

지난 2008학년도를 위한 수시와 정시의 입시 전형에서 서울대를 비롯한 연세대, 고려대 등은 과거 본고사와 별 차이 없는 난이도 높은 문제를 출제하였다. 논술에서는 통합 논술이라는 형식을 빌려 변별력을 높인 문제를 다수 출제하여 수험생들을 당황하게 만들었다. 다행히 대학의 입학담당처장들은 한목소리로 수험생들이 우려하는 영어 지문이나 고난이도의 문제 풀이형 수학문제는 출제하지 않겠다고 발표해 이 문제에서만큼은 적잖이 안심이 된다.

새로운 정권에서는 수능 과목을 축소하여 학생들의 학업 부담을 줄여 주자는 정책도 나오고 있다. 그러나 원래의 좋은 취지와는 반대로 변별력 확보를 위해 수능의 난이도를 높임으로써, 오히려 수능을 준비하는 학생들은 국·영·수 등 주요 과목에 대한 준비를 더욱 철저히 해야 할 것으로 예상되고 있다.

문제는 학교 현장에서 학생들을 지도하는 일선 선생님들이나 고1, 고2 학생들이 대학 입시에 대비해 어떤 준비를 해야 하느냐는 데 있다.

2008년도에 치러진 각 대학들의 수시모집에서 인문계 논술문제나 자연계 논술문제는 분명히 과거 본고사 차원에 접근하는 고난이도 문제였음이 여실히 드러났다. 여기에 수시모집에서의 대학별 전형은 외국어전형이나 특기자전형 등에서 특목고나 외고 학생들에게 유리한 방향으로 치러졌다. 사태가 이렇기 때문에 일반고에 다니는 학생들이 느끼는 위기감은 이루 말할 수 없이 절박했을 것임은 충분히 예상되고도 남는다.

필자는 학교 현장에서 일찍부터 대입에 대비한 다양한 준비를 해 두는 것이 학생들이 당황하지 않고 자신의 실력에 맞게 목표한 대학에 갈 수 있는 가장 좋은 방법 중의 하나라고 생각한다.

이를 위해서 1학년 때부터 각 수업 시간에 '토론'이나 '논술' 지도가 가능한 통합형 수업을 통해 학생들이 실전 수능에 익숙해지도록 지도할 필요가 있다고 본다. 그리고 인문계와 자연계로 나누어지는 2학년 때부터는 수준별 학습을 실시해 학생들의 실력에 맞는 교과 수업을 시행하고, 지원 대학에 대한 전형 요소를 미리부터 살피는 워밍업이 필요하다. 인문계는 사회탐구영역의 주요개념을 완전히 이해시키고 이를 시사문제와 연관시킨 통합 서술형 문제를 시험에 자주 출제해 학생들이 이런 유형의 문제를 논술화할 수 있는 훈련을 꾸준히 시키는 것이 좋다. 자연계는 과학의 실험이나 주요개념 이해와 함께 수학을 좀 더 심화시켜 다양한 문제 유형과 고난이도 문제를 자주 접하도록 학생들을 연습시킨다. 중요한 것은 이 모두가 내신시험의 서술형 문제 유형을 통해 학생들의 참여를 유도할 수 있도록 개발하여 제공되어야 한다는 점이다. 본격적인 논술 공부를 하고자 한다면 '방과후 학교'를 적극적으로 활용해야 한다. 학기 중이라면 외부 강사를 확보해서라도 진행하고, 방학 동안이라면 자체 선생님들을 통해 학교 내에서 지도할 수 있어야 한다.

학생들의 수준에 맞는 학습 지도

어떤 학생이 대입 시험에 출제되는 주요 과목이나 논술문제를 완벽하게 이해하고 이를 평소 준비한 대로 응용력과 사고력을 발휘해 시험 문제를 풀 수 있다고 하자. 이런 학생이라면 어떠한 입시제도에서도 뚜렷한 경쟁력을 가질 수 있을 것이다. 하지만 유감스럽게도 이와 같은 실력을 갖춘 학생은 학교의 상위 5%도 되지 않는다.

따라서 대다수의 1, 2학년 학생들이야 수능시험에 나오는 문제들이나 논술의 제시문, 구술고사 등의 입시 환경이 낯설고 당황스러울 수밖에 없다. 이런 학생들을 위해서 학교 현장에서는 학생들이 지원 가능한 대학들을 미리 준비하도록, 고2 후반기 때부터 학교 차원에서 세분화하여 지도할 필요가 있다고 본다. 대부분의 경우 오늘날 한 교실 안에서 서울대, 연·고대, 이화여대 등 소위 명문대를 겨냥한 학생들과 서울 기타대, 지방대, 전문대학을 목표로 공부를 하는 학생들이 똑같은 내용으로 수업을 받는다. 하지만 이러한 지도는 입시 지도뿐만 아니라 개성 발현의 차원에서도 한계가 생겨난다.

평등권도 좋고, 학생의 인격권도 중요하다. 하지만 인문계 고등학교의 경우 우선 필요한 것은 각 학생들의 주어진 여건과 실력을 파악하여 이에 맞게 학습을 지도하고 결과적으로 대학 진학에 충분한 도움을 주는 일이다.

일선 고등학교에서도 대입에 대해 어떤 입장을 갖느냐에 따라 학생들의 대입 지도 관리가 현격하게 차이를 보인다. 즉 수능시험에 역점을 둘 것인지, 수시를 겨냥한 논술이나 구술 면접고사에 중점을 둘 것인지에 따라 학교의 대입 관리 틀이 전혀 다르게 운영될 수 있다는 것이다.

필자의 견해로는 고등학교에서 일괄적으로 이 문제에 접근할 것이 아니라 학생의 수준에 맞는 맞춤형 대입 전략을 짜는 것이 바람직하다고 생각한다. 예를 들어서 학교 수업 과정 중에 고1 때부터는 논술반을 운영하고, 고2 때부터는 심층 면접, 통합 논술인문계와 자연계를 따로 운영, 구술고사, 대학별 전형 방법 검토, 자기소개서 작성법, 적성검사 등을 특별 수업 형태로 반을 만들어 체계적인 대입 전문 수업을 할 필요가 있다고 본다. 여기서 한 걸음 더 나아가 지구별로 숙명여고는 11지구에 속한다 인근의 고등학교까지 연합해 수준별 특별반을 만들어 특강 형식으로 꼭 필요한 과목들을 개설해 영어, 수학, 과학, 통합 논술 등을 학생들 수준에 맞게 특별 보충수업을 할 필요도 있다. 이 점에서 각 지구 학교들이 통합해서 시도하는 지구별 방과후 거점 학교의 개설은 매우 큰 의미를 지닌다.

이처럼 각 대학들의 학생 선발 계획을 조기에 파악하여 주도면밀하게 대비할 때 학생들이 원하는 대학의 학과를 보다 효과적으로 지원할 수 있게끔 학교가 적극적으로 지원해 주는 셈이 되는 것이다.

입시제도가 바뀌어도 기본에 충실하자

지난 3월에 발표된 대입 전형안의 내용은 결국 우리 모두가 우려하던 것이 눈앞의 현실로 드러났음을 알 수 있다. 우선 등급제를 통해 일종의 자격고사처럼 활용하려던 수능시험이 등급 폐지로 다시 부활하였음을 알 수 있다. 수시의 경우도 수능 최저학력기준의 강화로 "이제는 수능이닷!" 하는 말이 툭 튀어나올 정도로 수능은 강력하고도 화려하게 부활하였다.

그러나 내신과 논술도 결코 무시할 수 없다. 일단 수시가 50% 이상 확대되었다는 사실을 눈여겨보아야 한다. 수시 전형의 중요 요소는 내신과 논술이다. 여기에 통과한다고 하더라도 수능의 최저학력기준 자격이 따라 붙는다. 게다가 올해를 포함하여 앞으로의 입시에서는 수능의 최저학력기준이 더 크게 강화될 것이다. 정시에서 쓸 만한 대학을 가려면 반드시 논술을 보게 된다. 결국 수능, 내신, 논술이라는 '죽음의 트라이앵글'을 벗어나기 어려운 것이 오늘날 수험생들이 마주친 현실이다.

피할 수 없는 현실이라면 제대로 한번 맞붙어 보아야 한다. 결국 내신이든 수능이든 논술이든 간에 어차피 해야 할 공부라면 교과 내용을 충분히 숙지하고 응용력을 기르는 훈련을 일찍이 시작하는 게 최선의 방법이다. 학생들이 고등학교 1학년 때부터 사고력의 폭을 넓히는 다양한 독서와 글쓰기 훈련을 쌓게 되면 웬만한 문제는 저절로 해결할 수 있는 능력이 생긴다.

인문계 고등학교 학생들의 목표라면 당연히 자신이 원하는 대학에 진학하는 것이다. 물론 명문대에 가든, 서울의 기타대흔히 인서울대라고 한다에 가든, 지방대에 가든 가고자 하는 목표 대학과 학과는 다 제각각이다. 하지만 자신이 꿈꾸는 미래의 모습은 고등학교 3년 동안 어떻게 준비하느냐에 따라 보다 구체적인 현실이 되어 자신에게 돌아올 것이다. 필자의 생각으로는 물론 명문 대학에 가는 것도 좋지만 소망하는 꿈을 실현시켜 줄 수 있는, 자신이 원하는 학과에 무사히 합격하는 것이 더 중요하다고 본다. 그래서 굳이 명문대가 아니라도 원하던 대학의 학과에 합격했다면 그 학생에게 그 대학은 충분히 명문대 이상의 의미가 된다. 이를 위해 학생들은 자기 스스로 목표를 세워 학습을 해야 한다. 내신을 철저히 관리하면서 학습의 기초 체력을 쌓아 나가야 한다.

입시제도가 자주 바뀐다고 불평을 하는 학생이 있다. 하지만 그런 불평은 의미 없는 일이다. 대학 진학을 원하고, 나아가 자신이 원하는 학과에 진학하기를 바란다면 불평할 필요가 없다. 사실상 입시제도가 아무리 바뀌어도 줄기는 같으며, 입시의 근본 원리는 변하지 않기 때문이다. 열심히 준비한 학생은 원하는 대학에 갈 수 있을 것이고, 현실에 불평하는 학생은 대입 결과에 대해 계속 불평만 하게 될 것이다. 이게 입시의 본질이고 대입의 현실이다. 세칭 말하는 '죽음의 트라이앵글'보다 무서운 것은 불평의 틀에 갇혀 노력을 게을리 하는 것이다. 삶의 주인공은 바로 나 자신임을 잊지 말고 상아탑으로 나아가는 길을 꾸준히 준비하고 모색해 보자. 그게 '지금 여기'를 바라보는 현명한 자의 선택이다.

대학 입시, 수험생과 가족이 펼치는 총력전

고3이 되면 학생들은 새로운 마음으로 "올 한해 부지런히 노력하면 원하는 대학에 합격할 수 있다."며 굳은 각오와 함께 다부지게 신학기를 시작한다. 그런데 문제는 대부분의 학부모와 수험생들이 대학 이름에만 매몰되어 선택할 학과나 학생의 장래에 대한 진지한 고민이 결여된 경우가 많다는 점이다.

공부는 왜 해야 하는지, 장래에 어떤 사람이 되고 싶은지에 대한 구체적인 꿈이 있는 학생과 그렇지 못한 학생은 아무래도 대학 진학에 관한 설계가 다를 수밖에 없다. 자신이 '여성학자'가 되고 싶다는 구체적인 미래상이 있는 학생은 대학에서 무슨 공부를 해야 여성학자의 기본 교양을 쌓을 수 있는지를 먼저 생각하게 된다. 그래서 사회학과나 정치학과 등의 관련 학과가 어느 대학에 있는지 알아보고, 그 꿈을 가장 현실적으로 실현시켜 줄 구체적인 준비에 들어갈 수 있다.

자신이 공부해야 할 목표를 확실하게 세우는 일은 고등학교에 진학해서 바로 해 둘 필요가 있다. 물론 그보다 더 일찍 해야 마땅하겠지만 중학교 때까지도 자신의 장래에 대한 모습을 세워 두지 않았다면 고등학생이 되어 필히 이런 자아상을 빠른 시간에 확립할 필요가 있다.

선생님과 학생, 학부모가 삼위일체가 되자

고3이 된 시기에는 담임선생님과 긴밀하게 관계를 유지할 필요가 있다. 담임선생님도 고3이 되면 학생들이 지금 얼마나 힘든 상황을 맞고 있는지를 헤아려 학생들이 힘을 얻고 위로가 될 수 있는 따뜻한 배려가 담긴 말을 자주 해 주어야 할 것이다. 또한 예민해져 있는 학급 학생들에게 보다 많은 관심을 가지고 그들의 일거수일투족을 면밀히 살펴야 한다. 학생 개개인의 실력에 맞는 진학 상담과 공부법, 교재 선택 등에 대한 조언도 해 주어야 한다. 그렇게 됐을 때 자신이 맡고 있는 학생과 학부모의 신뢰를 바탕으로 적극적으로 학생들의 대입 상담을 할 수가 있다. 그래야 비로소 선생님과 학생, 학부모가 하나가 되는 삼위일체의 진학 지도가 가능하다.

고3 수험생을 둔 학부모는 지금 자신의 자녀가 얼마나 어려운 길을 가고 있는지 제대로 인식해야 한다. 자녀가 편안하게 학업에만 전념할 수 있도록 눈에 보이지 않는 세심한 배려를 할 필요가 있다. 또한 담임 선생님과도 연계하여 자녀의 현재 성적이 어떻게 되고, 앞으로 어떤 방향으로 공부를 해야 할지도 물어보면서 필요한 조치를 취해야 한다.

특히 담임선생님을 믿고 수시로 변하는 대입 전형이나 대학별 고사에서 준비해야 할 것들이 무엇인지를 체크해 자녀에게 알려 주면서 담임선생님과 함께 관심을 갖고 자녀를 격려해 줘야 할 것이다.

고3 수험 기간은 제대로 준비하지 못하면 자녀나 학부모에게 극도로 힘든 시기가 될 수 있다. 하지만 잘만 대응하면 자녀의 장래에 대한 대비는 물론이고 가족간에 화목하고 진지한 대화의 시간을 가질 수 있는 시기로 변화시킬 수 있다. 여기에 사제지간의 따뜻한 정을 나눌 수 있는 인생의 가장 소중한 시간도 얻게 된다. 문제는 학생과 학부모가 담임선생님을 신뢰하고, 담임선생님은 최선을 다해 자신이 맡은 학생의 대학 진학을 위해 필요한 모든 조치를 취해야 한다는 점이다. 그래야만 학생들은 입시에 관한 시행착오를 최소화할 수 있을 것이다.

거듭 강조하다시피 고3 기간 동안 학생에 대해 인격적이면서 실제적인 관심을 줄 수 있는 주체는 담임선생님들이다. 이들은 1년 동안 학생의 생활에 관심을 쏟으며, 거의 대부분의 시간을 학생들과 함께 움직인다. 진학 지도의 경우 수치나 통계를 가지고서만 학생들을 지도한다면 분명히 한계가 생긴다. 학부모와 연계하여 담임선생님들이 학생들의 특징을 면밀하게 파악하는 것이 절실히 중요하다.

숙명여고에 석차 백분율 30%의 학생들이 있었다. 지금으로 환산하자면 내신 4등급이다. 이 학생들이 2007학년도 정시와 수시에서 서강대와 이화여대에 각각 2명씩 합격한 사례가 있다. 2008학년도 경우에도 수시2에서 내신 3등급 중반대의 학생이 서강대와 이화여대에 각각 합격한 사례도 있다. 담임선생님들이 이들이 논술 실력으로 내신의 부족함을 만회할 수 있으리라 보아주었기 때문에 가능한 일이었다. 입시 전문 기관의 진학 지도 분석에만 따른다면 이들이 서강대와 이화여대에 합격하는 일은 분명히 불가능한 상황이었다. 하나 학교 담임선생님은 학생들의 장단점과 잠재적 가능성을 파악했기에 적극 격려하여 이러한 결과를 얻어 낼 수 있었다. 비록 내신 성적은 부족하더라도, 나머지의 전형 요소이들 학생의 경우는 논술로 승부하여 좋은 결과를 얻어 내는 의외의 사례가 적잖게 발생한다. 본교에서는 한 해에 너덧 건씩 수치적 불가능을 넘어서서 서강대와 이화여대에 입학하는 사례가 등장하곤 한다.

숙명여고의 사례를 하나 더 전한다.

1, 2학년 때 다소 개인적인 고민거리가 있어서 학업에 집중하지 못했던 학생이 있었다. 이 학생은 3학년 들어오면서 담임과의 지속적인 면담을 통해 점차 목표 의식을 분명히 지니게 되었다. 물론 이로써 학업에만 전

념할 수 있었다. 그간의 내신이 워낙 좋지 않았던 터라 1학기 수시모집에서 한양대 안산 캠퍼스를 지원했으나 불합격했다. 그런데 모의평가를 볼 때마다 성적이 계속 상승하였다. 상승폭이 워낙 커서 담임선생님은 이 학생에게 "이게 진짜로 네 실력이 맞느냐?"라고 농담조로 물어볼 정도였다. 2학기가 되자, 학생은 한양대 안산 캠퍼스에 다시 수시모집을 지원하겠다고 했다. 담임선생님은 강하게 만류했다. "지금 나오는 성적이 정말 네 성적이라면 너는 본교도 갈 수 있다."며 수능에 박차를 가하도록 조언했다. 실제 수능을 치렀을 때에는 매우 높은 점수를 받았다. 결국 이 학생은 정시에서 이화여대와 한양대본교에 당당히 합격하여 현재 이화여대를 다니고 있다.

입시는 그 자체에 변수의 가능성을 지닌다. 그러기에 심지어는 학생 자신조차도 논술과 면접 등의 실전에 대해 자신이 지닌 장단점을 뚜껑을 열어 보기 전까지 모르는 경우도 생겨난다. 그러나 이 말을 '입시란 불투명한 것'이라고 오해하지는 말자. 핵심은 이것이다. 입시에는 항시 변수가 있게 마련이고, 그러기에 학생들은 자신이 지닌 잠재적 가능성을 결코 무시하지 말고 끝까지 노력하라는 것이다.

숙명여고의 다른 경우를 보자.

내신이 비교적 하위권인 학생이 봉사 활동, 효행상, 자격증 등을 가지고 경희대 자기추천전형에 합격한 사례도 있다. 학생 본인도 크게 기대하지 않았음에도 합격이라는 결과를 얻었다. 이는 역시 수시라는 제도의 의외적 변수와 학생에 대한 담임선생님의 관심과 격려, 그리고 대학에서의 숙명여고에 대한 긍정적 평가사실 이 부분에 대한 구체적이고 객관적인 자료는 없지만 다년간의 입시 지도에서 얻을 수 있는 분명한 감각이다 등등 많은 요소가 결합되어 얻은 소중한 결과이다. 입시를 지도하는 입장으로 보자면, 이것이 바로 담임선생님의 오묘한 능력에 해당된다고 굳게 믿는다.

학교의 대입 설명회, 반드시 참여하자

최근의 일선 학교들은 대입 정보에 목말라하는 학부모들을 위해 학교 차원의 대입 설명회라든가 진학 지도 안내 등을 여러 차례에 나누어 갖고 있다. 이때의 설명회는 일반적인 정보를 넘어서서 그 학교의 진학 특성에 맞추어, 혹은 졸업생들의 진학 동향과 연관하여 설명하게 된다. 즉, 각 대학별로 특별한 전형이라든가, 중하위권 학생들도 지원해 볼 만한 수시 전형, 서울 소재 대학에 가기 위한 전략적인 대입 공부 등 수험생과 학부모들이 꼭 알고 싶은 내용 위주로 설명회를 갖는다. 적어도 숙명여고는 그렇게 하고 있으며, 주변 학교들도 대부분 실시하고 있다.

학부모의 입장에서는 그간 학교 선생님과 연락했던 적이 없더라도 학교에서 시행하고 있는 이런 입시 설명회에는 반드시 나가야 한다. 직장을 다니고 있는 학부모라도 어떻게든 시간을 내서 반드시 나가야 한다. 사실상 담임선생님께 전화 한 통화도 안 하고, 이런 모임에 참석도 않으면서 내 자녀가 대학에 잘 들어가기를 바라는 것은 연목구어의 태도나 다름없다.

숙명여고의 경우 연 3회에 걸쳐 입시 설명회를 개최하고 있다. 이 설명회를 통해 학부모들은 전체적으로 입시, 혹은 입시와 연관한 그 학교의 노력을 이해하게 된다. 또 자연스럽게 담임선생님을 만나 입시에 대한 선생님의 방침과 태도를 파악할 수 있는 절호의 기회를 얻는다.

전해 듣기론, 서울 강북의 I고등학교에서는 고3 학부모들을 상대로 수시로 반 단위의 입시 설명회도 갖고 수시나 정시모집 직전, 학년 말에 각각 필요한 설명회를 가져 학부모들에게 최신 정보와 학교의 방침을 설명하곤 한단다. 학년 말에는 각 학년별로 대입 설명회도 열어 고1, 고2 학부모들이 어떻게 자녀들을 지도해야 하고, 대입제도가 어떤 방향으로 진행되고 있는지를 설명하는 시간을 갖곤 한다는 것이다. 이러한 학교 당국의 열의와 관심은 학부모들에게 진학에 대한 이해와 협조를 불러일으킬 수 있고, 학부모들이 입시제도의 맥을 정확히 짚어 내는 데에 큰 도움이 된다.

일반적인 학원의 입시 설명회는 전국의 학생들을 대상으로 한다. 그 과정에서 학원은 반드시 학원 선전을 겸하게 된다. 틀림없다. 그러기에 필수적으로 이들 입시 설명회에는 검증되지 않은 과장된 정보가 난무한다. 신뢰성과 책임 의식도 결여되기 쉽다. 학생이 지닌 능력 이상의 대학에 지원하게끔 은근히 부추기는 경향도 강하다. 대입에 실패하더라도 학생의 경우 떨어진 건 운이 없어서라고 생각할 것이고, 학원의 경우야 그들이 어차피 재수하게 될 것이니 이 역시 이득이 된다. 어쨌든 철없는 학생들이나 물정 모르는 학부모들, 그리고 장삿속을 지닌 학원 모두의 입장에 맞아떨어지니 학원의 입시 설명회는 꽤나 남는 장사가 된다.

하지만 학교의 입시 설명회는 다르다. 여기에는 그 학교가 지닌 입시 지도의 방향성과 특징이 그대로 드러나게 된다. 특히 명망 있는 사립학교의 경우라면 이런 설명회에서 졸업생들의 누적된 입시 지도 사례가 소개된다. 학부모들은 이런 설명회 과정을 통해서 다양하고 구체적인 사례를 확인할 수가 있다. 이런 과정에서 학부모들은 자신의 자녀들이 처한 상황에 맞게 입시 전략을 구체적으로 세울 수 있다. 이로써 학부모들은 담임선생님과 적절한 상담을 통해 의미 있는 방식으로 입시 전략을 짤 수 있게 되는 것이다.

수시와 정시 합격 전략

대학 입시는 크게 수시모집과 정시모집이 있다. 수시 1학기 모집은 이제는 거의 없어지는 추세인지라 논외로 한다. 2학기 수시모집은 각 대학별로 각각 다른 날에 치르게 된다. 여기에서는 주로 학생부 성적을 기본으로 각 대학별로 제시하는 전형 요소에 따라 입시를 치르게 된다. 1단계 전형에서는 학생부 성적과 비교과각 대학에서 필요로 하는 다양한 전형에 필요한 요인들―올림피아드 수상 경력, 영어경시대회 경력, 학생회 경력, 봉사 활동 등 자료, 자기소개서, 추천서, 대학별 고사논술, 심층 면접, 구술고사 등 등 실로 다양하고 복잡한 절차가 기다리고 있다.

이에 비해 정시모집은 수능시험을 치른 후에 그 점수를 토대로 각 대학별 반영 요소를 갖추고 자신이 가고자 하는 대학의 모집군 시험일에 시험을 치르면 된다. 여기에서는 주로 수능 점수와 학생부 성적이 대학의 당락을 결정하는 주요 잣대가 된다.

내신, 논술, 수능 점수는 한 세트로 생각하자

수시와 정시는 이처럼 전혀 다른 성격의 모집전형이지만 2학년 전반까지는 무엇보다도 학교의 내신 성적을 잘 받도록 노력하는 것이 수험생의 올바른 태도라고 하겠다. 여기에 일단 자신의 처지에 맞는 대학 입시 전략을 미리부터 준비하는 태도가 필요하다.

최근 대학 입시에서 가장 영향력이 큰 전형 조건은 내신과 수능시험 점수, 그리고 논술이다. 즉 학생들이 그토록 두려워하는 죽음의 트라이앵글에서 한 발짝도 벗어나지 못한 것이 바로 지금의 대입 수험생들이 처한 냉정한 현실이라고 하겠다. 그런데 학교에서 소위 '한 공부 한다'는 학생들은 평소 수업을 통해서 이 세 가지 요소를 미리 철저하게 준비하고 있다.

우선 내신은 학기 중에 보는 중간고사나 기말고사, 수행평가 등에 철저히 대비함으로써 좋은 성적을 유지한다. 여기에 수능에 대비한 국어, 영어, 수학 준비를 게을리 하지 않는다. 특히 국어 교과서 내용뿐만 아니라 학교의 독서 과제를 통해, 혹은 작문 시간을 최대한 활용하여물론 요즈음 작문 시간에는 작문을 하지 않는 경우가 많지만 논술에서의 작문 실력이나 논리적인 구성 능력을 높여야 한다. 이밖에도 평소 수업 시간에 교과서 개념을 철저히 익히고 이를 실생활에 접목시켜 생각하는 사고력과 응용력을 기르는 연습을 게을리 하지 않는다. 또한 논술에 대비해서 교과서의 사회문화, 정치, 경제, 세계사, 지리에서의 중요한 개념들을 완전히 이해하고 이를 실생활의 다양한 사례와 접목시켜 응용하는 연습을 꾸준히 한다.

다시 한 번 강조하건대 내신과 수능, 논술은 별개로 공부할 영역의 시험이 아니다. 특히 최근 실시된 2008학년도 인문계 논술이나 자연계 논술에는 교과서의 주요개념과 사회 현상을 접목시켜 독창적인 사고력을 묻는 문제들이 많이 출제되고 있다. 따라서 2학년 전반까지는 학교 공부에 충실해야 한다. 그러고 나서 내신에 비해 수능이 나쁜지, 내신과 수능이 모두 나쁜지 아니면 수능에 비해 내신이 나쁜지, 또 논술에 대한 대비는 어느 정도 이루어져 있는지에 대해 판단해야 한다. 그래야 2학년 겨울 방학의 프로그램을 유용하게 짤 수가 있다.

필자의 경험으로 보자면 학급의 70~80%는 거의 수능과 내신이 같이 간다. 나머지 20~30%만이 고민이 생겨날 수 있다. 이를테면 3학년이 되어 20~30%에 자신이 속하는데, 내신에 비해 모의평가의 성적이 형편없다면 수시에 최선을 다해야 한다. 이때 유의할 것은 모의평가 성적이 심하게 형편없다면 수능의 최저학력기준이 후한 대학을 눈여겨보아야 한다. 나머지 70~80%의 학생은 우선 수시를 보고 결국 정시까지 간다는 마음으로 대비해야만 한다.

하지만 이는 입시 전략의 한 방법이 될 수 있지만 절대적인 기준은 아니다. 현장에서의 입시 지도가 이런 식으로 일률적으로 이루어지는

것이 아니기 때문이다. 다만 내신과 수능, 그리고 논술력에 있어 나의
위치가 어느 정도인지를 파악하여 능동적으로 대처하는 것이 중요하
다는 점을 상기하면 된다.

수시는 논술, 정시는 수능이 합격의 열쇠

수시모집에서 가장 중요한 전형 요소는 학생부 성적이다. 학생부 성적
은 수시모집에서는 3학년 1학기 성적까지 반영된다. 따라서 학생부 성적
이 우수한 학생들은 수시모집에 적극적으로 지원할 필요가 있다. 이때
주의할 것은 수시모집에서 1개 대학이라도 합격을 하면 대학에 등록하
지 않더라도 정시모집이나 추가모집에 지원할 수 없기 때문에 합격하면
후회 없이 다닐 수 있는 대학에 지원하는 것이 중요하는 점이다.

수시모집에서는 거의 모든 대학이 논술이나 구술 면접고사를 실시
한다. 논술이나 구술 면접고사는 대학별로 출제 수준과 경향이 다르고,
단기간에 준비하기 어렵기 때문에 미리 준비하는 것이 좋다. 또한 수시
모집에서는 특별전형에 관심을 가지는 것도 좋다. 봉사 활동에서 탁월
한 실적, 토플·토익과 같은 외국어능력시험 성적, 특별한 수상 실적이
있다면 교과 성적이 다소 미흡하더라도 합격할 수 있기 때문이다.

〈학생부 반영 비율이 높은 전형〉

대 학	전형 유형	전형 요소별 반영 비율(%)	최저학력기준 유무
경희대	수시2-2 〈교과우수자2〉	학생부 100	인문계: 2개 영역 2등급 자연계: 수리, 탐구영역 중 1개 이상 2등급 동서의학과: 1개 영역 1등급, 1개 영역 2등급
고려대	수시2-1 〈학생부우수자〉	학생부(교과)90 + 서류(비교과 및 자기평가서)10	4개 영역 평균 2등급 이내
서강대	수시2-2 〈학생생활우수자〉	학생부100(교과80 + 비교과 20)	인문 · 사회대: 3개 영역 2등급 자연계: 2개 영역 2등급
성균관대	수시2-1 〈학업우수자 (학생부 전형)〉	학생부100(교과80 + 비교과20)	미적용
숙명여대	수시2-1 〈전공적성우수자〉 수시2-2 〈학생부우수자〉	학생부100	2개 영역 2등급 이상
연세대	수시2-1 〈교과성적우수자〉	학생부(교과)90 + 비교과10	인문계: 3개 영역 이상 2등급 자연계: 2개 영역 이상 2등급 의 · 치예대: 3개 영역 이상 1등급
이화여대	수시2 〈학업능력우수자〉	학생부90(교과80 + 비교과10) + 학업계획서10	①1단계(30%): 3개 1등급 또는 2개 1등급, 2개 2등급 ②2단계(40%): 2개 영역 1등급 ③3단계(30%): 2개 영역 2등급
인하대	수시2-2 〈학생부우수자〉	학생부 100	2개 영역 평균 3등급
중앙대	수시2-1 〈학업우수자〉	1단계: 학생부100(5배수) 대학별고사: 학생부40 + 학업적성면접60	인문 · 자연계: 2개 영역 이상 2등급 의대: 2개 영역 이상 1등급
한양대	수시2-1 〈학업우수자〉	1단계: 학생부100(5배수) 대학별고사: 1단계 성적 50 + 면접50	미적용
한국외대	수시2 〈외대 프런티어1〉	학생부70 + 논술30	미적용

출처 : 서울시교육청 진학지도 자료집

숙명여고의 경우이다.

　2008학년도 입시에서 석차 백분율 20%대의 학생이 연세대 행정학과 수시에 합격하였다. 이 학생은 내신은 저조하지만, 한국철학회에서 주최한 '원탁토론대회'의 수상 경력이 있었다. 토익은 899점이었다. 연세대의 경우 당시 900점 이하의 토익은 인정을 안 한다는 소문이 있었지만, 우선은 학생에게 많은 격려를 해서 시험을 보게 했다. 다만 담임선생님은 학생에게 원서와 연관한 모든 일처리는 엄마가 알아서 할 터이니 일절 신경 쓰지 말라 당부했다. 학생에게 수능에만 전력을 다하게 하려는 계획이었다. 학생의 자기소개서는 1학기 수시에 작성한 것을 다시 손보아 내게 했다. 이 학생이 1단계에 합격한 후, 학원 수업을 병행하는 집중적인 대비로 구술 면접을 준비하여 결국 수시에 최종 합격하는 영예를 얻게 되었다.

　정시모집은 수능시험 성적이 발표되는 12월 중순 이후부터 시작된다. 2009학년도 정시 전형은 12월 18일부터 원서를 접수하며 가군, 나군, 다군으로 나누어 세 차례의 응시 기회를 준다. 정시 전형에서 가장 중요한 전형 요소는 수능 성적이다. 서울대의 경우 수능 성적만으로 1단계에서 2~3배수를 선발하고, 연세대나 고려대, 이화여대 등은 수능 성적만으로 정시모집 인원의 50% 이상을 우선 선발한다. 즉, 수능 성적에 따라 대학이 결정된다고 해도 과언이 아니다.

이른바 명문대라고 할 수 있는 상위권 대학에서는 학생부 반영 비율이 크다 해도 등급간 점수 차이가 작고 기본 점수가 크기 때문에 내신이 당락에 큰 영향을 미치지 못한다. 내신 만점의 최저점이 낮기 때문이다. 이들 대학들은 논술과 구술 면접의 대학별 고사에서 당락이 바뀐 경우가 상당히 많았다는 점에 유의할 필요가 있다. 따라서 상위권 대학을 지원하는 수험생들은 여전히 논술과 구술 면접이 큰 비중을 차지한다는 점을 명심해야 한다.

중하위권 학생들의 희망, 인·적성검사

인문계 고등학교 학생들의 현실적인 목표는 자신이 희망하는 대학에 진학하는 일일 것이다. 문제는 학생들의 대학 진학이 현재의 입시제도에서는 희망하는 대로 다 받아들여지지 않는다는 데 있다.

필자는 고3 담임선생님이라면 학생들을 희망하는 대학에 잘 들어가도록 뒷받침하는 것이 교사로서 매우 중대한 책무라고 생각한다. 물론 이 막중한 책임 때문에 대한민국의 고3 선생님들은 제자들을 위해 혼신의 힘을 쏟는다.

필자의 경우 고3 담임을 맡아 새로이 맞이할 학생들의 학생부를 뒤적이다 보면, 웬만해선 4년제 대학에 들어갈 수 없는 학생들을 보게 된다. 2년을 열심히 공부했는데도 수능이나 대학별 고사에 도저히 못 미치는 교과 성적의 약점을 가진 학생들이다. 이때는 대입 전략서며 입시 경험이 많은 선배 선생님들의 조언을 들으며 나름대로 이 학생들을 희망하는 대학에 보낼 방법을 고민하게 된다. 이러한 때에 가장 효과적인 대입 준비 방법으로 생각나는 것이 바로 이 '인·적성검사'이다. 이들이 지닌 상당 부분의 약점을 극복할 수 있는 시험이기 때문이다.

인·적성검사는 주로 중위권 이하의 학생들이 두세 달가량 집중적으로 공부해 시험을 치러 좋은 성과를 거둘 수 있는 또 하나의 대학 등용문이다. 인성검사는 학생들의 기본적인 성격이나 가치관, 인생관, 세계관을 측정하는 데 취지가 있다. 반면 적성검사는 각 대학들이 대학 공부에 필요한 수학 능력, 전공에 대한 지식, 이해도를 다양한 방법으로 측정하려는 데 목적이 있다. 즉, 학생들의 종합적인 사고력, 잠재적인 학습 능력 그리고 창의적인 재능을 측정하는 효과적인 수단으로 활용하고 있는 것이다.

사실 대부분의 학생들은 학생부 성적이나 논술고사에서 좋은 점수를 받을 자신이 없는, 어정쩡한 위치에 놓인 경우가 대부분이다. 수시모집에서도 말이 다양한 전형이지, 대학의 웬만큼 유망한 학과는 대개 외국어전형이니 학생부전형, 특기자전형 등을 앞세워 우수 학생을 입도선매(?)하는 데에만 관심을 기울인다. 여기에 모의평가 성적도 잘 안 나오는 수험생들은 올해와 같은 대입 전형이 그저 야속할 따름이다. 왜 나하면 올해 대입에서는 전체 모집 정원의 56%에 해당하는 21만 명을 수시모집에서 선발한다고 하니 말이다. 수능시험 점수도 별 도움이 안 되고, 내신도 그렇고 논술도 영 자신이 없다면 방법은 딱 하나이다. 바로 적성검사를 보는 방법이다. 이는 하위권 학생들의 대학 입학의 돌파구가 될 수 있다.

숙명여고의 경우이다.

인문계 반에서 학급 석차 25등 정도 했던 학생이 아주대 수시에 합격한 사례가 있다. 담임선생님은 이 학생이 인문계임에도 불구하고, 수학 성적이 다른 교과 성적보다 좋은 것을 보고 아주대 자연계로 교차 지원을 시켰다. 아주대는 그 당시 영상 관련 검사2008학년도부터는 논술로 대체됨와 면접시험을 중시하였다. 영상 관련 검사란 영상 강의 자료를 본 후, 그에 대한 이해를 바탕으로 시험을 보는 것이었다. 면접은 아홉 명의 수험생들끼리 제시된 주제에 대해 서로 토론하는 방식이었다. 담임선생님은 학생에게 영상 관련 검사와 연관된 연습을 중점적으로 시키고, 토론에서는 적극적으로 손을 들어 발표하라고 지도했다. 이 학생은 결국 수시에 무난히 합격하였다.

적성검사의 문제 유형을 살펴보면 언어력, 수리력, 공간지각력을 측정하는 문제라는 것을 알 수 있다. 보통 1, 2교시로 나누어 시험을 본다. 1교시에는 언어사용 능력, 언어추리력, 논리력과 관련된 언어·논리 시험을 치른다. 따라서 어휘력이 뛰어나거나 논리적인 추론이 강한 학생들이 좋은 성적을 거두는 경우가 많다. 2교시는 수리추리력, 공간추리력, 공간지각력을 측정하는 수리·사고 시험으로 구성되어 있다. 기초적인 수학계산 능력을 측정할 뿐 아니라 가끔은 자료 해석을 통한 수리적 논리 추론의 난이도 있는 문제를 출제하여 학생들을 당혹스럽게 하기도 한다.

적성검사는 학업을 수행하는 데 있어 기본적으로 요구되는 잠재 능력을 측정하는 것이 목적이기 때문에 교과 내용과 특별한 관련이 없어 노력 대비 성과가 큰 편이라고 인식되고 있다.

이에 대비하려면 시험을 보기 두 달 전부터 지원하고자 하는 대학의 출제 유형을 정확히 알고 그에 맞는 맞춤식 준비를 할 필요가 있다. 적성검사를 치르는 대학들은 각 대학마다 자신들의 기준에 따른 언어 능력, 수리 능력, 사회·과학 상식 등을 평가하게 된다. 따라서 각 대학의 구체적인 평가 요소는 모두 다르다. 희망 대학이 어떤 요소를 평가하는지, 출제 유형은 어떠한지를 미리 파악하고 기출문제를 반복 또 반복해서 풀어 보는 것만이 합격의 지름길이다.

적성검사는 대체적으로 측정 평가 내용들이 쉬운 만큼 경쟁이 치열

하다. 그렇기 때문에 대학별 출제 경향과 기출·예상문제 등을 반드시 숙지하고 대비해야 한다. 보통 한 문제를 30초에 풀어야 할 정도로 짧은 시간에 많은 문제를 해결해야 하기에 당황하거나 초조해지기 쉽다. 따라서 심리적으로 위축되지 않고 최선을 다하는 태도가 필요하다. 시중에 나와 있는 교재나 동영상 강의 등을 통해 주어진 시간 안에 문제

〈2009학년도 입시 적성검사 실시 대학〉

대 학	전형 유형	전형 요소별 반영 비율(%)	최저학력기준 유무
경기대	수시2-1 〈일반전형〉	학생부 50 + 적성50	언어·수리·사고력 (60분, 각 영역별로40문항) 문항별 2점/기본점수(260점/총점 500점)
경원대	수시2-1 〈일반전형〉 〈리더십전형〉	학생부 50 + 적성50	언어·수리·사고력(60분, 120문항) 문항별 3점/ 기본점수(140점/총점 500점)
명지대	수시2-1 〈일반전형〉	학생부 50 + 적성50	언어·기초수리·사고력(계열 구분 없음) 객관식 사지선다형(50분, 100문항)
광운대	수시2-1, 2-2 〈일반 전형〉	학생부30 + 인·적성70	기본인성과 적성·언어·수리·추리·지각력 객관식 사지선다형(언어지각: 문항당 1점 수리추리: 문항당 1.5점)
가톨릭대	수시1, 2 〈적성평가우수자전형〉	학생부 60 + 적성40	언어사고·수리사고 (80분, 각 영역별로 40문항)
한양대 (안산)	수시2-1, 2-2	학생부 50 + 적성50	홈페이지 참조
한성대	수시2-1, 2-2 〈학업우수자(적성형)〉	학생부30 + 적성70(2-1) 학생부70 + 적성30(2-2)	공통: 공간지각력(30문항), 논리력(30문항) 인문: 언어능력(60문항) 자연: 언어추리력(30문항), 문자추리력 (30문항)
고려대 (세종)	수시2-2 〈일반전형〉	학생부20 + 적성80	언어·수리·논리사고(60분, 120문항) 객관식 사지선다형(각 40문항)

출처 : 서울시교육청 진학지도 자료집

를 빨리, 정확히 답할 수 있는 능력을 키워야 한다.

2009학년도 입시에서는 가천의대, 한성대, 가톨릭대, 고려대서창, 경기대, 광운대, 명지대, 한국항공대, 경원대, 한양대안산 등을 비롯한 11개 수도권 대학에서 적성검사를 실시하며, 인성검사와 적성검사를 같이 치르는 학교도 있다. 시중에는 인·적성검사 시험과 연관한 실전 책이 이미 상당수 출간되어 있다. 이러한 책을 잘 활용한다면 상당한 도움을 받을 수 있을 것이다.

대입 출제 내용은 교과 과정에 다 있다

내신과 수능의 문제를 별개로 생각하는 사람들이 꽤 있다. 하나 이는 대단히 잘못된 판단이다. 내신시험과 수능시험은 별개의 사안이 아니다. 실제로 학교 현장에서 치러지는 내신시험 평가에는 단순 지식만을 확인하는 문제는 거의 출제되지 않는다. 대부분 교과에서 수능형 문제를 개발하여 출제하고 있다. 학생들의 학습 성취를 끌어올리면서, 앞으로 학생들이 마주칠 수능에 능동적으로 대비하게 해 주자는 의도이다. 수년 전의 문제 출제 경향과 요즈음의 문제 출제 경향을 대비해 보면 학교 현장의 이러한 추세는 확연하게 드러나고 있다. 게다가 요즘은 좀 더 심도 있는 서술형 문제들이 많이 개발되고 있다. 이러한 서술형 문제는 수능의 〈보기〉 자료를 파악하는 데 매우 용이하며, 더 나아가서 논술에도 도움을 준다.

이제 대학 입시의 큰 물줄기는 학교 교실로 돌아온 상황이다. 무엇보다도 전국 주요 대학의 대입 전형이 학교생활에 충실한 학생들에게 더욱 유리하게 전개된다는 느낌이다. 2009학년도 입시에서는 서울대 지역균형선발이나, 연세대 및 고려대의 학생부우수자전형과 같이 내신 성적이 우수하면 합격할 수 있는 전형 유형의 모집 인원이 대폭 늘어났다. 경북대나 충남대 같은 지방 국립대학들도 내신 성적을 중심으로 수시모집 합격자를 뽑을 전망이다. 결국 평소 학교생활을 충실히 하면 된다는 말이다. 선생님이 부과하는 수행평가를 성실히 이행해 수행 점수를 잘 받고, 교과서를 열심히 공부해 학교에서 치르는 중간고사와 기말고사에서 좋은 점수를 받으면 된다. 그런 학생은 이 모든 것들이 다 학생부에 기재돼 결국 수능에서 보다 유리한 위치에 설 수 있게 된다. 분명한 결론이다.

2008학년도를 위한 수시와 정시모집에서 구체적으로 선을 뵌 통합논술은 제시문이 모두 교과서 내에서 출제되었다. 물론 교과서에서 이해한 개념을 묻는 문제는 아니었지만 적어도 학교에서 배운 교과 내용들 — 이를테면 사회문화에 나오는 주요개념, 문학의 비문학 제재에 나오는 지문, 경제의 핵심개념 등 — 을 완전히 이해하고 있는 학생들은 논술에서 제시한 문제를 어렵지 않게 풀 수가 있었다는 것이다. 통합 논술 출제자들의 출제 의도도 "문제 상황을 얼마나 자기 식으로 소화해 낼 수 있고, 제시문으로 나온 교과서의 지문을 출제자가 요구하는 것에 얼마나 적절하게 연관시켜 창의적인 주장을 펼칠 수 있는가."에 주안점을 두었다고 했다.

이는 2008학년도 주요 대학의 수시 2학기 논술문항을 보면 그대로 나타나고 있다. 서울대는 수시 2학기 논술고사에서 교과서 내용을 발췌해 지시문으로 제시했다. 고려대, 서강대, 숙명여대의 논술문제는 교과서 내용은 아니었지만 교과서 수준의 문학과 사회를 통합한 평이한 문제를 출제하였다. 이에 따라 학교의 중간고사나 기말고사를 대비하면서 교과서와 교과서의 내용을 아우르는 고전이나 인문 교양서를 두루 읽었던 학생들은 논술문항으로 나온 제시문을 쉽게 읽어 나가면서 논제가 원하는 바가 무엇인지를 간파할 수 있었다. 또한 교과 내용을 배경 지식 삼아 쉽게 답을 유추해 낼 수 있는 문제도 여러 문항이 출제되었다. 따라서 평소 학교시험에서 난이도가 높게 나온 문제를 해결할 수 있는 수준이라면 높은 점수를 받을 수 있었다. 이는 기존의 대학 교재에서 무분별하게 출제되곤 했던 시험문제와는 전혀 다른 성격의 유형과 난이도를 지닌 문제들이다.

또한 지난 2, 3년 동안 수능의 출제 경향도 전 영역에서 교과서의 주요개념을 제대로 이해하고 있는지를 묻는 문제가 많았고 제시문도 교과서 중심의 문항이 점점 늘어나고 있다.

이제 대학 입시에서 좋은 성과를 내기 위해서는 필히 '교실 공부를 충실히 할' 필요가 있다. 고등학교에 입학하고부터 선생님이 꼭 읽어 보라고 하는 책은 빠짐없이 구해다 읽고, 학교에서 내 주는 과제를 성실하게 수행하며, 학교에서 배운 내용을 꼼꼼히 복습해야 한다. 실제로 그런 학생만이 대학 입시에서 좋은 결과를 얻을 수 있게 수능이 변하고 있는 것이다. 또한 학교에서 치르는 중간고사나 기말고사의 문제 유형도 점차 수능형으로 바뀌고 있기 때문에 내신 따로 수능 따로 공부할 필요가 없는 것이다. 아울러 학교에서 심혈을 기울여 시행하는 '독서 프로그램'이나 '논술 지도'도 빠짐없이 참석해서 듣고 따라하다 보면 수능시험이나 수시에서의 논술고사, 내신 시험 준비를 각기 별도로 준비할 필요가 없는 것이다.

물론 고3이 되면 사교육을 통해 나름대로 부족한 부분들을 보충하거나 논술의 테크닉을 익히는 방법을 배울 수도 있다. 그러나 그것도 다 1, 2학년 때 학습의 기초 체력을 쌓은 학생이라야 짧은 시간에 더 많은 효과를 거둘 수가 있는 것들이다.

따라서 이제 대학이라는 큰 산에 도달하기 위한 고1, 고2 학생들은 베이스캠프인 학교에서 수업을 듣고 선생님의 코치를 받으며 워밍업을 하면 되는 것이다.

결론적으로 말하자면 내신과 수능의 모든 문제는 '교과 과정'에서 나오게 된다. 문제는 출제자와 학생이 느끼는 교과 과정이 서로 다를 뿐이다. 현명한 학생들이라면 교과 과정을 충분히, 통합적으로 마스터

할 수 있는 준비를 해야 한다. 교과서에 들어갈 때 제시된 단원의 학습 목표를 확인하고, 그 단원이 끝났을 때에는 학습 활동과 단원 확인문제를 포함한 전 부분을 크게 설정하고 파악하는 태도가 필요하다. 결국 자신이 무엇을 공부하고 있고, 왜 공부하고 있는지를 파악하는 통합적인 준비 태도가 학업의 성패를 가르게 된다.

4장 교실 공부, 이렇게 하면 대학 간다

공부의 기초는 어떻게 쌓아야 할 것인가

기초 한자 1,000자와 한자어를 공략하라

우리가 일상생활에서 주로 쓰는 말들은 대개 한자어인 경우가 많다. 신문이나 잡지, 책에 쓰이는 개념적인 어휘 역시 주로 한자어이다. 우리말의 70% 이상이 한자어로 이루어져 있기 때문이다.

바로 여기에 한자와 한자어 공부의 비밀이 숨겨져 있다. 학생들이 논술이나 시사 공부, 언어영역 공부를 위해서 학교에서 많이 활용하는 것이 독서나 신문 읽기, 주요 고전 읽기 등이다. 그런데 독서의 맥이 끊겨 무슨 말인지 모르겠다며 필자에게 답답한 표정으로 문의해 오는 학생들이 의외로 많다. 이 경우는 십중팔구 한자어의 뜻을 몰라서 생기는 문제이다.

학부모들은 당장 눈앞에 닥친 시험 공부 하기도 벅찬데 무슨 한자 공부 타령이냐고 반문하기도 한다. 게다가 한자는 수능시험에도 큰 도움이 되지 않는다고 강변한다. 하지만 필자가 강조하는 것은 한문이 아니다. 그것은 바로 기초 한자인 1,000자와 이를 조합하여 다양하게 이루어지는 한자어에 대한 이해를 말한다.

한자는 잘 알다시피 뜻글자이다. 그러기에 한자에 대한 접근은 다양한 어휘 경험을 하게 해 준다. 이때는 그 글자의 의미인 훈訓을 잘 파악해야만 한다. '가인'은 문장에서 어떻게 쓰이느냐에 따라 '노래하는 사람[歌人]'이 되기도 하고 '아름다운 사람[佳人]'이 되기도 한다. 요즘은 거의 대부분의 문장에서 국한 혼용, 더욱이 국한 병용조차도 안 하는 까닭에 어휘의 문맥적 의미를 정확히 파악하는 일이 매우 중요해졌다.

더 심각한 경우를 소개해 보자. 문장에서 '사실'이라는 한자어가 쓰였다고 하자. 한자를 병기하지 않는 이상 여기에는 다섯 가지 정도의 중요한 개념어가 생겨나게 된다. 곧, ①사실史實 : 역사에 실제로 있는 사실事實 ②사실私室 : 개인의 방 ③사실事實 : 실제로 있었던 일이나 현재에 있는 일 ④사실査實 : 사실을 조사하여 알아봄 ⑤사실寫實 : 사물을 있는 그대로 그려 냄의 의미망이 형성된다. 결국 '사실'이라는 한자어가 한자의 병기 없이 본문에서 쓰였다면 독서를 하는 학생 각자가 문맥을 통해서 그 의미를 적절하게 추리해 낼 수 있어야 한다.

따라서 학생들의 사고력을 높이고, 어떤 제시문이 나오더라도 쉽게 이해하기 위해서는 한자나 한자어에 대한 공부가 선행되어야 한다. 요즘 학생들의 한자나 한자어에 대한 몽매함은 국어 선생으로서 절실하게 느끼는 문제점이다. 물론 어려서부터 가정에서 부모님의 도움을 받아 일상생활에서 한자나 한자어를 배우면서 자란 학생들도 있다. 필자가 가장 바람직하게 생각하는 학생들이다. 하지만 그런 학생들을 기대하기란 사실상 불가능한 것 같다. 무엇보다도 요즘 아이들의 부모 세대 역시 한자나 한자어를 그리 친숙하게 접하지 못한 40대 초반에서 후반의 나이이기 때문이다.

언어와 외국어 공부는 어휘 공부로 귀결된다. 이 점에서 한자어에 대한 축적된 실력은 다양한 어휘 구사를 가능하게 해 준다. 특히 우리말은 한자어의 비중이 절대적이고, 또한 논설적인 성격이 강한 글일수록 이러한 경향은 강화되게 마련이다. 언어영역 지문의 경우 비문학 지문은 한자어에 대한 파악 능력이 아주 중요하다. 물론 한자어의 개념 파악은 외국어 독해의 경우도 큰 도움이 된다. 머릿속에서만 의미를 파악하는 것과 그것을 적절한 우리말로 구사하여 개념화하는 것은 별개의 문제이다. 한자와 한자어는 이러한 타 언어를 우리말로 개념화하는 과정에 절대적인 도움을 준다. 물론 이 경우 독서량을 통해 한자와 한자어에 대해 선험적 경험을 쌓아 가는 것이 가장 중요하다.

만일 이러한 능력이 부족하다면 기초 한자 1,000자를 공략해 볼 것을 학생들에게 권하고 싶다. 문장 독해 능력이 훨씬 빨라짐을 느낄 것이다. 또한 기초 한자 1,000자를 잘 익히면 이를 조합하여 다양한 한자어로 변환시켜 나가면서 심화된 학습을 하는 데 많은 도움을 얻을 수 있게 된다. 체질적으로 독서를 싫어하거나 책의 내용을 잘 이해하지 못하는 학생들에게 한자 1,000자에 관한 교육을 심도 있게 시키면 금세 어휘력이 늘어나고 책의 내용도 훨씬 쉽게 이해하게 된다. 그렇게 되면 웬만한 어려운 단어나 고전은 어렵지 않게 이해하고 책 읽기에도 자신감이 붙게 된다.

다음의 경우를 한번 보자. 아래의 한자어들은 숙명여고에서 '수능에 자주 출제되는 한자어'라는 명목하에 2학년 학생들을 대상으로 훈련했던 어휘 테스트이다. 학생들 대부분 처음에는 형편없는 결과가 나왔다. 그러나 중간·기말시험에 반영하는 등 꾸준히 한자어 어휘를 공부시켰더니 이제는 한자어 실력이 아주 좋아졌다.

1. **개연성**蓋然性 : ① 그럴듯한 일, 현실에서 일어날 법한 일.

ex) 소설은 개연성 있는 사건을 바탕으로 창작된다.

② 절대적으로 확실하지는 않으나 아마 그럴 것이라

고 생각되는 성질.

ex) 이 기계는 오류가 있을 개연성이 높다.

2. **우연성**偶然性 : 특정한 연관관계가 없음에도 불구하고 일어나는 것.

ex) 그 드라마의 작가는 지나치게 우연성에 기대어 이야기를

전개하고 있다.

3. **필연성**必然性 : 원인과 결과가 뚜렷하여 반드시 그렇게 되는 것, 혹은

그렇게 될 수밖에 없는 성질.

ex) 부정 선거에 대한 시민들의 저항은 역사적 필연성을 지닌

것이었다.

4. **간헐적**間歇的 : 얼마 동안의 시간 간격을 두고 되풀이하여 일어나는.

ex) 심한 통증이 간헐적으로 발생하여 병원에서 검진을 받

았다.

5. **염세적**厭世的 : 세상을 싫어하고 모든 일을 어둡고 부정적인 것으로 보는.

ex) 유교적 현실주의에 익숙한 사람들은 불교를 염세적인 종

교라고 오해하는 경우가 있다.

6. **피상적**皮相的 : 겉으로 드러나 보이는 현상에만 관계하는.

ex) 사건을 피상적으로만 바라보지 말고, 실체와 본질을 파악

하도록 노력하여라.

7. 유기적有機的 : 각 부분과 전체가 통일적 관계 안에서 떨어질 수 없도

록 긴밀히 연결된.

ex) 이 우주복은 모든 소재가 유기적으로 연결되어 최상의 착

용감을 주도록 고안되었다.

8. 현학적衒學的 : 자신의 학식을 뽐내고 자랑하는.

ex) 지나치게 현학적인 표현은 읽는 이에게 거부감을 주게 된다.

9. 직설적直說的 : 돌려 말하지 않고 바른 대로 말하는, 숨기지 않고 곧이

곧대로 밝히는.

ex) 인터넷 공간에서 일어나는 직설적인 공격은 많은 부작용

을 낳기도 한다.

10. 우회적迂廻的 : 간접적인 방법을 사용하는, 돌려서 말하는.

ex) 며칠 전 토크쇼에 출연한 영화배우 김모 씨는 현 정부의

시책을 결혼 문제에 비유하며 우회적으로 비판하였다.

11. 우의적寓意的 : 다른 사물에 빗대어 비유적인 뜻을 나타내거나 풍자하는.

ex) 우의적 수법을 사용한 문학 작품의 대표로 『이솝 우화』

를 들 수 있다.

12. 전위적前衛的 : (사회운동이나 예술 등의 분야에서) 혁신적이고 급

진적인.

ex) 그는 연극계에서 전위적인 연출가로 이름이 난 사람이다.

13. **유동적**流動的 : 끊임없이 흘러서 움직이는, 고정되지 않고 변화하는.

ex) 판소리의 가사는 유동적 성격을 지닌다.

14. **거시적**巨視的 : 매우 크고 거대한 범위의.

15. **미시적**微視的 : 사물이나 현상을 세밀하게 나누어 작은 부분을 연구하는.

ex) 같은 문제를 거시적 관점에서 접근하느냐 미시적 관점에서 접근하느냐에 따라 그 결과가 달라진다.

16. **관조적**觀照的 : 대상을 진지하게 응시하며 관찰하는, 고요한 마음으로 대상을 차분하게 바라보고 비추어 보는.

ex) 아버지는 종종 화보집을 들추며 작품을 관조적으로 감상하신다.

17. **고답적**高踏的 : 속세에 초연하며 현실과 동떨어진 것을 고상하게 여기는.

ex) 그의 고답적인 취향을 부정적으로만 바라볼 필요는 없다.

18. **목가적**牧歌的 : 목동의 노래처럼 소박하고 서정적인.

ex) 알프스의 시골 마을에는 목가적인 노래들이 많이 전해져 온다.

19. **상투적**常套的 : ① 참신하지 않은.

② 늘 써서 습관이나 버릇이 되다시피 한.

ex) 상투적 수법의 개그는 시청자들에게 외면당한다.

20. **국지적**局地的 : 일정한 지역에 한정된.

ex) 이번 폭우로 인해 강원도 일부 지역이 국지적 피해를 입

었다.

cf) 국부적局部的 : 일정한 지역에 관계된.

21. **공시적**共時的 : ① 동일한 혹은 비슷한 시기의.

② 특정 시기에 있어서 관계를 횡적으로 연구하는.

↔ 통시적通時的 : 시간의 흐름이 있는, 역사적인.

23. **추상적**抽象的 : ① 낱낱의 대상에서 공통 속성을 뽑아 종합한.

② 감각으로 직접 경험하기 어려운, 혹은 관념이나

개념을 다룬.

24. **구체적**具體的 : ① 사물이 일정한 형태와 성질을 갖추고 있는.

② 눈에 보이는, 혹은 직접 경험하거나 지각할 수 있는.

25. **주지적**主知的 : 감정보다 지성, 이성, 논리를 중시하는.

26. **주정적**主情的 : 감정과 정서를 중시하는.

27. **몽환적**夢幻的 : 현실이 아닌 꿈이나 환상과 같은.

28. **주체적**主體的 : 어떤 일을 줏대 있게 행하는.

29. **의지적**意志的 : 결심한 것을 반드시 실행하려는 태도의.

30. **의존적**依存的 : 무엇이나 누구에게 기대려는 성질이 있는.

31. **고증적**考證的 : 예전에 있던 사물들의 시대, 가치, 내용 따위를 옛 문헌

이나 물건에 기초하여 증거를 세워 이론적으로 밝히는.

32. 당위적當爲的 : 마땅히 그렇게 하거나 되어야 하는.

33. 비관적悲觀的 : 앞으로의 일에 대해 부정적으로 바라보는.

　　　　　↔ 낙관적樂觀的

34. 서정적抒情的 : 개인의 감정과 정서를 듬뿍 담고 있는.

35. 서사적敍事的 : 시간의 흐름에 따른 사건이나 이야기를 다루는.

36. 애상적哀傷的 : 슬퍼하거나 가슴 아파하는, 혹은 그러한 느낌을 주는.

37. 엽기적獵奇的 : 비정상적이고 괴이한 일에 흥미와 충동을 느끼는.

　　　　　= 괴기적怪奇的

38. 회고적回顧的 : 지난 일을 돌이켜 생각하는.

39. 회의적懷疑的 : 어떤 일에 의심을 품는.

40. 편파적偏頗的 : 공정하지 못하고 한쪽으로 치우치는.

41. 맹목적盲目的 : 사리를 따지지 않은 채 덮어놓고 무조건 하는.

42. 이면적裏面的 : 겉으로 드러나지 않고 속에 숨어 있는.

　　　　　↔ 표면적表面的

43. 고압적高壓的 : 다른 사람의 의지나 행동에 대하여 세게 압력을 가하는.

44. 국수적國粹的 : 자기 나라의 고유한 역사·전통·정치·문화만을 가장

　　　　　뛰어난 것으로 믿고, 다른 나라나 민족을 배척하는.

45. 귀납적歸納的 : 특수한 사실을 토대로 해서 일반적 원리나 결론을 도

　　　　　출해 내는.

46. 연역적演繹的 : 일반적 지식 또는 보편적 원리를 전제로 하여, 그것

으로부터 특수한 지식, 원리, 사실을 논증하는.

47. **보편적**普遍的 : 두루 널리 미치는, 모든 것에 공통되거나 들어맞는.

48. **작위적**作爲的 : 무엇을 할 때 일부러 꾸며서 하는 것이 두드러지게

눈에 띄는.

49. **점진적**漸進的 : 점차로 조금씩 나아가는. ↔ 급진적急進的

50. **절충적**折衷的 : 서로 같지 않은 견해나 관점을 조절하여 알맞게 하는.

 **꼭 알아야 할 한자어**

1. **감상**感想 : 마음속에 느끼어 일어나는 생각.

   감상感傷 : 슬퍼하거나 쓸쓸함을 느끼어 마음이 상하는 것, 혹은 그

   러한 마음의 상처.

   감상鑑賞 : 예술 작품을 이해하여 즐기고 평가하는 것.

2. **형이상학**形而上學 : 사물의 본질이나 존재성을 사유나 직관에 의해 탐

   구하는 학문.

   형이하학形而下學 : 형체가 있는 사물을 다루는 학문.

3. **시사**時事 : 그 당시에 일어난 여러 가지 사회적 사건.

   시사示唆 : 어떤 것을 미리 간접적으로 표현해 줌.

   시사試寫 : 영화나 광고 따위를 일반에게 공개하기 전에 심사원, 비평

   가, 제작 관계자 등의 특정인에게 시험적으로 보이는 일.

4. **단상**斷想 : 생각나는 대로의 단편적인 생각.

   단상壇上: 교단이나 강단 따위의 위.

5. **낭자**狼藉 : 여기저기 흩어져 어지럽다.

   낭자娘子 : 예전에 '여인'을 높여 부르던 말.

6. **구명**救命 : 사람의 목숨을 구함.

   구명究明 : 사물의 본질, 원인 따위를 깊이 연구하여 밝힘.

7. **상술**詳述 : 상세하게 설명하여 말함.

   상술商術 : 장사하는 재주나 꾀.

8. **계발**啓發 : 지능이나 정신을 깨우쳐 발전시킴.

   개발開發 : 토지나 천연 자원 등을 개척하여 유용하게 만듦. 새로운 물건을 창조함. 산업이나 경제를 발전시킴. 능력이나 지식을 발전시킴.

9. **간극**間隙 : 사물 사이의 틈. 사람 사이의 의견 차이.

10. **갈파**喝破**하다** : 남의 의견이나 이론을 뒤엎다. 그릇된 설을 넘어 진리를 밝히다.

11. **강구**講究**하다** : 좋은 방법과 꾀를 궁리하다.

12. **개진**開陳 : 의견이나 내용을 드러내어 말하거나 글로 씀.

13. **갹출**醵出 : 같은 목적을 위하여 여러 사람이 금품을 모아 거둠.

14. **갱신**更新 : 다시 새롭게 바꾸는 것.

ex) 면허증 갱신.

15. **경도**傾倒 : 마음을 기울여 열중하거나 인물이나 사상에 감화되어 심

취하는 것.

16. **괘념**掛念 : 마음에 두고 걱정하거나 잊지 않음.

= 괘의掛意, 개의介意.

ex) 대수로운 일이 아니니 너무 괘념 마시고 편히 계십시오.

17. **귀감**龜鑑 : 거울로 삼아 본받을 만한 모범.

18. **관건**關鍵 : 문빗장과 자물쇠, 어떤 사물의 가장 중요한 부분.

ex) 국민 화합의 관건은 지역감정의 해소에 있다.

19. **궤변**詭辯 : 겉으로만 그럴싸한 논리로써 거짓을 진실같이 교묘하게

꾸며 대는 변론.

20. **고무**鼓舞 : 남을 격려하여 힘을 내도록 하는 것.

21. **곡절**曲折 : 이런저런 복잡한 사정.

22. **곡해**曲解 : 사실과는 다르게 잘못 해석하거나 이해하는 것.

23. **공고**鞏固 : 굳고 튼튼함.

ex) 우방과의 협력 관계를 더욱 공고히 하였다.

공고公告 : 널리 많은 사람들에게 공식적으로 알림.

24. **과람**過濫**하다** : 분수에 넘치다.

ex) 과람한 칭찬을 받았습니다.

118

25. **괴리乖離** : 서로 어긋나 동떨어진 것.

  ex) 이상과 현실의 괴리.

26. **구가謳歌하다** : 칭송하여 노래하다.

  ex) 태평성대를 구가하다.

27. **귀의歸依** : 돌아가 몸을 의지하는 것.

  ex) 종교에 귀의하다.

28. **금기禁忌** : 꺼려서 싫어하거나 금하는 것.

29. **금자탑金字塔** : 훌륭한 업적을 비유적으로 이름.

30. **기만欺瞞** : 남을 속여 넘김.

31. **기저基底** : 기초가 되는 밑바닥.

32. **기조基調** : 작품, 행동, 사상 등의 근저를 일관하여 흐르는 기본적인 사고방식.

33. **기치旗幟** : ① 옛날 군중軍中에서 쓰던 깃발.

  ② 어떤 목적을 위해 내세우는 태도나 주장.

34. **길항拮抗** : 동등한 힘으로 버티고 대항하는 것.

35. **낙인烙印** : ① 불에 달구어 찍는 쇠붙이로 만든 도장.

  ② 씻기 어려운 욕된 평판.

36. **납량納涼** : 여름에 더위를 피하여 서늘함을 맛보는 것.

37. **남획濫獲** : 새, 물고기 따위를 마구 잡음.

38. **논증論證** : 사물의 이치를 증거를 들어 증명하거나 이유를 들어 설

명하는 것.

39. **내사**內査 : 은밀히 조사하는 것.

40. **눌변**訥辯 : 더듬거리는 말솜씨. ↔ 능변能辯, 달변達辯

41. **뇌리**腦裏 : 머릿속.

42. **답보**踏步 : 제자리걸음.

43. **도탄**塗炭 : 몹시 곤궁하여 고통스러운 지경을 이르는 말.

44. **독려**督勵 : 감독하며 격려함.

45. **몽매**夢寐 : 잠을 자며 꿈을 꿈.

46. **맹점**盲點 : 의식하지 못한 허점.

47. **영달**榮達 : 지위가 높고 귀하게 됨. = 출세出世

48. **용렬**庸劣 : 변변하지 못하고 옹졸하며 서툴다.

49. **운치**韻致 : 고상하고 우아한 멋.

50. **이력**履歷 : 지금까지 겪어 온 경험, 직업, 내력.

51. **지양**止揚 : 더 높은 단계로 오르기 위하여 어떠한 것을 하지 아니함.

　　지향志向 : 어떤 목표로 뜻이 쏠리어 향함. 또는 그 방향이나 그쪽으

　　　로 쏠리는 의지.

52. **미증유**未曾有 : 지금까지 한 번도 있어 본 적이 없는 것.

국어, 문법에 얽매이지 말자

학생들은 학습 과정에서 문법에 너무 의존하지 말아야 한다. 문법은 표현의 틀을 정확하게 해 주는 매우 중요한 수단이지만 지나치게 얽매이면 오히려 다양한 표현을 하는 데 제약을 받게 된다. 그런 만큼 문법은 독해에 도움이 되는 구문 중심으로 이루어지는 것이 옳다.

국어 문법의 경우를 따져 보자. 국어 문법을 지식적으로 많이 알고 있다고 해서 그 학생의 국어 실력이나, 표현 능력이 출중해지지는 않는다. 국어 실력이나 표현 능력을 출중하게 만드는 것은 많이 '읽는' 것이다. 독서량을 바탕으로 다양한 읽기 경험을 하게 되면 문법적인 틀은 그러한 경험을 통해 자연적으로 수반된다.

그런 만큼 학생들은 언어 공부에 있어서는 문법에 얽매이지 않는 것이 좋다. 언어영역의 경우 쓰기에서 어법을 묻는 경우가 있는데, 학생들에게 묻는 것은 어디까지나 그 적용의 방법이다. 곧, 전문적인 문법 지식은 측정하지 않으며, 설령 이를 언급하더라도 〈보기〉를 주어 해결할 수 있게끔 유도한다. 예를 들어 보자. 2008학년도 수능 언어영역의 쓰기 분야 중 '어법'에 관한 문제이다.

※ 〈보기〉의 자료를 읽고 탐구한 것으로 적절하지 않은 것은?

【맞춤법 규정】

제19항 어간에 '-이'나 '-음'이 붙어서 명사로 된 것과 '-이'나 '-히'가 붙어서 부사로 된 것은 그 어간의 원형을 밝혀 적는다.

ex) 먹이, 믿음 등.

다만, 어간에 '-이'나 '-음'이 붙어서 명사로 바뀐 것이라도 그 어간의 뜻과 멀어진 것은 원형을 밝혀 적지 않는다.

ex) 목거리(목이 아픈 병), 노름 등.

[붙임] 어간에 '-이'나 '-음' 이외의 모음으로 시작된 접미사가 붙어서 다른 품사로 바뀐 것은 그 어간의 원형을 밝혀 적지 않는다.

ex) 마중, 무덤 등.

【맞춤법 규정 제19항 해설】

• 널리 쓰이는 접미사가 어간에 붙어서 만들어진 단어는 어간의 원형을 밝혀 적는 것이 원칙이나, 그 어간의 뜻과 멀어진 단어는 밝혀 적지 않는다.

• 널리 쓰이지 않는 접미사가 어간에 붙어서 만들어진 단어는 그 어간의 원형을 밝혀 적지 않는다.

① '먹이'를 '머기'로 적지 않는 것을 보니 '-이'가 널리 쓰이는 접미사겠군.

② '목거리'와 달리 '목걸이_{장신구}'는 어간의 뜻과 멀어지지 않은 예로군.

③ '마중'을 '맞웅'으로 적지 않는 것을 보니 '-웅'이 널리 쓰이지 않는 접미사겠군.

④ 널리 쓰이는 접미사가 붙어 어간의 원형을 밝혀 적은 예로 '같이'를 추가할 수 있겠군.

⑤ 널리 쓰이는 접미사가 붙었지만 어간의 뜻과 멀어져 어간의 원형을 밝혀 적지 않은 예로 '마개'를 추가할 수 있겠군.

명백히 이 문제는 문법, 특히 어법적인 지식을 알아야 하는 문제가 아니다. 〈보기〉를 잘 읽고 이를 발문의 지시에 따라 답지에 적용하면 문제는 저절로 해결된다. 잘 읽어 보면 알겠지만 위 문제의 답은 ⑤번이다. ⑤의 '마개'를 분석해 보면 '막+애 → 마개'이므로 어간에 '애'가 결합된 것임을 알 수 있다. 즉, '마개'는 원래 어간의 뜻과 멀어져 어간의 원형을 밝혀 적지 않은 것이 아니라, 제19항 [붙임]의 사례와 같은 이유로 해서 어간의 원형을 밝혀 적지 않은 것이다.

결국 수능의 언어영역에서는 어떠한 경우에도 특정한 문법에 관한 지식을 묻는 문제를 내지 않는다. 그런 만큼 학생들은 국어 문법 공부는 구문을 이해할 수 있는 큰 틀 안에서 하는 것이 옳다. 세세하게 문법적인 자질구레함을 따지다가는 정작 중요한 언어적 구사 능력을 배우지 못하기 때문이다.

외국어, 중요 문법은 꼭 정리해 두자

하나 외국어영역에서 문법은 독해를 원활하게 하는 보조 수단으로 중요한 역할을 한다. 외국어영역에서 문법은 문장을 제대로 이해하고, 문장의 의미를 제대로 독해해 낼 수 있는 도구로 필요한 것이다. 따라서 고등학교 교과서에 나오는 중요 문법들은 확실하게 이해하고 있어야 한다. 우리가 예전에 달달 외우고 다녔던 두꺼운 『성문 종합영어』의 깨알 같은 문법을 다 익힐 필요는 없다. 외국어영역에 필요한 문법은 문장 전체를 크게, 그리고 종합적으로 이해할 수 있을 정도의 기능을 할 수 있으면 된다.

영어 어휘만 가지고 이리저리 짜 맞춰서 문장을 독해하는 데에는 분명 한계가 있다. 이때 문장의 형태나 품사, 주술 관계를 제대로 알면 문장을 해석하는 데 한결 수월하다. 따라서 고3이 되어 본격적인 독해 연습에 들어가기 전에 기본적인 문법 형태가 머릿속에 들어 있다면 한결 선명하게 독해를 할 수가 있다. 하지만 이때도 너무 어렵고 복잡하고 두꺼운 전문 문법서보다는 쉽게 머릿속에 정리해 둘 수 있는 기본 영문법 책 한 권 정도가 좋다.

숙명여고 학생들은 보통 영문법을 공부하는 데 두 부류로 나뉜다. 하나는 『성문 기초 영문법』과 같은 기본서를 애용하는 그룹이다. 또 하나는 상위권 학생들로 아예 『English Grammar in Use』, 『Understanding

124

and Using English Grammar』와 같은 원서를 애독한다.

영어 독해의 기본은 '단어 실력'과 '구문 이해'이다. 두 가지는 영어 독해를 위해 동시에 갈고닦아야 할 중요한 요소이다. 그러므로 기초 영문법을 모르고서 영어 독해를 하기란 불가능하다. 사실상 관계대명사, 가정법, to 부정사를 모르는 상태에서 영어 구문을 이해한다는 것은 무리가 있다. 예를 들어 "If I met Jang Dong Gun장동건 tonight, I would kiss him." 이라는 문장이 가정법 문장이라는 것을 모른다면, 이상한 해석이 될 수밖에 없다.

학생들도 평소 듣기 연습과 어휘 암기, 구문 익히기 등과 함께 문장의 유형과 주술 관계를 명확하게 분석할 수 있는 정도의 영문법을 머리에 담아 둘 필요가 있다. 이때도 너무 복잡하고 깊이 있게 문법을 심화해 공부하는 것보다는 8품사, 주술 관계, 문장의 유형, 관용어와 숙어 등 문장 독해에 도움이 될 수 있는 문법 위주로 중요 부문만 확실하게 암기해 두면 된다.

문법책이 부담스럽다면 여러 가지 문장이 각각의 특징별로 정리돼 있는 구문책 한 권을 자기 것으로 소화해 낼 수 있다면 그걸로 충분하다.

수능에 필요한 것은 다양한 문장을 해석하고 문제의 답을 구할 수 있는 능력이다. 물론 문법 문제가 출제되기는 하지만 많아야 10%를 넘지 않는다. 요즘은 각종 실용문이나 생활영어 위주의 문제들과 고차원의 사고를 요하는 장문의 제시문들이 많이 출제되는 만큼 무엇보다도 중요한 것은 문제 파악 능력과 독해 능력이다. 문법은 어렵게 공부하면 끝이 없다. 하지만 굳이 용어를 들어 설명할 수는 없다 해도 무엇이 주어고 동사고 꾸밈말인지 구분할 수 있으면 된다.

문법책을 수능 독해 공부에 활용하는 방법은 이렇다. 먼저 시중에 나와 있는 문법책 중에서 제목에 'BASIC'이나 'START', '기본', '주요' 등의 언급이 들어간 책을 한 권만 선택하자. 다음으로 문법에 맞게 문장을 나누어 해석하는 연습을 한다. 우선 긴 문장을 손으로 써 보면서 문장의 구조를 나누어서 읽는 연습부터 한다. 그 다음에는 바로 읽고 바로 해석하는 직독 직해 연습을 하자. 이렇게 여러 유형의 문장 나누기 연습을 하다 보면 자연스레 문장의 구조가 머릿속에 정리될 것이다. 이쯤 되면 수능시험에 나오는 문장을 어렵지 않게 해석할 수 있다. 외국어영역의 기본은 어휘에 있지만 이처럼 기본적인 문법 사항을 숙지한 상태에서 문장을 나누어 해석하는 연습을 꾸준히 하다 보면 어휘가 잘 생각나지 않아도 대략의 문장은 이해하는 수준에 오를 수 있다. 수능시험에는 학생들이 염려하는 것만큼 어렵고 난해한 어휘는 잘 안 나온다. 수능에 자주 나오는 어법문제는 다분히 유형이 정해져 있다. 절반가량은 무척 단순하고 기본적인 상황을 물어본다. 따라서 문법을 아예 제쳐 놓고 어휘에만 매달릴 것이 아니라 기초 문법을 문장 해석에 활용하는 방법으로 공부를 해야 수능시험에서 지문을 이해하는 데 큰 도움이 될 것이다.

언어와 외국어영역의 점수는 어휘력이 결정한다

학생들이 고등학생이 되어 가장 많이 오해하는 것 중의 하나가 바로 '언어영역'은 조금만 공부해도 높은 점수를 얻을 수 있다고 생각하는 것이다. 필자의 생각에 이 말은 반은 맞고 반은 틀렸다고 할 수 있다. 곧, 절반의 진실이다.

언어영역은 조금만 하면 될 것 같은 생각이 든다. 우리의 말과 글에 대한 분야이니, 개념을 모르면 아무것도 안 되는 수학·과학 과목과는 다르다고 생각한다. 마찬가지로 외국어영역도 초등학교 때부터 해 왔던 과목이기 때문에 조금만 하면 정복할 수 있을 것 같은 착각이 든다.

하지만 이런 학생들의 기대를 철저히 배반하는 과목이 바로 국어와 영어 과목이다. 학생들이 만만하게 보는 것과는 달리 국어는 그렇게 쉽게 성적이 오르지 않는 과목이다. 게다가 영어는 국어보다도 더 공략하기 어려운 높은 산과 같다.

여기서 우리 학생들이 생각해야 할 점은 자신의 어휘 능력이 어느 정도 되는지를 냉정하게 판단해 보는 것이다. 국어나 영어는 모두 학생들이 얼마나 어휘력을 갖추고 있느냐에 따라 개인적인 편차가 심하게 나타난다.

특히 평소 독서량이 부족한 학생들은 문맥을 파악하는 능력이 독서력이 우수한 학생보다 현저하게 떨어진다. 독서량이 절대 부족한 학생은 어휘력과 문장 파악 능력이 부족하기 때문이다. 이런 학생들은 점점 더 독서로부터 멀어지게 되고 국어 교과서 내용만 달달 외워서 단편적인 지식만을 습득한 상태로 언어영역 시험을 보게 된다.

그런데 문제는 최근의 대입 시험이 언어영역이든 논술고사든 간에 수험생의 사고력을 묻는 문제들이 대다수 출제된다는 것이다. 그러다 보니 단순히 교과서 내용만 암기한 수준의 학생들은 교과서 밖에서 제시문이 나온다거나 조금만 다르게 응용해서 내도 문맥 파악이 안 돼 시험을 그르치게 된다.

평소에 많은 책을 읽고, 스스로 생각해 보고, 자신의 의견을 담은 작문을 꾸준히 해 온 학생들은 설령 모르는 어휘가 나오더라도 글의 앞뒤 문맥을 잘 헤아리고 유추해서 어휘의 의미를 파악할 수 있다. 결국 대입 준비의 시작은 문학 작품이나 인문 교양서, 사회과학서들을 꾸준히 읽는 데서부터 이루어진다고 볼 수 있다.

어휘력을 향상시키는 방법

① 국어사전을 습관처럼 들춰 보자

필자가 강력히 추천하는 어휘력 향상 방법은 바로 국어사전을 자주 들춰 보라는 것이다. 책을 읽다가 모르는 단어가 나오면 자동적으로 국어사전에 손이 가게끔 습관을 들여라. 그렇게 하면 어휘력 향상은 물론 단어에 대한 정확한 의미 파악이 가능해져 비슷한 단어나 문맥이 제시되어도 어렵지 않게 주어진 문제에 대한 답을 알 수 있게 된다.

언어영역은 말 그대로 우리말과 글의 상황에 대해서 다양하게 묻고 분석하는 문제들이 주종을 이루고 있다. 그러다 보니 다양한 독서와 함께 뜻글자인 한자어나 한문에 대한 공부도 게을리 하지 말아야 한다.

필자가 담임을 맡았던 3학년 반의 학생 사례이다.

이 학생은 단어 학습장 마련에 아주 열심이었다. 영어 단어장이 있었으며, 게다가 국어도 단어장이 있었다. 이 학생은 이런 습관을 아주 어릴 때부터 지녔다고 했다. 어렸을 때 외국에서 일정 기간 살다가 온 적이 있었는데, 엄마의 권유로 국어 공부를 하면서 단어장을 쓰기 시작했다는 것이다. 그런데 참으로 기특한 것은 단어를 정리할 때 단순히 그 단어만을 정리하고 끝내지 않았다는 점이다. 예를 들어 '묵시적'이라는 모르는 어휘가 나오면 이 학생은 사전을 찾았다_{당시 전자사전}. 그리고 단어장에는 묵시적이라는 단어를 다음과 같이 적었다.

• 묵시적默示的 : 직접적으로 말이나 행동으로 드러내지 않고 은 연중에 뜻을 나타내 보이는.

ex) 그는 그녀의 언급을 묵시적인 승낙으로 받아들였다.

- 묵시적默視的 : 말없이 잠자코 눈여겨.

ex) 그는 그 여자의 행동을 묵시적으로 보아 두었다.

이 학생은 이러한 단어 노트를 많이 가지고 있었다. 특이한 것은 한자를 옆에 병기한 점과 반드시 예문을 써 두었다는 것이다. 알고 보았더니 이 학생의 어머니가 국문과 출신이었다. 이 학생은 이후에 서울대 영어교육과에 진학하게 되었다.

② 어휘의 상징적 의미를 파악하자

최상위권 학생들의 성적 변별력은 어휘 구사 능력에 의해 이루어진다고 보면 틀림없다. 내신이든 수능이든 결국은 언어나 외국어에서는 어휘가 관건이다. 중요한 것은 어휘의 상징성을 기억하는 습관을 가져야 한다는 점이다.

어휘는 다양한 문맥적 스펙트럼을 가진다. 평소 독해를 하면서 어휘의 문맥적 흐름과 상징성에 대해 관심을 기울여 공부해야 한다. 평소 독서량이 많은 경우라면 이 부분을 그렇게 걱정하지 않아도 된다.

그러나 이러한 어휘 학습에 약점이 있는 경우라면, 교과서에 나온 어휘, 특히 한자어의 문맥적 의미를 철저하게 파악할 수 있어야 한다. 언어나 외국어나 할 것 없이 교과서에 나온 어휘는 사전적 의미와 함께

130

그 문맥적 의미를 철저하게 파악하고 있어야 한다. 여기서 어휘의 문맥적 의미를 강조하는 것은 이유가 있다. 어휘의 사전적 의미를 파악하는 것에 그쳐서는 절대 실력이 붙지 않기 때문이다. 그 어휘가 상황에 따라 변해 나가는 문맥적 의미의 스펙트럼을 잘 파악하는 것이 중요하다. 어휘의 상징적 의미를 파악하라는 것은 이런 의미이다.

③ 자신만의 단어장을 작성하자

언어영역에 남다른 자신감이 있는 학생들은 대개 국어 어휘장을 작성한다. 이런 학생들은 모르는 어휘가 나오면 국어사전을 찾아서 꼭 자신의 어휘장에 적어 놓는 것을 습관화한다. 이렇게 하면 우선 사전을 찾으면서 단어의 뜻을 정확히 확인할 수 있고, 수첩에 적으면서 암기가 돼 확실하게 기억된다.

어휘력은 영어 공부에서도 큰 힘을 발휘한다. 외국어영역의 기본은 어휘력에 있다. 사실 영어 공부에서 어휘력이 높은 학생과 그렇지 못한 학생은 실력이 천양지차로 벌어질 수밖에 없다. 앞에서도 강조했지만 수능의 외국어영역에 출제되는 문제들은 고차원적인 문법 지식을 요하지 않는다. 거개가 지문을 제시하고 이와 관련해서 생활에서 쓰이는 영어, 혹은 주제와 상황을 묻는 문제들이 대부분이다. 따라서 문법을 잘 모른다고 해도 어휘력이 어느 정도 뒷받침되는 학생은 지문을 이해하고 문제가 원하는 답이 어떤 것인지 글의 앞뒤 문맥이나 상황을 유추해 보고는 어느 정도 정답을 맞히게 된다.

어휘력을 높이기 위해서는 무엇보다도 자신에게 가장 잘 맞는 방법을 익히는 것이 중요하다. 단어장을 이용할 거라면 시중에서 판매되는 단어장을 활용할 것인지, 아니면 자기만의 단어장을 만들어 공부할지는 스스로 결정해야 한다. 영어 성적이 뛰어난 학생들은 대부분 자기만의 단어장이 따로 있다. 이 학생들이 시중에서 판매되는 단어 숙어장을 이용하지 않는 것은 자신의 노력으로 작성한 단어장이 아니면 자기 것으로 소화하기가 쉽지 않다는 점 때문이다. 대신 공부하면서 모르는 단어가 나오면 일일이 사전을 찾아서 단어의 뜻뿐 아니라 동의어, 파생어, 반의어 등을 적어 놓고, 단어의 여러 쓰임과 용례도 일일이 다 기입해야 한다.

무엇보다도 단어 암기장은 말 그대로 언제 어디서든 들고 다니면서 보고 읽고 외워야 한다. 학교에서 쉬는 시간에 들춰 보고, 야간자율학습을 하면서도 들춰 봐야 한다. 등교하는 버스 안에서도, 학원으로 가는 지하철 안에서도 짬만 나면 들춰 봐야 한다.

이처럼 어휘 공부도 외우고 잊고 하는 과정을 계속 반복해야 탄탄한 실력이 쌓인다. 지문을 읽다가 모르는 단어가 나오더라도 그냥 쭉 읽어 나가면서 전체의 내용을 통해 모르는 단어의 뜻을 유추해서 의미를 파악하는 연습은 매우 유용하다. 이런 노력은 독해 능력을 향상시키는 데 도움이 된다.

독서 습관의 힘

① 점수가 오르지 않는 것은 독서 습관의 문제이다

다음의 경우를 살펴보자.

　숙명여고의 학생으로 언어영역으로 인해 불이익을 본 안타까운 경우이다. 인문계 학생인데, 평소 모의평가를 보면 표준점수로는 전교 21등이지만, 백분위로는 전교 100등에 못 미쳤다. 언어영역 점수가 나쁘다 보니 적은 점수의 감점으로도 등급이 떨어졌다. 평소 모의평가에서 수리 백분위가 100이었던 학생이다. 그런데 2006학년도 입시의 경우 언어가 몹시 쉬웠다. 1등급이 98점이고 4등급이 원점수로 90점대였다. 이 결과 이 학생은 원점수는 90점 정도 나왔는데 백분위로는 60대였다. 수리는 1등급이 나왔다. 언어영역의 성적이 크게 감점을 당해서 백분위 반영 대학을 갈 수가 없었다. 결국 이 학생은 언어 몇 점만 더 올렸으면 이화여대를 갈 수 있었으나 언어영역 성적 때문에 정시에서 숙명여대 경영학과를 가게 되었다. 이 학과는 그나마 언어가 10%만 반영되었기 때문에 가능한 결과였던 것이다.

　위의 예에서도 보듯이 학교에서 '한 공부 한다'는 상위권 학생들 중에 의외로 언어영역 점수가 안 나와서 고민하는 경우가 많다. 이런 학생들은 중위권 학생들이 어려워하는 수학이나 영어에서는 높은 점수가 나오면서도 언어영역에서 고전해 자신이 원하는 대학의 학과에 진학하지 못하는 경우가 꽤 생겨난다. 그러다 보니 한 단계 낮은 대학으로 진학하거나 아예 재수를 한다. 이런 학생들은 열심히 문제를 풀고, 인터넷 강의도 듣고, 과외를 해도 언어에서 좀처럼 높은 점수를 받지 못한다. 그 이유는 무엇일까? 평소의 독서 습관에 문제가 있다고 보면 틀림없다.

영어는 어릴 때부터 어학 캠프도 다녀오고, 영어 마을도 다니고, 학원에서, 집에서 꾸준히 투자하고 실력을 쌓기 위해 노력한다. 공교육과 사교육이 동시에 동원된 이러한 방식을 통해 시간과 노력을 투자해 그만큼의 효과를 올리기도 한다. 수학도 마찬가지이다. 시간과 노력을 투자하는 집중적인 훈련을 하면 어느 정도는 성적이 향상되기도 한다.

그런데 언어영역은 평소의 독서력이 학생의 실력을 좌우한다. 의외로 언어영역에 대해서 대수롭지 않게 생각하는 학생들이 많다. 그들은 심드렁하게 "평상시 편지 쓰고 메모하는 게 다 언어영역인데 굳이 따로 시간을 내서 독서할 필요가 있느냐."고 되묻는다. 이들 대부분은 독서에 들이는 시간을 아까워한다. 그 시간이면 영어 단어 한 개를 더 외우고, 수학문제 하나를 더 풀 수 있겠다는, 나름대로 실용적인 계산을 한다. 하지만 문제는 학부모들이 믿고 있는 학원의 힘만으로 독서력은 향상되지 않는다는 데 있다. 무엇보다도 독서에 관한 주체적인 노력이 따라야 문제가 해결될 수 있다. 언어영역 실력에 문제가 있는 학생들은 대부분 이러한 주체적인 독서 습관을 소홀히 하고 있다는 점을 상기해야 한다.

② 고1 때부터라도 읽고 생각하는 습관을 들이자

초등학교 때부터 손에서 책을 떼지 않는 아이들은 중·고등학교에 가서도 누가 권하지 않아도 책을 읽는다. 습관이 몸에 배어 있기 때문이다. 이런 학생들은 자연 어휘력도 높고, 남보다 깊이 입체적으로 생각하는 까닭에 문장이나 문맥의 이해도가 높을 수밖에 없다. 반대로 독서력이 낮은 학생들은 고등학교에 가서야 사태의 심각성을 깨닫는 경우가 많다. 그마나 이런 학생들이 학교에서 진행하는 '논술'이나 '독서교육' 프로그램에라도 적극적으로 참여하면 문제의 상당 부분을 해결할 수 있다. 1학년 때부터 다양한 분야의 책들을 읽고 생각하는 습관을 들이면 조금씩 언어영역 성적이 올라갈 수 있는 것이다. 물론 신문이나 잡지 등 독서와 연관한 모든 읽을거리들은 그 나름대로의 힘을 발휘할 수 있다.

또 하나 우리 모두가 반드시 유념해야 할 부분이 있다. 독서력은 언어영역뿐만이 아니라 다른 교과 성적에도 영향을 미친다는 점이다.

우선 독해 능력이 부족하면 수능시험이나 논술고사에서도 높은 점수를 받기가 어렵다. 왜냐하면 제시되는 발문에 대한 이해도가 떨어지게 마련이고, 출제자가 요구하는 질문곧, 발문의 의도를 정확하게 파악할 수가 없어 허둥대기 때문이다. 요즘엔 수학문제도 발문이 대여섯 줄 되는 긴 문장이 많다. 이런 문제는 지문 자체를 정확하게 이해하지 못하면 뭘 물어보는지조차 파악이 안 된다. 결국 문제에는 손도 대 보지 못하고 고사장을 나오는 안타까운 일을 당할 수밖에 없다. 최근 출제되는 수리 (나)형 문제의 경우도 언어영역과 결합된 복잡한 문제가 자주 출제돼 학생들을 당황스럽게 만들곤 한다. 수험생들이 지문에서 요구하는 질문 자체를 제대로 이해하지 못해서 생기는 상황을 상상해 보자. 참으로 안쓰러운 일이 아닐 수 없다.

결국 대학 입시에서 고득점을 받기 위해서는 필수적으로 독해 능력을 키워야 한다. 독해 능력을 키우는 왕도는 꾸준한 책 읽기이다. 신문이나 잡지를 활용하는 것도 매우 유용한 읽기 습관이라고 할 수 있다. 아무리 학원 수업을 통해 집중적으로 독서 훈련을 받아도, 과외 선생님으로부터 비책을 전수 받아도 전 교과목의 독해 과정은 스스로 해결할 수밖에 없는 독서와 연관된 부분이다. 그런 의미에서 독서만큼은 사교육이 통할 수 없는 진정한 자기 주도 학습의 영역이다. 독해 능력을 높이려면 문학, 과학, 철학, 인문교양, 역사 등 다양한 분야의 책들을 폭넓게 읽고 자신의 생각을 정리하고, 깊이 있게 사고하는 방법밖에는 달리 뾰족한 수가 없다.

③ 읽고, 줄 긋고, 깨닫고, 마음으로 소화하자

여기서 중요한 것은 아무 생각 없이 책 내용만 따라가서는 효과적인 독서 실력을 갖추었다고 볼 수 없다는 점이다. 한 권의 책을 읽더라도 천천히 생각해 가면서 저자가 말하고자 하는 바를 충분히 이해하고 여기에 자기 생각도 꼭 정리해 두어야 한다. 타인이 중요하다고 언급한 부분보다는 자신이 생각했을 때 중요하다고 생각하는 부분에 밑줄을 그어 가며 느낌을 적어 둘 필요가 있다. 무엇보다도 저자의 의견이 자신과 어떻게 다른지, 서로 어떤 면에서 공감하는지를 노트에 적어 두는 습관을 들이자.

"읽고, 줄 긋고, 깨닫고, 마음으로 소화하라." 영국 국교회 기도서에 나오는 독서의 자세에 관한 언급이다. 학생들의 독서 자세도 이와 같다면 최상의 공부 방법이 될 것이다. 생각하면서 책을 읽고, 새롭게 터득한 내용은 꼭 적어 두도록 하자. 책뿐 아니라 신문이나 잡지도 읽다가 이해가 안 되는 부분은 노트에 기록해 둔다. 그랬다가 선생님이나 대학에 다니는 가족에게 물어보는 것도 좋은 방법이다.

독서는 언어영역을 정복하게 해 주는 훌륭한 자양분이다. 아울러 사회탐구영역이나 수리영역의 질문, 과학탐구영역의 문맥을 정확하게 이해할 수 있도록 도와주는 필수적인 공부 습관이라는 점을 다시 한 번 기억하자.

숙명여고의 독서 지도에 대해 잠시 살피고자 한다. 이 지도 방식은 지역 사회에서 매우 긍정적인 평판을 얻고 있다.

숙명여고 독서 지도의 최종적인 목표는 졸업하기까지 학생들이 책을 사랑하고, 다양한 분야의 책을 접하며, 수준 높은 독서 능력을 지니게 하는 것이다. 동시에 가장 지양하는 것은 추상적이고 형식적으로 흐를 수 있는 지도이다.

현재 독서 지도는 매우 독자적이고 독창적인 방식으로 진행되고 있으며, 체계적 프로그램을 통해 이루어지고 있다. 교사들의 적극적인 지도와 학생의 능동적 참여가 핵심이다. 독서 교육 내용 중 중요한 사항을 몇 가지 소개한다.

첫째, 모든 학생들은 입학과 동시에 '독서 노트'를 제공받고 있다. 이 노트는 숙명여고의 학생들이 평소 보관하여 1학년부터 졸업할 때까지 사용하게 된다. 학생들은 다양한 분야의 책을 선택하여 독후감을 쓰게 되며, 담임선생님과 국어 선생님들의 정기적인 지도를 받고 국어과 수행평가를 대신하게 된다.

둘째, 한 학기에 한 번씩 '지정도서 지필평가'가 실시된다. 중요한 필독서를 꼼꼼하게 읽는 것이 교과서 학습만큼이나 중요하다는 판단 아래, 학년별로 지정도서를 정하고 서술형·논술형 문항을 포함한 시험을 치르고 있다. 책을 열심히 읽은 학생이라면 누구나 좋은 결과를 얻을 수 있으며, 매 학기 중간고사 성적에도 반영된다. 졸업생들은 "다

【 독 / 서 / 노 / 트 】

독서, 그 체험의 기록…

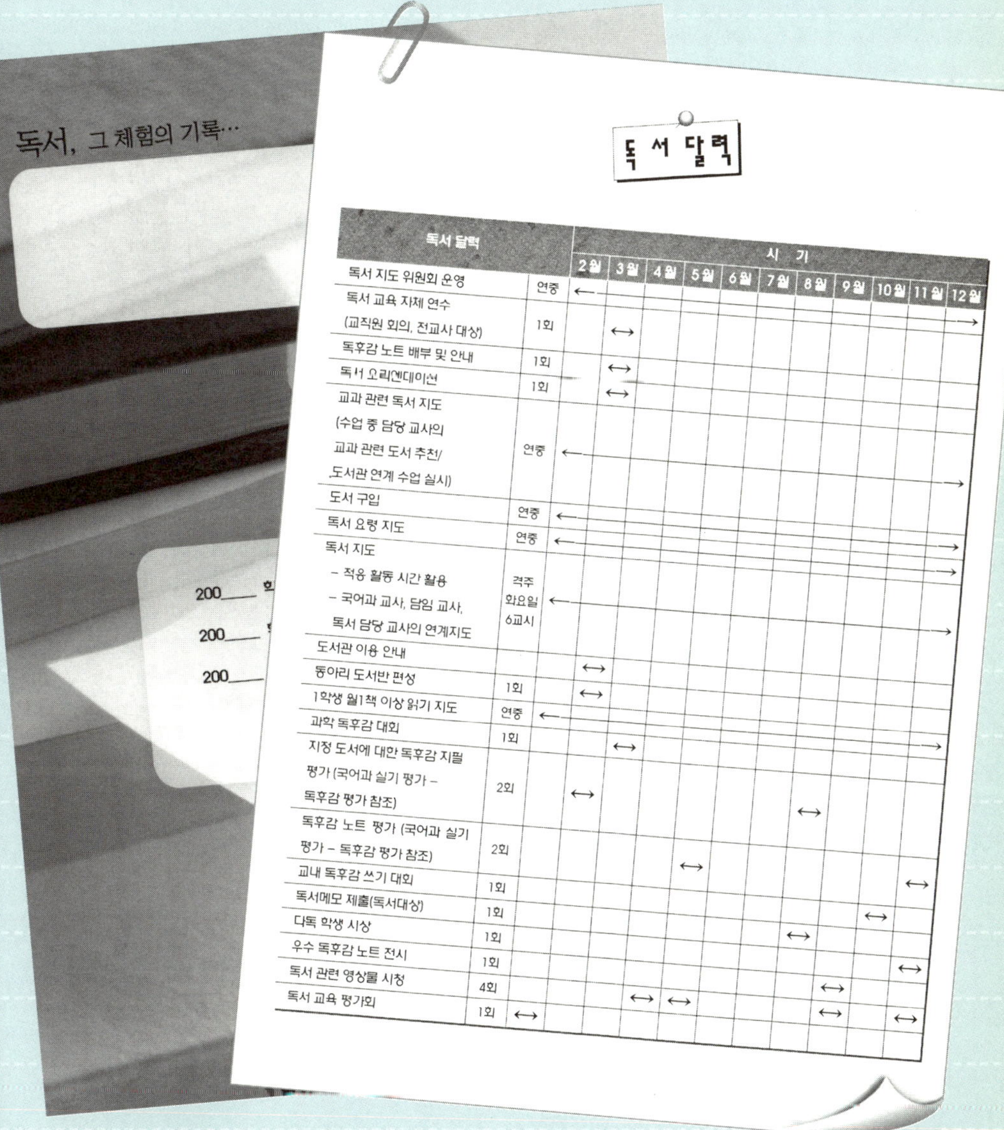

독 서 달 력

독서 달력	횟수	2월	3월	4월	5월	6월	7월	8월	9월	10월	11월	12월
독서 지도 위원회 운영	연중	←										→
독서 교육 자체 연수 (교직원 회의, 전교사 대상)	1회		↔									
독후감 노트 배부 및 안내	1회		↔									
독서 오리엔테이션	1회		↔									
교과 관련 독서 지도 (수업 중 담당 교사의 교과 관련 도서 추천/ 도서관 연계 수업 실시)	연중	←										→
도서 구입	연중	←										→
독서 요령 지도	연중	←										→
독서 지도 – 적응 활동 시간 활용 – 국어과 교사, 담임 교사, 독서 담당 교사의 연계지도	격주 화요일 6교시	←										→
도서관 이용 안내			↔									
동아리 도서반 편성	1회		↔									
1학생 월1책 이상 읽기 지도	연중	←										→
과학 독후감 대회	1회			↔								
지정 도서에 대한 독후감 지필 평가 (국어과 실기 평가 – 독후감 평가 참조)	2회		↔						↔			
독후감 노트 평가 (국어과 실기 평가 – 독후감 평가 참조)	2회					↔						
교내 독후감 쓰기 대회	1회											↔
독서메모 제출(독서대상)	1회										↔	
다독 학생 시상	1회							↔				
우수 독후감 노트 전시	1회											↔
독서 관련 영상물 시청	4회									↔		
독서 교육 평가회	1회	↔			↔	↔				↔		↔

▶ 독서 노트는 숙명여고의 철저한 독서 지도 프로그램을 대표하는 것 중 하나이다. 1학년 학생들에게 제공되어 졸업 때까지 사용한다. 학생들은 권장도서 목록을 참고하여 다양한 분야의 책을 선택한 후 독후감을 쓰게 된다. 독서 달력은 독서에 대한 연간 프로그램을 담게 된다. 이를 통해 학생들은 중장기 계획을 세울 수 있다.

나의 독서 계획표 (2학년용)

날 짜	1학기 활동	날 짜	2학기 활동
3월 ____일	• 독서 오리엔테이션 – 독후감 노트 배부 및 활용 방법 안내	여름방학 독후감	• 분야가 각각 다른 독후감 3편 이상 쓰기 – 문학과 평가에 6점 반영
3월 ____일	• 지정도서 독후감 지필 평가 (별도 용지 배부) – 도서명 : 양반전, 호질, 광문자전, 이생규장전, 만복사저포기 – 문학과 평가에 10점 반영	9월 ____일	• 지정도서 독후감 지필 평가 (별도 용지 배부) – 도서명 : 난쟁이가 쏘아올린 작은 공 (조세희) – 문학과 평가에 10점 반영
4월 ____일	• 과학 독후감 쓰기 대회 (별도 용지 배부) – 우수자 교내 시상	10월 자유선택 독후감	• ( )분야 도서명 : ____________
5월 자유선택 독후감	• ( )분야 도서명 : ____________	10월 ____일	• 독서 관련 영상물 시청(3)
5월 ____일	• 독서 관련 영상물 시청(1)	11월 ____일	• 인문사회 독후감 쓰기 대회 (별도 용지 배부) – 우수자 교내 시상
6월 자유선택 독후감	• ( )분야 도서명 : ____________	12월 자유선택 독후감	• ( )분야 도서명 : ____________
6월 ____일	• 독서 관련 영상물 시청(2)	12월 ____일	• 독서 관련 영상물 시청(4)
1학기 말	• 그동안 쓴 독후감 공책 검사 – 문학과 평가에 10점 반영	2학기 말	• 그동안 쓴 독후감 노트 검사 – 문학과 평가에 4점 반영

유의사항

• 자유 선택 도서 독후감을 쓸 때는 되도록 추천도서목록에서 고르도록 하며 월별 분야가 겹치지 않도록 각 분야별로 골고루 선택한다.

• 월별 독후감은 1편 이상 쓰는 것을 원칙으로 하되, 편수의 제한은 없으며 학기말에 그동안 쓴 독후감을 양적으로, 질적으로 평가받는다.

▶ 〈나의 독서 계획표〉를 통해 학생들은 자신만의 연간 독서 스케줄을 직접 작성한다. 학교에서 실시하는 독서 지도 프로그램과 개인이 직접 선택하는 자신만의 독서 프로그램이 한눈에 쉽게 파악된다. 이렇게 해 두면 나중에 자신의 독서 상황을 체크하기 편하다.

▶ 독후감을 쓸 때에는 작품명, 작가, 읽은 기간, 분야, 출판사 등 기본 사항을 먼저 기록하고 나서 줄거리와 감상을 쓰도록 되어 있다. 그러나 줄거리와 감상을 굳이 나누지 않고 새로운 형식으로 글쓰기를 하는 것도 적극 권장하고 있다. 기억에 남는 구절'을 기록하는 난을 따로 둔 것도 주목할 만하다.

른 책은 몰라도 지필평가를 본 책은 평생 남는다. 학창 시절에 학교가 적극적으로 이끌어 주지 않았다면 제대로 읽은 책이 거의 없었을 것이다. 대학에 입학해서도 숙명여고에서 얻은 지식과 독서 습관이 큰 도움이 되고 있다.”며 회상하는 경우가 많다.

셋째, 이밖에도 도서관과 연계하여 다양한 교과 수업 및 독서 이벤트를 실시하고 있다. 여기에서 교과 수업은 수업과 독서를 연계시키는 활동으로 큰 지지를 얻고 있다. 또한 독후감 쓰기 대회, 독서 캠프, 매 학기말 다독자 시상 등 학생들의 독서를 격려하는 활동을 골고루 추진하고 있다.

논술 지도를 포함한 이러한 적극적인 독서 지도 활동으로 인해 숙명여고는 ‘2008학년도 교육과정 우수학교’로 표창 받은 바 있다.

외국어영역, 듣기와 읽기는 평소에 준비하자

가랑비에 옷 젖는 줄 모르게 하루하루 꾸준히 공부하는 것이 영어 공부의 가장 좋은 학습법이다. 수능시험의 외국어영역에 나오는 문제들은 대부분 일정한 패턴을 보이고 있다.

외국어영역에 출제되는 듣기 문항을 잘 풀기 위해서는 평소에 꾸준한 문제 풀이와 듣기 연습이 필요하다. 그리고 상황별 표현들을 꼼꼼히 정리해서 시간 날 때마다 문장째로 암기하는 연습을 해야 한다. 그전에 물론 무엇보다도 우리와는 다소 낯선 외국인의 발음을 익히는 게 중요하다. 우선 기본적인 훈련이 되어 있어야 어떠한 문제가 출제되든 어렵지 않게 답할 수 있게 된다.

외국어영역의 듣기 부분에는 물건을 사고팔면서 돈을 지불하는 상황이나 시간을 묻는 문제, 거리를 묻는 문제 등 주로 숫자와 관련된 여러 가지 상황별 문제들이 자주 나온다. 또한 두세 사람이 대화하는 상황을 들려준 뒤 대화 내용에 관해 묻는 문제라든가 대화 뒤의 마지막 말 다음에 이어질 상황을 묻는 문제들이 대부분이다. 따라서 평소에 이런 상황들에 대비한 듣기 연습을 자주 해야 한다. 그래야 상황을 제대로 이해하고 묻는 말에 정확히 답할 수 있는 실력이 생긴다. 즉 점수를 얻을 수 있는 문항에서 점수를 얻는 게 중요하다.

듣기가 약한 수험생은 방송 교재에 나오는 듣기 문제를 풀어 보고 거기에 나오는 대본을 암기하는 것도 바람직한 방식이다. 문제를 잘 풀기 위해서는 말하는 상황이 귀에 들어올 때까지 듣고 또 듣는 것밖에는 별다른 방법이 없다. 기존에 나왔던 기출문제들이나 예상 문제집의 지문을 듣다 보면 어느 순간 내용이 귀에 들어오게 되고 질문의 의도도 파악할 수 있게 된다. 듣기 17문항 중 뒤쪽 4문항 '말하기' 문제는 특히 까다롭다. 이 말하기는 듣기에 앞서 문제 내용보기 지문 포함을 살펴보는 것이 한 가지 방법이 될 수 있다. 무엇보다도 매일 10분씩 계속 들어 주는 것이 중요하다.

영어에서 독해 공부는 하루도 빠짐없이 하라고 말하고 싶을 정도로 중요하다. 수능시험에서도 좋은 점수를 올리기 위한 기본은 바로 문장을 빨리 읽고 이해하는 것이다. 독해는 어디서 어떤 문제가 나올지 알 수 없기 때문에 무엇보다도 유형별로 다양한 상황에 맞는 독해를 해 보는 것이 중요하다. 학생들 개개인의 상황에 따라 빈칸 추론이 약한 학생은 그런 유형의 독해를 좀 더 많이 해 보고, 긴 문장을 독해하는 데 시간이 늘 모자란 학생이라면 장문 독해를 한 시간씩이라도 더 해 보도록 하자. 사회과학이나 고전의 독해가 약한 학생들은 그 부분을 좀 더 많이 공부하도록 한다. 이처럼 자신에게 취약한 유형들을 반복하고 검토할 때는 각 문장을 정확하게 해석해 가면서 거기에 나오는 어휘와 어법을 다시 한 번 정리하고 암기하는 습관을 들여야 한다.

사회탐구영역은 개념과 원리를 공부하자

① 점수를 높이는 전략 과목으로 활용하자

사회탐구영역은 말 그대로 우리 사회에서 일어나는 다양한 현상을 탐구하는 학문이다. 예전엔 사회탐구 과목이 일종의 암기 과목으로 여겨져 국·영·수 등 주요 과목을 공부하는 틈틈이 자투리 시간에 공부하는 번외 경기처럼 취급되기도 했었다.

하지만 최근의 사회탐구영역은 그 쓰임새가 정말 많아졌다. 기본적으로는 수능시험의 주요 시험 과목으로 점수를 높여야 하는 전략 과목이 되었다. 여기에 최근 논술고사에서 사회문화나 정치, 경제, 지리, 세계사 교과서의 주요개념과 연관된 지시문을 출제하고 이에 따른 사고력을 묻는 문제들이 많이 출제되고 있다.

따라서 학생들이 대입에서 높은 점수를 얻고, 논술에서도 좋은 결과를 얻기 위해서는 교과서에 소개되는 핵심적인 개념과 원리, 그에 따른 배경 지식과 사회에 대한 폭넓은 이해가 필요하다. 즉 개념과 원리를 정확하게 이해한 후, 이를 다른 사례에 적용하면서 응용력을 키우는 것이 사회과 학습의 핵심이다.

2008학년도 고려대 수시 2학기에 합격한 숙명여고 학생이 있다.

이 학생은 전형 요소 중 논술을 최대한 잘 활용한 경우이다. 영·수의 성적이 썩 좋지 않은지라, 성적만으로 보자면 반에서 10여 등 정도에 지나지 않았다. 하지만 이 학생은 언어와 사회 과목의 성적이 특히 좋았다. 사회과 선생님 얘기를 들으니 수업을 열심히 들으며 토론도 열심이라고 했다. 논술 능력도 제법 있었으며, 통계 및 도표를 이해하고 표현해 내는 능력이 뛰어났다. 이 학생은 여름 방학 때 집중적으로 수시 논술 준비를 하였다. 사회 과목에 나오는 개념과 원리를 정확하게 이해한 후, 이를 다른 사례에 적용하면서 응용력을 키운 결과 수시에서 고려대 합격이라는 뛰어난 결과를 얻어 낼 수 있었던 것이다. 결국 수능시험에서 언어와 사탐의 두 과목에서 2등급을 충족시켜 최종 합격의 영예를 안게 되었다.

② 용어의 의미를 제대로 이해하자

사회 과목을 공부하다 보면 생소한 용어가 많이 나온다. 지리만 보아도 '사빈砂濱'이나 '사구砂丘'와 같은 간단한 용어부터 '선상지扇狀地' 등과 같은 어려운 용어가 많아 골머리를 앓기 일쑤이다. 이처럼 어려운 용어를 외워야 하기 때문에 사회 과목을 암기 과목이라고 생각하는 학생이 많다. 하지만 이런 용어들은 한자어가 대부분이라 한자의 뜻만 알아도 쉽게 이해할 수 있는 경우가 많다. 특히 한자로 이루어진 전문용어는 한자의 의미를 꼼꼼하게 풀어 따져야만 단어의 뜻을 제대로 알 수 있다. 이런 전문용어들은 한자어 풀이를 통해 개념을 완전히 이해하고 암기해야 한다. 예를 들어 위에 제시한 '선상지'라는 한자어의 의미는 '부채 모양의 땅'이다. 그런 다음 이 용어와 관련된 사회 현상이나 기후, 지리에 관한 실생활의 사례를 연관 지어 생각하는 연습을 꾸준히 할 필요가 있다.

특히 지리 과목에서는 주로 지도를 하나 제시한 후에 지형에 관해서 묻거나 기후와 연관시켜 묻는 문제들이 기본적으로 출제된다. 그렇기 때문에 교과서에 나와 있는 각종 도표나 그래프를 정확히 이해하고 분석하는 공부를 꾸준히 해야 한다.

또한 사회탐구영역은 우리 사회의 각종 제도나 관습, 도덕, 법에 대한 개념들을 실생활과 연관 지어 다양한 형태로 출제된다. 때문에 사회문화의 주요개념을 이해한 다음에는 우리 사회에서 일어나는 각양각색의 상황들과 관련시켜 생각해 보는 연습을 꾸준히 해야 한다.

③ 시사와 관련지어 공부하자

마지막으로 사회탐구영역은 항상 시사와 관련지어 공부할 필요가 있음을 알아야 한다. 시사적인 관점을 갖기 위해서는 평소 신문이나 잡지 등에서 환경문제, 부동산문제, 노동문제, 금융위기문제 등 사회적인 이슈가 될 만한 기사를 늘 스크랩해서 읽어 두어야 한다. 또한 사회 현안과 밀접한 관계가 있는 사회과학 서적이나 인문 교양서도 평소에 꾸준히 읽어 두어야 한다. 책 전체를 다 읽는 게 시간상 불가능하다면 요약해서 중요한 사안만이라도 꼭 메모해 두는 습관을 가져야 한다.

오답노트, 이렇게 만들자

① 우등생의 잘 만드는 오답노트

많은 사람들이 오답노트를 언급한다. 그러면서 우등생일수록 오답노트를 잘 만든다고 한다. 과연 그런가. 그럴 수도 있고 그렇지 않을 수도 있다. 일단 그럴 수 있다는 것은 오답노트를 잘 작성하는 학생일수록 자신의 약점이 무엇인지를 주체적으로 파악할 수 있기 때문이다. 오답노트를 만들 때 주의할 것은 발문이 부정형인, 예컨대 '~ 아닌 것은?' '~ 다른 것은?' '~ 틀린 것은?' 등등은 해답보다는 오답이 더 중요하다. 곧 오답이 문제 상황의 전체 의미망을 형성해 주기 때문이다.

문제는 지나치게 오답노트 작성에 골몰하는 경우이다. 이미 자신이 알고 있는 것까지도 세세하게 다 적는 경우를 본다. 이런 경우는 명확하게 말해서 시간 낭비에 해당된다. 어떤 경우는 오답노트를 작성하지 않아도 스스로의 문제점을 잘 파악하는 학생들도 있다. 다 본인이 하기 나름이다. 학습 목표가 불분명하고, 이에 따라 자신의 문제점이 무엇인지 파악하는 데 어려움이 있는 학생이라면 오답노트를 적절하게 작성해 보라고 권하고 싶다. 오답노트를 작성하는 과정에서 스스로의 문제점을 파악할 수 있기 때문이다.

오답노트를 만드는 데 지나치게 정성을 쏟는 경우 원래의 취지와 지금 당장 필요한 일이 뒤바뀌게 된다. 사실 오답노트라는 것은 특별히 어떻게 만들어야 한다는 정답이 없다. 오답노트는 말 그대로 자신이 자꾸 반복해서 틀리는 문제에 대해서 다음에 그런 유형의 문제가 나오면 틀리지 않도록 철저히 주의를 기울이자는 의미에서 만드는 노트이다.

오답노트를 가장 확실하게 활용하는 방법은 바른 답을 적어 놓는 데서 그치지 않고 적어 놓은 정답을 반드시 다시 들여다보아야 한다는 것이다. 또한 자기가 봐서 꼭 필요한 요점만 적어 놓으면 된다. 너무 많은 양의 문제를 적어 놓아 다음에 볼 때 부담이 되면 안 된다. 어디까지나 자신이 모르는 문제가 어떤 것들이고, 자꾸 틀리는 문항들은 어떤 유형인지를 일목요연하게 볼 수 있으면 되는 것이다.

② 쓰임에 따라 다른 오답노트

오답노트는 쓰임에 따라 대략 세 가지 정도로 만들 수가 있다.

우선 시험에서 자주 틀리거나 이해가 잘 안 되는 부분을 각 과목별로 나누어 적어 놓는 전형적인 오답노트를 들 수 있다. 이 노트는 수업 시간에 선생님이 중요하다고 강조한 교과서 내용들도 함께 적어 놓으면 일석이조의 효과를 거둘 수 있다.

다음으로 일종의 단어장 같은 오답노트이다. 이 노트는 스프링이 된 메모지 형식의 단어장에 자신이 자주 틀리는 문제나 수식, 수학 공식, 관용어구—속담이나 고사성어—등을 적어 놓는 것이다. 이 노트는 자신이 확실히 알게 돼 잘 틀리지 않는 문제는 바로 지워 버리고 또 다른 모르는 문제들을 간단하게 적어 놓는 방식으로 작성한다.

마지막으로 시험지나 문제집에 몰랐던 부분을 어떻게 푸는 것인지 간단히 메모 형식으로 기록하는 노트이다. 그러면 이 문제집이나 시험지를 모아 놨다가 그 범위가 다음 시험에 나오면 그 부분을 다시 집중적으로 공부해 유사한 유형의 문제를 틀리지 않게 준비한다.

③ 한 번 틀린 문제, 더 이상 틀리지 말자

상위권 학생과 중하위권 학생은 시험을 보고 난 후의 대비가 전혀 다르다. 대부분의 중하위권 학생들은 시험이 끝나면 시험지를 마치 원수 대하듯이 내팽개쳐 버린다. 하지만 상위권 학생들은 자신이 어떤 문제를 틀렸고, 무엇을 실수했는지 다시 한 번 시험지를 보면서 꼼꼼히 복기하곤 한다. 시험을 치르는 목적은 학교와 학생이 다를 수 있다. 학교에서야 학생들의 점수로 의미 있는 서열을 부여해 등급을 나누고자 한다. 학생들 편에서는 실력 측정과 더불어 실수와 무지를 가려내 다음 시험에 대비하여 더 나은 등급을 획득하고자 한다. 그러니 학생들은 반드시 시험이 끝난 후에는 취약한 부분을 보완하여야 실력이 향상된다. 이 경우 오답노트가 그 한 방편이 될 수 있다. 기초가 약한 학생들은 그저 점수 몇 점에만 연연할 뿐이지 막상 시험이 끝나면 시험지 자체를 쳐다보려고도 하지 않는다. 이렇게 해서는 다음 시험에서 비슷한 문제가 나오면 다시 틀리게 된다. '한 번 실수는 병가지상사'라는 말이 있다. '한 번 틀린 문제'를 보완해서 유사한 문제를 다시는 틀리지 않는 학생만이 실력을 향상시켜 나갈 수 있다. 결국 틀리는 것이 문제가 아니라 보완하지 않는 태도가 더 큰 문제이다.

과목별로 맞춤노트를 만들자

고등학교 1학년도 지나고 2학년 여름 방학쯤 되면 학생들은 노력해서 좋아진 과목과 노력해도 진전이 없는 과목을 파악할 수 있다. 문제는 자신 있는 과목은 보고 또 보면서 자신 없는 과목은 자꾸 피하고 관심을 덜 쏟게 된다는 데 있다. 보통 중위권 정도의 학생들이 이런 식으로 공부하는 경우가 많다. 그러나 계속 이렇게 공부하면 과목별 편차가 심해져 고3이 되면 특정 과목은 성적이 너무 안 나와 심각한 지경에 이르게 된다.

따라서 고2쯤 되어 자신의 발목을 잡는 취약 과목에 대한 자신만의 맞춤노트를 만들면 효과적으로 공부할 수 있다. 물론 맞춤노트를 만드는 것이 쉬운 일은 아니다. 하지만 노력하는 만큼 이 방법은 틀림없이 효과를 볼 수 있다. 자신이 지니고 있는 약점에 대한 구체적인 보완 노력이기 때문이다.

예를 들어 언어영역의 '현대시'에서 시어의 표현을 이해하지 못해 시험에서 자꾸 틀린다면 이 부분을 집중적으로 참고서를 보거나 선생님이 해 주신 설명 위주로 자세히 적어 놓는다.

맞춤노트가 학생들에게 꼭 필요한 이유는 다음과 같다.

먼저 자신 없는 부분을 집중적으로 적으면서 내용을 이해할 수가 있다. 학교에서 선생님에게 들은 내용 중에서 이해가 잘 안 되는 부분을 필기한 노트나 참고서에서 찾아낸다. 이것을 노트에 기입하다 보면 어느새 한 번 더 그 문제를 집중해서 살펴볼 수 있게 된다. 또한 문제집을 풀다가도 모르는 부분이 나오면 그 부분을 교과서 내용과 다시 비교해 보면서 적는다. 그러다 보면 어느새 그 문제만큼은 정복할 수 있게 된다.

취약 과목 맞춤노트가 위력을 발휘하는 것은 바로 수능이 며칠 안 남은 시기에 어느 부분을 좀 더 많이 공부해야 할지 판단해야 할 때이다. 이때 맞춤노트가 있으면 최종 마무리 복습을 하면서 자신이 취약한 부분을 좀 더 집중해서 공부할 수 있으므로 의외의 성과를 올릴 수 있을 것이다. 요즘은 각 참고서마다 이러한 형태의 꼬마책이라든가 부록 등이 별도로 제공되는 경우가 있다. 자신이 취약한 과목은 이런 부록 등을 집중적으로 활용하는 것도 한 방법이 된다. 다만 참고서의 제공된 노트보다 자신이 작성한 것이 내용 파악에 있어서 훨씬 이점이 있다는 점을 기억하면 좋다.

【 맞 / 춤 / 노 / 트 】

2007학년도 수능 전국 수석 숙명여고 H양의 사탐영역 맞춤노트

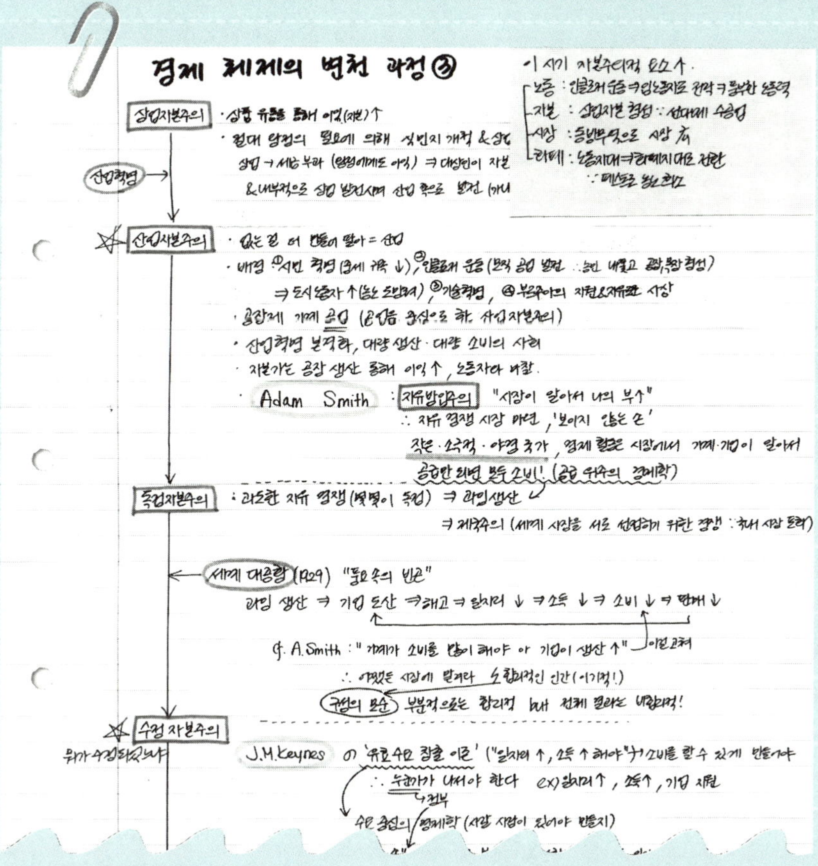

▶ 1단원의 '경제 체제'와 관련한 부분이다. 선생님의 설명에 바탕한 필기와 자신의 재구성 능력이 두드러진다. 선생님은 경제 체제의 변천을 가로로 판서하면서 설명하였는데, 이 학생은 이를 세로로 재구성하였다 한다. 이로써 시간의 흐름에 따른 통시적 구조를 한눈에 파악하는 데 더욱 용이하게 되었다. 몇 가지 색을 사용하여 흐름을 일목요연하게 정리하고 있다. 또한 단원 이해를 위한 키워드라고 할 수 있는 핵심 용어는 포스트잇을 첨부하여 별도로 처리하고 있음도 눈에 띈다. 간간이 교과서 내용을 벗어난 것은 본인이 별도로 보충하여 채워 넣었다. 이러한 정리의 과정을 통해 스스로가 학습 내용을 이해하고 더 나은 차원으로 업그레이드 할 수 있었다. 이 노트가 워낙 인기가 있어 시험이 다가오면 다른 학생들에게 노트를 뺏겨 본인은 보지도 못했다고 한다.

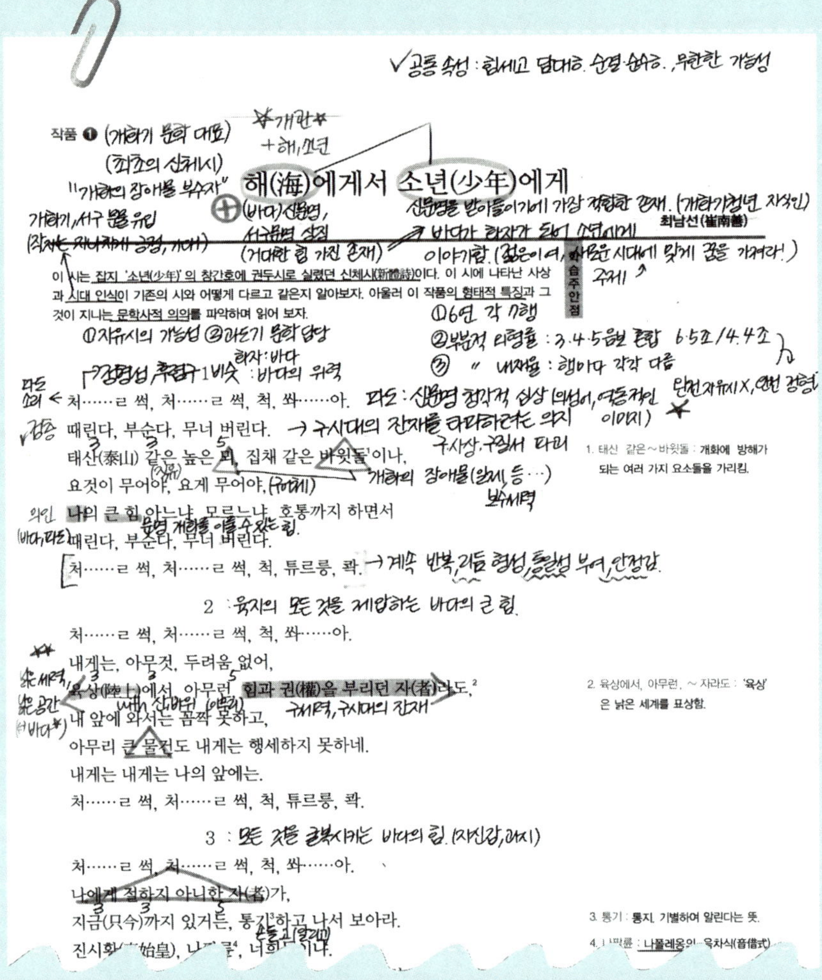

▶ '최남선'의 〈해에게서 소년에게〉를 수업을 통해 문학(상) 교과서에 필기한 내용이다. 전체 시의 흐름 중에서 중요한 시어와 시구를 적절하게 파악하고 있음을 알 수 있다. 시어의 이미지나 함축적 의미에 있어 유사한 속성, 혹은 대립적 속성을 구별하여 표시하고 있다. 상위 항목의 내용은 상위 항목들끼리, 하위 항목의 내용은 하위 항목들끼리 적절히 구별하여 필기하면서 전체 내용을 아우르고 있다. 시어, 표현, 운율 등 내재적 요소를 우선시하고, 여기에 시대 현실이라는 외재적 요소를 살짝 가미하고 있다. 일목요연한 정리를 통해 전체적인 시적 흐름을 확인할 수 있는, 아주 우수하게 정리된 필기 노트라고 할 수 있다.

▶언어영역 문학노트

언어영역 문학 분야에 해당하는 과목은 고전문학과 현대문학, 그리고 세계문학이다. 이들 과목들은 모두 독서력과 상관이 높은 과목들로 평소에 얼마나 독서를 열심히, 깊이 있게 했느냐에 따라 학업의 성취도가 다르게 나타난다. 언어영역 문학노트에는 고전에서 자주 틀리거나 이해가 잘 안 되는 구문이나 어휘를 적어 둔다거나 한국문학의 주요 작품들에 관한 작품 개요를 일목요연하게 정리해 놓으면 좋다. 요즘은 관용어구도 중요하게 취급되므로 자신이 잘 모르는 속담이나 고사성어 등을 이 노트에 적어 놓으면 수능을 며칠 앞두고 총정리를 하면서 모르는 단원이나 개념을 한눈에 파악해 집중적으로 반복 학습을 할 수 있다.

▶외국어영역 구문노트

외국어영역의 기본은 지문을 신속하고 정확하게 해석하는 데 있다. 수능시험에서도 길고 어려운 구문이 섞인 문장이 나오면 학생들은 적지 않게 당황하곤 한다. 특히 중위권 학생들은 자신 있게 해석하는 구문과 그렇지 못한 구문으로 확연하게 갈리게 마련이다.

평소에 자신이 어려워하는 구문이나 해석이 잘 안 되는 구문들을 단어장처럼 스프링노트에 정리해 두면 훨씬 수월하게 구문 독해가 가능하다.

구문노트 작성 요령은 앞장에는 영어 문장만 적어 놓고, 뒷장에는 앞장에 수록된 구문의 형태와 문법적인 요소, 주요 단어·숙어 등을 적어 놓는 것이다. 그리고 시간 날 때마다 앞장만 보고 해석했다가 잘 안 되면 뒷장의 어휘 정보들을 한 번 쭉 훑어본 후 다시 해석을 하는 식으로 사용하면 된다. 여기에 문맥까지 이해해야 해석이 가능한 문장은 영문 옆에 참고할 문제집과 관련 페이지를 함께 적어 놓으면 보다 자세하게 그 문제를 풀 수 있다.

▶수리영역 실수노트

수학은 인문계 학생뿐만 아니라 요즘엔 자연계 학생들도 버거워하는 교과목이 되었다. 보통 고등학교 학생들은 수학 성적의 성취 정도에 따라, 전체 성적이 상위권과 중하위권으로 나뉜다. 그만큼 전체 성적에 미치는 수학의 물리적·심리적 영향력은 지대하다. 상위권 학생들은 상위권 학생들대로 자주 틀리는 문제가 있다. 또 중위권 학생들은 그들대로 전혀 이해가 안 되거나 수업 시간엔 잘 알 것 같았는데 집에 와서 교과서를 보면 머릿속에서 맴돌기만 하지 해결할 수 없는 문제가 있게 마련이다.

수학에서 실수로 문제를 많이 틀리는 학생들의 경우 꼭 실수노트를 만들어 두어야 한다. 상위권도 상위권이지만 중위권 학생들의 경우 꼭 맞아야 하는 문제도 틀리면 시험에서 좋은 성적을 올리기 힘들어진다.

따라서 시험이나 문제집을 풀면서 맞힐 수 있는 문제이면서도 자꾸 틀리는 문제는 기본개념과 틀리는 과정 등을 상세히 기록해 두자. 그리고 옆에는 정답 풀이 과정도 꼭 기입해 두자. 수학 공부를 할 때마다 "오늘은 적어도 이런 실수를 하지 않겠다!"고 마음을 가다듬고, 실수노트에 있는 것만큼은 절대 실수하지 않도록 주의한다. 그러면 정말로 실수가 현저하게 줄어들게 된다.

학생들마다 개인차가 뚜렷한 과목이 수학이다. 어떤 학생은 함수나 방정식은 자신있어 하는데 도형이나 미·적분은 손도 못 댄다. 반면 어떤 학생은 미·적분이나 고차방정식 문제는 잘 풀면서 남들이 쉽게 생각하는 집합이나 명제에서 어이없게 틀리기도 한다. 이처럼 학생들 각자는 학습 과정에서 자신이 유독 어려워하는 단원을 만나게 된다. 이럴 경우 우선 개념을 설명한 기본예제를 잘 풀어 본 다음, 이를 응용한 다양한 문제들을 꾸준히 풀어 보는 연습을 해야 한다. 이때 잘 모르는 유형의 문제들을 풀 때 자기가 자주 틀리는 부분을 꼭 적어 놓도록 하자. 계속해서 이런 연습을 하다 보면 차츰 자신이 생기는 단원이 하나둘 늘어날 것이다. 수리영역 맞춤노트는 상위권보다는 중위권 학생들에게 꼭 필요한 노트이다.

참고서 100% 활용하기

필자는 학습 참고서 업계에서 그간 15년 이상을 집필자로서 활동해 왔다. 또한 EBS의 필자로도 같은 기간에 걸쳐 활동한 바 있다. 그런 만큼 이 방면에 있어서는 보고 듣고 경험한 것이 너무나 많다. 하지만 필자의 경험 모두가 학생들이나 학부모들에게 필요한 내용일 수는 없다. 이 가운데에서도 그간의 경험을 바탕으로 참고서를 제대로 활용하는 방법을 제시해 보고자 한다.

참고서라면 다 비슷한가

학생들은 교과서 이외에 참고서나 학습서를 통해서 교과서의 내용을 심화 보충하게 된다. 어떤 경우는 참고서가 무척 상세하여 그 참고서 안에 교과서의 본문 내용까지도 다 담겨 있고, 그것을 보충할 수 있는 내용들도 상세하게 들어 있는 경우를 본다.

학부모 세대에도 참고서가 있었다. 한데 그 참고서들이 다 엇비슷한 내용을 담은 경우가 많았다. 이때는 동아, 지학사, 교학사와 같은 메이저 출판사가 참고서 시장을 지배하고 있었다. 어떤 경우는 출판사는 다른데 서로 베끼느라 심지어 토씨 하나 틀리지 않는, 똑같은 내용이 담겨 있기도 했다. 요즈음 같으면 저작권법이다 뭐다 해서 난리가 났을 것이다.

그래서 그런지 학부모 세대들은 대부분 참고서라는 것이 거개가 다 비슷하다고 생각하는 경향이 있다. 그러나 사실상 전혀 그렇지 않다. 최소한 고등학교의 경우 현재의 시장 흐름에 있어 동아, 지학사, 교학사와 같은 메이저 출판사의 시장 지배력은 과거와는 현격하게 차이가 난다. 또한 참고서나 학습서의 성격에 따라 지배적인 출판사의 영역이 현저하게 달라졌다. 수능 언어 학습서의 대표 격이라고 할 수 있는 언어영역 '종합편'은 각 출판사마다 그 체제가 유사하다. 문학에 이어 비문학 그리고 듣기, 쓰기, 어휘·어법의 분야로 구성되어 있다. 그리고 각 파트에는 기출문제나 유형 익히기와 같은 준비 학습 세트가 마련된다. 전체적으로는 감상 원리 등 유형별로 분배하고 후반부는 영역별로 분배하여 구성한다. 이는 어느 출판사의 '종합편'이든 다 유사하게 취하고 있는 형식이다.

핵심은 여기에 담기는 콘텐츠의 질적 차이이다. 문제들을 담아내고 문제를 출제하는 방식에 있어 출판사들마다 차이가 난다. 그러기에 10여만 권 이상 나가면서 학생들에게 크게 어필하는 '종합편'이 있는가 하면, 수천 부도 못 팔리는 '종합편'도 있다. 그 차이는 무엇인가.

현재 자타가 공인하는 출판사의 책은 수능서의 경우라면 (주)좋은책신사고가, 내신서의 경우 (주)비유와상징이 우위를 차지하며 시장을 양분하고 있다. 이들 출판사들이 압도적 우위를 차지하는 데에는 분명 이유가 있다. 그것은 바로 참고서가 다 비슷할 수 없는 이유의 핵심이다.

좋은책신사고는 '신사고', '오감도'와 같은 핵심 브랜드를 지니고 있으며, 비유와상징은 '완자'라는 브랜드를 지니고 있다. 이들 책들을 보면 확실한 차별성을 느낄 수 있다. 수능서의 경우라면 문제 출제의 완성도와 다양한 유형, 그리고 신유형의 끊임없는 개발이 전제되어야 한다. 좋은 학습서라면 달라지는 수능 유형을 반영할 수 있어야 하며, 난이도도 평이한 것부터 고난이도의 것까지 다양하게 분포되어야 한다. 이러한 특성을 갖추어야 수능 브랜드로서 비교 우위를 차지하게 된다. 내신서의 경우라면 자율학습 위주의 체제 편성이 가장 중요하다. 자세하면서도 핵심을 찾아서 전달할 수 있는 정리된 체제가 있어야 한다. 학습 요소들이 적절히 배치되어 원하는 내용을 쉽게 찾을 수 있는 '용이성'과 자세하면서도 어지럽지 않게 핵심을 전달하는 '집중성'의 두 목표를 동시에 충족시킬 수 있어야 한다.

이 점에서 이들 참고서는 확실하게 차별성을 이루어 내고 있다. 게다가 본문 디자인이라든가 레이아웃, 그리고 도안 등에서 신세대들의 취향에 어필하는 외형적 요소의 상대 우위도 지니고 있다.

EBS 교재인가, 일반 출판사의 교재인가

학생들이 교재를 선택할 때 많이 고민하는 부분이기도 하다. 3~4년 전에는 학생들이 일단 EBS 교재를 먼저 선택하고 부가적으로 다른 교재를 선택하여 사용하는 방식을 취하였다. 여기에는 지난 정권의 'EBS를 통한 공교육 정상화 방안'이라는 정책이 가장 크게 작용하였다. EBS의 문제를 활용해 수능문제로 출제하겠노라는 (물론 그대로 내겠다는 것은 아니었다지만) 교육 당국의 발표는 참고서 시장에서 EBS로 하여금 절대 우위를 차지하게 해 주었다. 물론 이에 대한 비난도 비등하였다. 명백한 출판의 불공정 행위로 자유시장경제의 원리에 어긋난다는 것이 그 요지이다.

공권력을 등에 업고 EBS가 참고서 장사를 하고 있다는 일반 출판사들의 볼멘소리와 비난이 이어졌다. 하지만 이런 소리들도 사교육비 경감이라는 대세에 밀려야 했다. 결국 문제의 핵심은 사교육비 경감을 위해 EBS가 지난 세월 적절한 역할을 감당했느냐 하는 것이다.

학생들의 입장에서는 어차피 봐야 할 책이니까, 일반 출판사든 EBS 든 상관할 것이 없었을 게다. 다만 출제에 반영이 된다 하니, EBS 출판물을 먼저 손에 넣게 된 것이다.

이제는 정치적 지형이 완연히 바뀐 상황이다. '공교육 정상화와 사교육비 경감'이라는 명제는 EBS로 하여금 시장 지배력을 유지할 수 있게 해 주었지만, EBS만의 이점이 사라지면서 학습서 시장은 변화하고 있다. 그간 EBS 교재의 출판 종수가 많아지면서 집필 내용의 수준 유지에 어려움을 겪었다는 사실도 그 이유가 될 수 있다. 특히 한때 학원의 입시 강사들이 집필자로 편입되면서 이런 현상은 심화된 경향도 있었다. (물론, 이후에 학원 강사들이 집필진에서 배제되기는 했다.) 게다가 교과를 초월하여 출판물의 질적 완성도에 있어서 각각 편차를 보인다는 것이 EBS 출판물이 갖고 있는 공통된 고민인 것 같다.

하지만 가장 안정된 완성도를 보이는 것은 아무래도 고3의 핵심 출판물일 것이다. EBS 수능특강 — 10주 완성 — 파이널의 라인업은 그 교과목에서 안정된 내용을 보여 주고 있다. 기본적으로 이들 출판물을 선택하고, 자신이 취약한 분야의 것들을 부가로 선택하면 된다. 하지만 부가로 선택할 책들의 선정에 있어서는 잘 살펴보아야 한다. 그 책에 대한 학교 선생님들의 평판을 고려하여 구입하는 것이 필요할 것이다.

대입에 필요한 EBS 과목과 강의

대입에 필요한 EBS 과목이 따로 있는 것은 아니다. 다만 EBS 교재의 경우 국·영·수의 도구 과목에 비해서 사탐, 과탐과 같은 과목의 교재 활용이 더 효율적일 수 있다. 사탐과 과탐의 과목들은 각 분야별로 세분화되어 있으며 문제 완성도의 편차가 국·영·수의 과목에 비해 심하지 않다. 그런 만큼 이들 참고서들은 선택에 있어서 고민을 하지 않아도 되며, 비교적 빠른 시간에 학습의 효과를 볼 수가 있다. 그렇다고 해서 다른 국·영·수의 EBS 과목이 중요하지 않다는 것은 아니다. 단지 대입에 관련된 부분을 가려 공부하기에는 사탐과 과탐 과목이 좀 더 효율성이 있다는 것이다.

EBS 강의를 들어야 하는가? 경우에 따라 다르다. 필자의 경우 상위권 학생이라면 EBS 강의를 듣지 말라고 단언한다. 듣는 시간의 절반 정도로도 문제집을 풀고 남는 시간을 활용할 수 있을 것이기 때문이다. 하지만 중하위권의 학생이라면 EBS 강의를 권하고 싶다. EBS 강의가 궁극적으로 목표로 삼는 대상이 바로 이 중위권에 분포한 학생들이기 때문이다.

예전엔 EBS의 강의 내용도 수능에 반영한다고 엄포(?)를 놓던 시절이 있었다. 물론 애초에 말이 되지 않던 이야기이지만, 앞으로도 그럴 가능성은 전혀 없다. 결론적으로 말해 EBS 강의는 중위권 학생 중에서

들고 싶은 사람만 들으면 된다. 사실 메가스터디를 비롯한 다른 인터넷 강의들도 이 범주를 벗어나지 못한다고 보아도 좋다.

좋은 참고서를 선택하기 위한 노하우

참고서는 많다. 정신이 어지러울 정도로 너무도 많다. 학생들이라면 이 많은 참고서 가운데에서 옥석을 가리기가 어려울 것이다. 여기에 필자 나름의 가이드라인을 제시하고자 한다. 모든 경우에 통용될 수는 없겠지만 유용한 부분이 많을 터이니 유의하여 참고하기를 바란다.

① 출판사 중심으로 선택하기

출판사를 중심으로 참고서를 선택하는 것은 비교적 손쉽고도 좋은 방법이다. 이렇게 하면 일단 수준 이하의 참고서를 고르는 위험 요소를 피해갈 수 있다. 예컨대, 앞에서도 언급했지만 수능서로서 '좋은책신사고'의 책, 내신서로서 '비유와상징'의 책, 하는 식으로 선택하는 방식이다. 이 두 출판사는 판매 부수에 있어서 각기의 영역에서 현재까지는 부동의 1위를 차지하고 있다. 이러다 보니 두 출판사는 각기 다른 영역에서도 브랜드 가치를 높이기 위해서 안간힘을 쓰고 있다. 좋은책신사고는 내신서로서 '우공비' 브랜드를, 비유와상징은 수능서로서 '완자 수

164

능'을 내세우고 있다. 결론적으로 말해 핵심 출판사를 중심으로 책을 고르는 것이 일단은 가장 안전한 선택 방법이 될 수 있다는 말이다. 물론 이러한 경향은 고3의 경우 학교 보충 교재의 채택과도 어느 정도는 맞아떨어진다. 요즘은 학교마다 보충 교재를 선택하게 될 경우 여러 선생님들이 모여 출판사의 책의 수준에 대해 토의한다. 그런 만큼 이러한 채택을 통해 이루어진 교재들은 어느 정도 검증된 것이라고 볼 수 있다.

② 저자 중심으로 선택하기

유명 저자를 중심으로 책을 선택하는 방법이다. 유명 저자란 학습 참고서 문제 출제에 있어 많이 알려진 사람들을 의미한다. 이들은 EBS나 일반 출판사의 집필이라든가, 평가원이나 교육청의 모의평가 문제 출제를 통해 널리 알려진 교사들이다. 이런 유명 저자라면 일단은 문제 출제의 일정 수준은 확보할 수 있다는 점에서 선택의 한 방편이 될 수 있다.

그러나 반드시 유의해야 할 점이 있다. EBS의 경우만 해도 출제자가 수백 명 수준인데 모의평가 출제자 교사까지 합하면 이러한 숫자는 기하급수적으로 불어나게 된다. 이 정도 되면 출제자들의 출제 수준에 많은 편차가 생겨나게 마련이다. 게다가 출판사의 과대광고까지 더해지면 선택에 있어 혼란이 더욱 가중된다.

보통의 경우 참고서 출판물은 5명에서 10명 정도의 저자들에 의한 공동 저술로 이루어진다. 참고서를 선택할 때, 이들 공동 저자들의 면면을 살펴 성향을 분석해 볼 수 있다. 유명세가 있는 많이 알려진 교사들은 안정감 있는 문제를 출제할 수는 있다. 하지만, 만성적으로 집필 부담에 시달리는 까닭에 실험성 있는 새로운 유형의 문제를 만들어 내는 데는 취약하다. 반면 덜 알려진 교사의 경우는 문제의 완성도에 있어서는 부족할 수 있지만 실험성 있는 과감한 문제를 출제하는 경향이 있다. 그러기에 출판물에서 잘 알려진 유명 저자와 덜 알려진 무명 저자들이 한 팀으로 이루어진 경우의 조합이 이상적이다. 이들의 팀워크를 통해 완성도 있는 작품으로 참고서를 만들어 내는 것이 출판 편집자들의 또 다른 몫으로 남게 된다.

③ 선택해서는 안 될 참고서

학원의 입시 강사들이 다수의 교재 집필자로 들어간 경우

두말할 필요 없다. 무조건 피하면 된다. 필자가 그간의 집필 경험을 통해 내린 결론은 좋은 강사와 좋은 집필자는 비례하지 않는다는 점이다. 강의와 집필은 그 영역이 서로 다르기 때문이다. 특히 입시 출판물의 경우에 있어서는 뚜렷이 다르다. 그러기에 EBS이건 입시 학원이건 그 강사들이 교재 집필자의 영역에서 뚜렷하게 부각된 경우는 일단 피하는 것이 좋다.

166

여기저기 출판사에 이름이 실려 있는 경우

여기저기 출판사에 한 필자의 이름이 중복되어 실려 있는 경우는 가급적 피하는 것이 좋다. 이 경우 문제의 수준이나 유형이 중복될 가능성이 매우 높다. 물론 저작권 문제로 인해, 한 필자의 문제가 여러 출판사에 동시에 실리지는 않는다. 하지만 한번 생각해 보자. 물리적으로 보아도 다수의 출판사에 그 많은 문제를 한 필자가 공급할 수는 없지 않은가. 그렇다면 명확한 것은 비슷한 유형의 문제가 살짝 흐름만 바뀌어 실려 있을 가능성이 높다. 이러한 필자라면 과도한 문제 출제로 인해 상상력은 고갈되어 있기 십상이다. 이 상태에서 더 심각해지면 그 필자는 심지어는 '문제 출제 공장'으로 변할 수도 있을 것이다. 좋은 문제가 나올 리 없다.

물론 한 출판사에 집중한 경우라면 이런 문제를 피해 나갈 수 있다. 한 사람이 한 출판사의 대표 필자 혹은 전문 필자로 그 출판사에만 문제를 공급하는 경우이다.

집필자의 이름이 없는 경우

'○○○출판사 편집부'를 저자로 내세운 경우가 있다. 하등 선택할 이유가 없다. 편집부 안에 있는 사람들이 내부에서 원고를 쓴, 일종의 내고를 했다는 혐의가 짙다. 편집인은 그 역할이 출제자와는 다르다. 그나마 그들이 내고를 했다면 다행이다. 내고를 하지도 않고 자체 출판물

가운데에서 기간이 지난 내용들을 여기저기서 가져다 짜깁기하는 경우라고 보면 틀림이 없다. 무조건 피하는 것이 상책이다.

참고서 활용은 이렇게 하자

① 참고서는 교과서를 공부한 다음 펼쳐 들자

중요한 것은 공부는 교과서 위주로 이루어져야 한다는 점이다. 공부를 하겠다 하면서 참고서부터 펴 드는 것은 어리석은 일이다. 먼저 교과서에 나오는 개념 위주로 철저히 공부해야 한다. 그런 이후에 참고서를 통해 의문 나는 부분과 미진했던 부분을 공부할 수 있어야 한다.

② 연역적인 방식으로 공부하자

연역적인 방법은 모든 공부 방식에 적용된다. 이는 전체 개념이나 아우트라인을 파악한 이후에 세밀하게 공부하는 방식이다. 부모 세대로부터 시작하여 지금도 많은 학생들이 가지고 있겠지만, 『성문 종합 영어』를 예로 들어 보자. 많은 학생들이 앞의 명사 편만 달달 공부하다가 제풀에 지쳐 그만둔 경험들이 있을 것이다. 부모님 세대들도 마찬가지이다. 이래서는 안 된다. 조금 모르는 내용이 나오더라도 일단은 넘어가면서 공부하여 전체를 살핀 후, 다시 세밀하게 살피는 연역적인 방

168

식을 택해야 한다. 그래야만 학습 목표나 학습 방식을 잃지 않고 제대로 공부할 수가 있다.

예를 들어 20시간에 걸쳐 조선시대의 문학 작품들을 망라하는 복습을 한다고 하자. 먼저 5시간은 이미 배운 문학 교과서를 크게 크게 복습하여야 한다. 이후 15시간 중 5시간에 걸쳐 조선시대의 운문문학과 산문문학을 전체적으로 모두 살핀다. 그런 다음 5시간은 운문문학을, 이후 5시간은 산문문학을 한 번 더 깊이 있게 공부하는 방식이다.

③ 한 참고서를 여러 번 볼 것인가? 여러 참고서를 한 번씩 볼 것인가?

우선 1, 2학년 때에는 여러 참고서를 전전하는 것은 절대 도움이 안된다. 각 과목에 필수적인 참고서를 정해 놓고 이를 정밀하게 활용할 수 있어야 한다. 그러려면 참고서 선택에 있어서 명망이 있고, 그 방면에서 우수하다고 정평이 난 책을 잘 선정할 수 있어야 한다. 물론 이 과정에서 자신의 수준과 실력에 맞게 선정하는 일이 가장 중요하다. 이게 어려우면 선생님이나 선배들의 조언을 얻으면 된다. 결국 하나의 참고서를 여러 번 보는 것이 중요하다는 점을 기억하자.

하지만 3학년 때에는 주어진 상황이 다르다. 일단 3학년 수업 시간의 초반에는 거개의 학교가 실전 학습서 교재를 다룬다. 이 교재에 관한 내용은 수업 시간에 집중하여 끝내야 한다. 학교에서 선택한 실전 교재는 학생에 따라 그 수준이 다를 수 있으며, 문제 수준의 완성도도 고르지 않다. 그런 면에서 자신의 수준에 맞고 형편에 맞는, 자신이 아끼고 잘 살펴볼 수 있는 자신만의 교재를 하나씩 지니고 있어야 한다. 그리고 실전 모의평가와 같은 넘기는 8절 문제집은 스스로 2권 이상을 선택하여 샅샅이 풀어야 한다. 일정 정도 문제 풀이량이 쌓여야 실전에 적절히 적용할 수 있다. 다시 말하거니와 3학년 때, 수업 시간의 실전 참고서 교재는 참고서라고 생각하지 말고, 수업 시간에 해결할 수 있어야 한다. 그리고 전·중·후기의 각 기수에 따라 EBS 교재 한 권, 더불어 일반 출판사의 교재 한 권씩을 가지고 제대로 공부할 수 있어야 한다.

수학의 경우, 특히 기본 서적은 여러 번 반복하는 것이 좋다. 한 참고서를 여러 번 보는 것이 중요하다는 말이다. 그래야 수리의 개념이 잘 잡힌다. 학생들의 입장에서 한 가지 표현을 반복해서 보면 개념 이해가 잘 되는데 서로 같은 개념을 다르게 표현하면 혼란을 느끼는 경우가 의외로 많다. 그러기에 하나의 기본서를 확실히 보고 다음에 여러 문제집을 보는 것이 중요하다. 중위권의 학생들이 이러한 방식으로 확실하게 기본을 잡으면 비로소 여러 참고서를 신속하게 보는 단계로 나아갈 수 있다. 기본이 확실히 서게 되면 눈으로만 보고도 문제의 난이도를 구별할 수 있게 된다. 여하튼 핵심의 핵심은 하나의 기본서를 반복해서 확실히 보고 그 다음에 본격적으로 다른 문제집이나 참고서를 보는 것이다.

사교육 활용하기

학원인가, 과외인가, 인터넷 강의인가

필자는 앞에서 공부의 핵심은 자기 주도적인 학교 공부임을 언급했다. 이는 확고히 지켜야 할 대명제이다. 하지만 어느새 사교육이 우리 주변에 무시하지 못할 하나의 큰 흐름을 형성하고 있는 것도 사실이다.

사교육은 잘 활용하면 보약이 될 수도, 잘못 활용하면 맹독이 될 수도 있는 이중적 측면이 있다. 이에 대해 공교육을 담당하고 있는 현직 교사의 입장에서 언급하는 것은 매우 조심스럽긴 하다. 필자는 강남의 세칭 사교육의 메카라고 할 수 있는 도곡·대치동에서 20여 년을 근무하면서 무수한 사교육 현장들을 목격하고 관찰해 왔다. 다소 안타까운 심정을 지니고 이에 대해 언급하고자 한다.

종합반이냐 단과반이냐를 따지기도 한다. 결론적으로 말해 사교육 학습의 내용을 종합 학원에서 혹은 단과 학원에서 보충할 것인가 하는 문제는 학생이 처한 입장과 경우에 따라 각각 다르다.

1, 2학년의 경우, 자신의 성적이 하위권이고 공부 습관에 문제가 있는 학생이라면 종합 학원을 다닐 만하다. 단, 단과 학원까지 등록하여 시간을 허비하는 일은 절대적으로 금물이다. 문제는 학원을 다니되, 학원 생활을 학교생활의 보충으로 삼을 수 있어야 한다. 그러려면 먼저 학교 수업을 충분히 듣고 학원에서 배운 내용에 대해 예습과 복습을 습관화하는 태도가 매우 중요하다. 그런데 문제는 실제로 하위권 학생들을 위한 이런 학원을 찾기가 어렵다는 점이다. 학원들은 일반적으로 진도가 빠르다. 선행 학습을 어느 정도 해 주느냐에 따라, 그 학원의 선호도가 달라지는 경우도 많다. 하지만 잘 찾아보면 하위권 학생들을 위한 학원들이 간간이 있을 것이다. 이 경우 반드시 하위권 학생들을 위한 학원을 찾아야 한다는 점을 잊지 말아야 한다.

이 부류의 학생들이라면 어설프게 과외를 하는 일도 피해야 한다. 이 경우는 공부에 대한 개인적인 욕구와 마음의 준비가 갖추어지지 않은 상태이다. 아무리 좋은 개인 과외 선생과 공부해 보았자 돈과 시간의 낭비에 지나지 않을 가능성이 농후하다. 평판이 좋은 내신 준비 학원을 꾸준히 다니면서 예습과 복습을 충분히 하여야 한다. 그래서 성적을 중위권 이상으로 끌어올리는 일이 가장 중요하다. 당연히 공부는 내신 위주로 해야 한다.

자신의 성적이 중위권이라면 확실하게 공부 습관을 점검해 보아야 한다. 여전히 공부 습관에 자신이 없고, 의존적이라면 종합 학원을 다니더라도 어느 정도 이상의 성적을 기대하기는 힘들다. 의존적 공부 습관이 교정이 되어 자기 주도적 학습 습관이 형성되었다면, 부족한 특정 교과목을 보충하기 위해 단과 학원을 다닐 수 있다. 부족한 과목에 따라 개인 과외를 하는 것도 의미가 있을 수 있다. 단 개인 과외는 확실하게 부족한 과목에 한정해야 한다.

상위권 학생이라면 단과 학원이나 인터넷 강의를 권하고 싶다. 혼자 공부해도 되는 것은 자신 있게 혼자 하라. 자신이 지닌 주도적 학습 능력을 극대화시키기 위해서 최선을 다해야 한다. 다시 언급하겠지만 학습 계획은 매우 면밀하게 세워야 한다.

하나 3학년이라면 어느 경우를 막론하고, 종합 학원에는 의존하지 말아야 한다. 시간 낭비를 할 가능성이 매우 높기 때문이다. 학교에서의 수업량과 자신이 소화해야 할 공부량을 잘 살펴보아야 한다. 우선은 학교 수업에 최선을 다하면서 아울러 부족한 과목에 한해 단과 학원과 인터넷 강의를 적절하게 활용할 수 있어야 한다.

수리영역의 경우를 생각해 보자.

이 영역은 다른 영역에 비해 문제 풀이의 비중이 높고 문제의 난이도나 심화 수준이 시험에 따라 다양하게 나타난다. 2009학년도의 수능시험은 수리영역이 전체 성적을 결정할 정도로 난이도가 높아졌다. 그러니 학생들은 앞으로도 수능의 수리영역을 철저히 대비해야 한다. 수학은 학생별로 수준 차이가 크기 때문에 학교 수업만으로 이를 모두 해결하기에는 무리가 많다고 말하는 사람들이 있다. 따라서 인터넷 강의나 학원, 과외 등을 병행하는 경우도 많다. 다만 이럴 경우에라도 수동적이 아닌 능동적으로 참여할 수 있는 수업 분위기를 만들어야 한다. 곧 자기 주도적인 학습이 매우 중요하다. 학생들은 학원을 다니더라도 수업이 끝난 후 수업 내용이나 문제 등을 질문하여 자신의 것으로 만들어야 한다. 인터넷 강의의 경우는 강의 게시판을 통해서라도 의문점은 반드시 해결하고 넘어가는 집요함이 필요하다. 과외 등 개인 수업을 하더라도 단순히 시키는 대로 무조건 따라갈 것이 아니라 반드시 능동적으로 질문하고 물어봐야 자신의 지식으로 만들 수 있다. 학생의 능동성을 중시하지 않는 그런 과외 선생의 수업이라면 바로 그만두어야 한다. 선행 학습을 위한 수학 강의 역시 복습이 뒤따르지 않으면 소용이 없다.

아울러 중요한 것은 기본기가 바탕에 깔려 있어야만 발전된 개념들을 이해할 수 있다는 점이다. 그러니 자신의 현재 상태에 맞는 적절한 수준의 강의를 선택해야 한다. 기본기가 부족한 상태에서 과도하게 선행된 과정을 수강할 경우, 눈으로 문제를 푸는 방법만 익히고 마는 불안한 상태에 빠질 위험이 크다. 학생들도 학부모도 이 말에 모두 동의

할 것이다. 눈으로 문제를 푸는 것은 결코 자신이 푼 진정한 실력이 아니다. 이는 실전시험에서 아무런 도움이 되지 않기 때문이다. 문제 풀이 과정뿐만이 아니라 문제조차도 술술 외울 정도로 충분하고도 확실하게 자신이 생긴 다음에야 다음 단계로 넘어가는 주도면밀함이 필요하다.

영어 문법을 정리할 때에는 학원 강의를 적절히 활용하면 도움이 된다. 영어 문법은 혼자서 책과 씨름만 할 경우 어떤 문법 요소가 중요한지 혹은 문장의 구조가 문법적으로 어떻게 이루어져 있는지를 파악하는 데 시간이 많이 걸리는 어려움이 있다. 따라서 인터넷 강의나 단과 학원의 강의 등을 2회 정도 반복 수강하면서 문법을 입체적으로 공부하면 좋다.

전반적으로 보아 학원 강의를 들을 경우, 단지 학습적인 부분뿐만 아니라 동기부여나 학습 상황에 대한 체크 등을 적극적으로 관리하는 강의를 수강해야 도움이 된다. 학생이 학습에 대한 의지가 낮거나, 학습 상황이 안정적이지 못한 경우는 특히 유의해야 한다. 수강생의 학습 태도에 대한 관리나 조언 없이는 학원 수강이 큰 효과가 없기 때문이다. 따라서 학업 성취도가 낮은 학생일수록 이런 부분에 대한 도움을 적극적으로 병행하는 강의를 수강하도록 해야 한다.

자신과 비슷한 수준의 학생들과 선의의 경쟁을 하기 위해서 학원을 수강하는 경우도 의외로 도움을 얻는다. 수준이 비슷한 소수 정예의 우등생 그룹에서 이루어지는 예이다. 이것은 다만 공부 내용을 배우는 것에서 발전하여 서로 도움을 주고받을 수 있는 건강한 러닝메이트 관계가 유지되었을 때에라야 비로소 가능한 일이다. 자신의 위치를 고민해 보지 않고 혼자서 막연히 공부하는 것보다 많은 것을 얻을 수 있다.

고액 과외, 필요한 경우가 있는가

과외가 고액이어야 할 필요는 없다. 가끔씩 학생들과 상담을 할 때 고액 과외를 하고 있는 경우를 알게 된다. 과외 선생님들은 대부분 학원의 강사이다. 그런데 문제는 진짜 필요한 학생이 이러한 고액 과외를 받고 있는 경우는 많지 않다는 점이다. 단지 성적이 나쁘다는 이유 하나만으로 필요성 여부에 대한 점검 없이 과외가 이루어지는 경우가 많다. 한데 생각해 보자. 자신이 주체적인 공부를 할 준비가 되어 있지 않은데, 이렇듯 떠다 먹이는 공부가 무슨 의미가 있겠는가. 그러기에 이런 경우의 고액 과외는 성적 향상을 이루어내지 못하고, 주어진 상황을 그저 연명하게 할 뿐이다.

수학의 경우를 예로 들어 보자.

수학은 영어나 국어에 비해 비교적 고액 과외가 암암리에 이루어지는 영역으로 알고 있다. 하지만 이러한 현상과는 달리 사실상 수학은 과외를 통해 적절한 효과를 보기가 절대로 불가능한 영역이다. 일주일에 두 번씩 과외를 해서 수학을 잘할 수 있는 학생은 그리 많지 않다. 수학을 배우고 이해했다고 해서 그 수업이 완성되는 것이 아니다. 제대로 된 과외라면 선생이 숙제를 내 주면, 학생은 그것을 반복적으로 정확하게 풀어야 한다. 그리고 과외 선생은 이 검사를 다 할 수 있어야 한다. 이래야 효과가 있다.

고액 과외 선생이 이러한 과정을 감당해 줄 수 있겠는가? 과외를 해서 긍정적인 상승 작용을 이끌어 내려면 학생은 많은 숙제를 다 이해하고 충분히 공부할 수 있어야 한다. 한데 문제는 이런 학생이라면 고액 과외가 필요 없다는 것이다. 결국 수학을 공부하려는 의욕 있는 학생에게만 과외 교사가 필요하다. 그런데 그런 의욕이 있는 학생이면 스스로 공부할 능력도 있다. 결국 능력 있는 학생은 과외가 크게 필요하지 않고, 능력이 없는 학생도 의욕이 있기 전까지는 과외가 필요 없다는 결론이 나온다.

그러니 고액 과외가 효과가 있을 리 없다. 만약 수학 과외에서 학생이 효과를 보려면 결론은 하나이다. 과외 선생은 그 학생에게 매달려서 많은 시간을 투자할 수 있어야 한다. 그런데 현실적으로 보아 그렇게 시간을 투자하는 과외 선생이란 거의 없다. 의욕이 있고 충분히 열심히 하는 학생만 과외가 필요하다. 그것도 초반에 개념을 이해하는 정도만 필요하다.

단적으로 살펴보자. 의욕은 있으나 성적이 나쁜 학생이라면 과외 선생이 곁에 붙어 장시간을 투자해야 한다. 그런 과외가 아니라면 이 학생에게 과외는 사실상 의미가 없다. 만일 의욕도 없고 생활 태도도 나쁜 학생의 경우라면 (당연히 성적이 나쁠 것이다.) 과외가 전혀 필요 없다. 오히려 학생의 생활이나 마음을 들여다보는 상담이 먼저 이루어져야 한다. 그러지 않으면 학생들과 과외 선생이 서로 피곤해질 뿐이다.

또 하나의 경우가 있다. 수시를 앞두고 혹은, 수능 이후에 암암리에 성행한다는 고액 과외이다. 경우에 따라 반짝 효과를 볼 수도 있겠다. 문제는 그러한 급박한 경우라면 학생들이 바짝 집중력이 오른 상황이기에 혼자 공부를 해서도 일정 효과를 볼 수 있다는 것이다. 결국 효과에 비해 돈을 지나치게 들이는 결과를 낳을 수 있다.

그러니 결론적으로 말해 학생들과 학부모들은 어떤 경우에도 고액 과외의 유혹에 흔들리지 말 것을 권하고 싶다. 만일 고3의 경우, 고액 과외의 유혹을 느낀다면 그 돈으로 여름 방학에 수시를 대비하는 전문 학원이나 수능 이후에 논술 학원을 찾는 것이 여러 모로 현명할 것이다.

인터넷 강의는 어떻게 들을 것인가

① 시공간의 제약을 뛰어넘는 온라인 강의

방송이나 온라인 강의의 활용도가 매우 높아지고 있다. 학습 방식의 새로운 풍속도로 최근 확고히 자리를 잡고 있는 것 같다. 확실히 인터넷 강의는 나름대로 용이성이 있다. 시간과 공간의 제약이 없고, 비용 면에서도 오프라인 학원 강의에 비해 비교적 저렴하게 이용할 수 있다. 또한 학습의 취약한 부분을 반복해서 공부할 수도 있다.

반면 단점도 많다. 시공간의 제약에서 벗어나다 보니 학생들이 산만한 마음가짐을 지니기 쉽다. 컴퓨터를 활용하는 경우인지라, 더욱 그렇다. 학생들이 컴퓨터 앞에서 인터넷 강의와 사적인 메신저를 동시에 열어 놓는 경우가 많다. 인터넷 강의를 효율적으로 활용하기 위해서는 인터넷의 흐름에 지배되지 않는 공부 태도가 필요하다. 인터넷 강의에 들어가기 전에 친구들과 메신저를 열어 메시지를 주고받고, 강의를 들은 후에 싸이 홈페이지를 방문하여 세칭 '싸이질'을 하다 보면 인터넷 강의의 내용은 뒷전이 된다. 이러니 많은 경우 부모들이 학생들의 인터넷 강의에 대해 부정적인 생각을 갖게 된다.

여하튼 다시 반복하거니와 인터넷 강의는 그것을 활용하는 학생의 주체적 노력에 성패가 달려 있다는 점을 명심해야 한다. 유명하다는 인터넷 강의를 생각 없이 신청했다가, 부모나 학생 모두 학업 관리에 실패하여 시간만 낭비하고 제대로 효과를 보지 못한 경험을 다들 지니고 있을 것이다.

학부모의 입장에서 보자면 인터넷 강의는 학생들의 학습 성취도에 대한 신뢰를 전제로 하여 판단해야 한다. 물론 학생들의 학습 성취도가 높다면 인터넷 강의의 효과를 믿어도 된다. 그런 학생들은 주체적으로 학습할 것이고, 학습이 주체적이면 당연히 학습 성취도가 다시 높아진다. 하지만 그렇지 않은 경우라면 부모의 통제와 간섭이 반드시 필요하다. 컴퓨터로 접속하여 인터넷 강의를 듣는 것을 금하고, PMP 같은 휴대용 멀티플레이어를 사용하게 하는 것도 한 방법이다. 물론 여기에 다운로드할 강의 내용은 학생과 부모가 상의하여 결정하면 된다. 부모는 PMP에 학습 내용 이외의 영화나 음악 파일 같은 것이 들어가지 않도록 유의하여 관리해 준다.

온라인 학습 사이트는 아직까지 쌍방향 학습에 어려움이 있으며, 수험생 중심의 학습보다는 강의자 위주의 학습이 될 수밖에 없다는 명백한 한계를 지닌다. 그러나 인터넷 강의를 취약한 과목을 보충하고 의문점을 해결하는 수단으로 적절히 이용할 수만 있다면 수험생들에게도 많은 도움이 된다. 또한 활용도 여하에 따라서는 짧은 시간 내에 소기의 학습 효과도 기대할 수 있다. 하지만 혼자서 화면을 보면서 공부해야 하기 때문에 인내와 절제가 뒤따르지 않으면 지속될 수 없다는 점을 학생이나 학부모 모두 명심해야 한다. 따라서 인터넷 학습은 어느 정도 학업 성취도가 뛰어난 수험생이 자신의 실력을 점검해 보는 데 탁월한 효과를 발휘할 수 있다. 하나 학생들의 학습 성취 정도에 따라서는 부모의 통제와 간섭이 반드시 필요한 부분이기도 하다는 점을 명심해야 한다.

② 좋은 강사, 좋은 강의를 구분하자

온라인 강사나 오프라인 강사를 정할 때는 좋은 강사를 확인하는 것보다는 좋지 않은 강사를 피하는 방법이 보다 효과적일 수 있다.

일단, 출신 대학보다는 전공을 따져 보아야 한다. 대학이야 대부분 세칭 SKY대 출신이다. 하지만 필자가 아는 제대로 된 강사는 H대 출신이었다. 학력은 부풀려져 있는 경우가 많아 어쨌든 대학보다는 전공을 제대로 이수했는지 여부를 확인해야 한다는 말이다. 심지어는 학부에서 독문학을 전공한 강사가 언어영역을 가르치는 경우를 본 적이 있다. 이러면 제대로 된 강의가 나올 수 없다.

학생들이 EBS 강사 출신이란 말에 솔깃해하는 것 같다. 하나 EBS 강사 출신이라는 사실에는 별반 신경 쓸 필요는 없다. 물론 그렇지 않은 경우도 있겠지만, EBS 강사 출신이라고 해서 더 나은 강의를 한다는 보장이 없기 때문이다. 일선 현직 교사로 있다가 EBS 강사를 거쳐 사교육 시장으로 나온 사람이 애초부터 사교육 시장에 있던 사람보다 더 상업적일 수 있다. 상업적인 성향이야 어쩔 수 없다지만, 잡지 인터뷰를 통해 "공교육의 붕괴 현상을 더 이상 볼 수 없어서 사교육 시장으로 나왔다."는 식의 황망한 궤변을 흘리며 사람을 혼란스럽게 하는 경우도 보았다. 이런 강사일수록 언론플레이에 치중하는 성향이 강한 만큼 그들의 허명을 믿어 줄 필요는 없다. 결론은 EBS 강사 출신이라고 해서 강의 수준이 더 나을 것은 없다는 사실이다.

또한 인터넷 강의를 신청하여 들을 때, 학생들이 간과하는 부분이 있다. 학생들의 입장에서는 쉽게 파악되지 않는 부분이기도 하다. 인터넷 강의 수준은 결코 그 교재의 수준을 넘어서지 못한다는 사실이다. 그러기에 무료 강의의 경우 강사는 어찌어찌하여 넘어갈 수가 있지만, 강의 교재가 형편없이 부실한 경우는 그냥 넘기기가 어렵다. 생각해 보자. 강의 교재가 엉터리인데 어떻게 좋은 강의가 나올 수 있겠는가. 제대로 된 강의는 오히려 유료 강의에 드러나는 경우가 많다. 유료 강의의 특정 강사들은 인터넷 강의 자체를 위해 승부를 건다. 출제자를 따로 두어 돈을 지불하고 좋은 문제를 개발하고, 그렇게 만든 교재를 바탕으로 그 강의 내용을 전달하기 위해 최선을 다한다. 이렇게 되면 좋은 강의가 나온다. 그런 만큼 강의 교재가 부실하기 쉬운 무료 강의에 너무 솔깃하지 않는 것이 좋을 성싶다.

학생들이 메가스터디 강의를 많이 듣는 것 같다. 하지만 문제는 강사들의 강의 실력에 편차가 많다는 사실이다. 정확히 말해 그들 중 몇몇의 강의가 좋은 것이다. 예컨대 언어영역의 경우라면 상위권 학생은 최선묵 강사의 강의가, 중위권 학생은 이근갑 강사의 강의가 호평을 받고 있다.

③ 온라인 학습을 효과적으로 하는 핵심 포인트

온라인 학습을 효과적으로 활용할 수 있는 핵심 포인트는 다음과 같다.

첫째, 위에서도 말했지만 인터넷 강의는 교재의 수준을 면밀하게 살펴야 한다. 맛보기 강의보다는 주변에 그 강의를 듣고 있는 학생이 있다면 교재부터 먼저 확인해야 한다. 남의 교재 내용을 편집 짜깁기해서 급조한 교재를 사용하는 강의는 피해야 한다. 예컨대 이런 경우이다. 교재 안의 내용들 간에 유기성이 부족하고, 사용되는 문체도 일관성이 없으며 숫자 기호나 부호 사이의 일관성도 없다. 유형이 오래 지난 문제라든가, 같은 제시 지문이 반복적으로 나오는 경우도 있다. 또한 문항의 답지들은 서로 부딪히기 일쑤이며 성립되지 않는 문제도 있다. 이런 교재라면 제본 및 인쇄조차도 엉성하여 강의의 수준이 한눈에 보이게 마련이다.

출판 등록이 된, 제대로 된 교재를 가지고 강의하는 내용을 수강해야 한다. 세월에 풍화되지 않은 생명력으로 많은 학생들에게 높은 인지도를 획득한 교재라면 믿을 수 있다.

둘째, 효과적인 학습이 이뤄지려면 먼저 주도면밀한 계획표 작성이 필수적이다. 사이트 진도에 맞춰서 계획표를 작성하고 반드시 그 계획표대로 진행해야 한다. 계획에 따라 정해진 시간에 시청해야 한다. 철저한 계획이 없으면 컴퓨터 앞에서 어영부영하다 끝나고 만다. 집중력 없이 시간을 연장하며 컴퓨터 앞에 앉아만 있는 것은 금물이다. 평일에는 한두 시간, 주말이라도 서너 시간 이상 강의를 시청하면 집중력이 많이 떨어진다. 따라서 미리 계획을 세우고 정해진 시간 안에 반드시 시청을 완료하겠다는 의지로 시작해야 효율성과 집중력을 유지할 수 있다.

셋째, 수준에 맞는 학습 사이트를 선택해야 한다. 너무 난이도를 높여 무리하게 수강하거나 너무 쉬운 내용을 듣느라 시간을 낭비해서는 안 된다. 문제를 풀어 보아 이미 다 알고 있는 내용이라면 굳이 강의를 수강할 필요가 없을 것이다. 특히 유료 사이트의 경우라면 샘플 강의를 들어 본 후에 신청해도 늦지 않다. 마음에 들어서 시작했다 하더라도 중도에 맞지 않으면 바로 그만두는 것이 좋다. 돈이야 어쩔 수 없어도 시간마저 빼앗겨서는 안 되기 때문이다.

넷째, 학습 성취도의 정도에 따라 인터넷 강의 수강 방법을 정한다. 학습 성취도가 높은 학생이라면 과목 선정과 수강 방식을 스스로 선택해도 된다. 하지만 그렇지 않은 경우라면 부모의 통제와 간섭이 반드시 필요하다. 부모와 상의하여 수강 과목을 정하고 수강 방식도 컴퓨터를 제한적으로 사용할 것인가, PMP를 사용하여 부모가 다운로드를 받아 줄 것인가를 정한다.

다섯째, 반복이야 가능하겠지만 일단 시작하면 한 번에 해결할 수 있도록 최대로 집중력을 키워야 한다. 반복해서 듣겠노라고 생각만 하고 넘어가면 안 된다. 학습 도중에 모르는 것이 있으면 질문 코너와 자료실을 최대한 활용한다. 반드시 진도 내용이 밀리지 않아야 한다. 아주 조금씩이라도 그날 할 것은 그날 확인해서 끝내야 한다. 하루 이틀 학습 내용이 밀리게 되면 돌아보지 않게 되고, 돌아보지 않게 되면 그 교과에 대한 학습 흥미가 떨어진다는 사실을 명심해야 한다.

이렇듯 인터넷 강의는 학습 면에서는 편리하지만, 자기 스스로의 습관이나 훈련이 없다면 결코 만만치 않은 학습 매체라는 사실을 알아야 할 것이다.

수학의 삼각함수가 취약한 경우, 과외 수업을 받는다면 선생님께 여쭤 보면 되겠지만, 인터넷 강의나 학원 수업은 개인 수업이 아니라 그렇게 하기가 어렵다. 항상 '나중에'를 반복하다가 흐지부지 끝나게 된다. 그런 만큼 인터넷 강의도 학원 수업처럼 시간과 요일을 정해 놓고 규칙적으로 들어야 한다. 이때 전술한 것처럼 학습 성취도가 부족한 학생의 경우라면 인터넷 강의 시간을 부모님이 반드시 알아야 한다. 부모님을 통해 강제성을 부여받는 것이 필요하다.

5장
논·구술
실전 노하우

논술 준비, 평소 습관에 달려 있다

2009년 논술은 끝나지 않았다

논술은 말 그대로 '논리적으로 말하는 기술'이다. 따라서 2008학년도 대입 수시에서 출제된 문제가 '통합적인 사고를 묻는 논술'이라는 의미의 '통합 논술'을 지나치게 강조한 것은 '논술'의 기본을 도외시한 것이라고 할 수 있다.

마찬가지로 이제껏 '논술'하면 통합 논술의 중요성만 강조해 언급하곤 했다. 한동안 논술 학원의 유명 강사들이 제시문에서 어떠어떠한 요소를 찾아 논제에 맞게 써야 좋은 평가를 받을 수 있는지를 다투어 강조한 적이 있다. 그러더니 새 정부가 들어서면서 언제 그랬냐는 듯이 통합 논술 쓰는 법에 대한 얘기가 쏙 들어가 버렸다.

여기서 우리가 한 가지 잊지 말아야 할 것이 있다. 통합 논술이라는 개념에 지나치게 매달리지 말아야 한다는 점이다. 예전부터 정시 논술에 출제된 여러 개의 다양한 지문들을 통해 이미 통합 논술의 개념은 시행되어 온 바가 있기 때문이다. 다만 순발력 테스트 식으로 제시문에서 어떤 관계 요소를 찾아야만 논제에 대응할 수 있는 유형의 통합 논술을 선보인 적이 더러 있었다. 이 경우 학생들이 제시문에서 관계 요소를 찾지 못하면 글쓰기는 한 발짝도 나아갈 수가 없다. 이는 적절한 의미에서 올바른 논술 쓰기라고 할 수 없다. 정확한 의미에서 논술은 논리적인 글쓰기에 대한 측정이 선행되어야 하기 때문이다.

지난 3월에 발표된 2009학년도 대입 전형은 학생들의 오해를 사기에 충분한 내용이 포함되어 있었다. 바로 정시모집에서 상위권 대학을 제외하곤 많은 대학들이 논술을 폐지한다는 것이다. 학생들이나 학부모들은 이 대목에 방점을 찍고 "이제 논술 준비는 하지 않아도 되겠구나." 하고 안심할 법도 하다. 하지만 필자는 이는 정말로 '오해'이고 '대입을 잘못 파악한 것'이라고 말할 수밖에 없다. 왜냐하면 올해 입시에서는 정시모집보다 수시모집으로 수험생을 뽑는 전형이 더 많아졌고, 이 수시에서는 거의 예외 없이 논술을 보기 때문이다. 또한 대학들은 수험생들의 변별력을 가리기 위해 수시 '논술'에 상당히 고난이도의 문제를 출제할 확률이 높고, 논술이 수시 합격을 좌우하는 잣대가 될 것이 틀림없다.

어디 이뿐이랴. 정시모집에서도 주요 대학서울대, 고려대 인문계, 이화여대, 연세대 인문계, 인하대 등이 많게는 30%에서 적게는 10%까지 논술 점수를 반영

할 예정이다. 그런 의미에서 일단 현재의 입시제도에서 논술 준비는 인문계 학생들에게 더 큰 과제로 다가갈 가능성이 크다. 일단 학생들이 오해하지 말아야 할 것은 논술의 영향력이 줄어든 것이 아니라 오히려 더 강화됐다는 점이다. 대학 입학 전형의 50%가 넘는 인원을 수시로 선발하기 때문이다.

〈2009학년도 입시 주요 대학 수시 전형 논술 반영 비율〉

대 학	전형 유형		전형 요소별 반영 비율(%)	
			학생부	논술
건국대	수시 2-1 〈논술우수자〉			100
숙명여대	수시 2-1 〈논술우수자〉		1단계: 100(10배수)	대학별 고사: 100
경희대	수시 2-1 〈교과우수자1〉	우선선발(30%)		100
		일괄합산(70%)	40	60
서울대	〈특기자〉(인문계열, 사범대 인문)			대학별 고사: 20
인하대	수시 2-1, 2-2 〈논술우수자〉	우선선발		100
		일반전형	50	50
경기대	수시 2-2 〈일반학생〉		50	50
고려대	수시 2-2	우선선발	1단계: 100(15배수)	대학별 고사: 100
		일반전형	교과40	60
아주대	수시 2-2 〈일반전형〉		1단계: 100	
			대학별 고사: 인문·의학 – 학생부60 + 면접10 + 논술30 자연 – 학생부70 + 논술30	
이화여대	수시2 〈일반전형〉		40	60
연세대	수시2-2 〈일반우수자〉	우선선발	교과16 + 비교과4	80
		일반전형	교과40 + 비교과10	50
명지대	수시2-2 〈일반학생우수자〉(나)		50	50(인문)
중앙대	수시2-2 〈논술우수자〉(25%)		40	60
한국외대	수시2 〈외대 프런티어1〉		60	40
	수시2 〈외대 프런티어2〉		60	1단계: 100
				2단계: 50

출처 : 서울시교육청 진학지도 자료집

이 점에서 최상위권 대학의 정시를 준비하는 수험생들이나 수시를 준비하는 수험생들은 논술 준비에 한 치의 소홀함도 없어야 한다.

반면에 자신이 평소 모의평가에서 대체적으로 평균 4등급을 넘어가는 경우라면 논술보다는 내신 관리와 수능 준비에 전념하는 것이 좋다. 이 범위에 속하는 학생들이라면 인·적성검사나 구술 면접고사도 평소에 잘 준비해 두어야 한다.

기간을 정해 놓고 논술 쓰는 방법을 배우며 연습하는 것도 좋은 방법이다. 그러나 논술의 기술적인 측면은 단기간에 배울 수 있지만 그 이후에는 누가 더 많은 배경 지식을 지니고 있으며, 그것을 얼마나 논리적으로 풀어 갈 수 있는지가 논술문 내용의 차이를 만들어 낸다는 점을 기억해야 한다. 곧 평소의 독서 경험을 통해 깊이 있게 쌓아 온 배경 지식들이 훌륭한 논술문의 기반을 이룬다는 것이다.

학교의 논술 지도, 달라지고 있다

논술은 테크닉에 의한 글쓰기인가? 사실상 그렇다. 그런데 문제는 이 테크닉은 준비한 자에게만 생겨난다는 점이다. 논술 쓰기의 본바탕은 다방면의 읽기, 그중 특히 고전 읽기와 연관된다. 평소 독서량이 중요한 역할을 한다는 말이다. 그렇다고 해서 "나는 독서량이 부족하니 노력해도 불가능하구나.”라며 오해하여 받아들이지는 말자. 요즘의 고등학교 생활은 학생이 다량의 독서를 할 수 있는 환경이 아니기 때문이다. 그렇다면 결론은 명확하다. 학교 현장에서의 능동적인 독서 지도가 매우 중요해진다. 거개의 경우 학교에서는 국어과 선생님들을 위주로 하여 타교과 선생님들이 연합되어 있는 형태로 독서에 관해 체계적으로 준비하고 훈련시킨다. 숙명여고의 경우만 해도 독서 과제가 끊임없이 부과되고 있으며, ‘독서 위원회’가 조직되어 학생들의 독서를 위해 연구를 하고 있다.

단위 학교에서의 독서 지도는 사실 추상적이고 형식적으로 흐를 가능성이 크다. 그런 만큼 학교에서 독서 교육을 위해 ‘독자적 방식’을 개발하여 진행하고, 체계적 프로그램으로 활성화시키는 것이 매우 중요하다. 결국 학교의 준비, 교사의 성의 있는 지도와 학생의 능동적 참여를 조화시키는 방향이 핵심이다.

이제 입학하게 된 1학년 학생들의 독서 과제와 연관한 사례를 다음의 도표를 통해서 살펴보자.

학생들이 이러한 프로그램을 꾸준하게 따라가면 일정한 독서량이 확보될 수 있다. 부과된 독서 과제와 보충 과제의 읽을거리만 따라가도 적지 않은 독서량을 쌓을 수 있다는 말이다. 게다가 신문, 잡지와 같은 읽을거리에 흥미를 가지면 요긴한 대비가 될 수 있다.

〈숙명여고 독서 지도 프로그램〉

1학년

	시기	평가 단원	점수	평가 방법	평가 기준	반영 시기
1학기	3월	필독 도서 《삼국유사》 평가	10점	감상문 평가 내용 이해도 평가 창의적 글쓰기 평가	이해도 평가 7점 감상문 평가 3점	1학기 중간고사
	4월	국어(상) 5단원 〈능동적인 의사소통〉	5점	말하기 평가 (대본 평가 및 개인 발표 평가)	말하기 대본 평가 2점 제한 시간 3분 1점 준비도 및 성실성, 어조, 성량 등 1점 내용의 짜임새, 청중 호응도 등 1점	1학기 중간고사
	6월	독서 노트	10점	감상문 평가	감상문 유무 5점 성실성 유무 5점	1학기 기말고사
			25점			총25점
2학기	9월	한국 중단편 소설 10작품	10점	감상문 평가 내용 이해도 평가 창의적 글쓰기 평가	이해도 평가 7점 감상문 평가 3점	2학기 중간고사
	11월	국어(하) 7단원 〈춘향전〉	5점	비평적 영상물 감상 (영화 보고 비판적 글쓰기)	이해도 평가 2점 주장의 타당성 및 논리 평가 2점, 글쓰기 규범 1점	2학기 기말고사
	12월	독서 노트	10점	감상문 평가	감상문 유무 5점 성실성 유무 5점	2학기 기말고사
			25점			총25점

출처 : 서울시교육청 진학지도 자료집

요즈음에는 각 출판사에서 고등학생들을 상대로 여러 분야별 읽을 거리를 묶어 시리즈로 만든 책들이 많이 나와 있다. 더 나아가서는 논술의 소재별로 중요 부분을 발췌한 논술 대비용 책자도 쉽게 확인할 수 있다. 이제 노력은 각자 학생들의 몫으로 남는다.

인문계 논술은 사탐 교과서 이해를,
자연계 논술은 과학개념의 수학적 풀이를

앞서도 잠깐 언급했듯이 대부분의 대학들에서 이루어지는 최근 논술의 출제 경향은 교과서 내용에 기반을 둔 통합 교과형이다. 교과서 밖 지문도 출제되긴 하지만 출제 범위가 고등학교 교육 과정을 이수한 중위권 학생들의 교양 수준을 크게 벗어나지 않는 경우가 대부분이다. 교과서 밖 지문을 사용한 경우라도 논술 출제자가 묻고자 하는 것은 함께 제시된 교과서 지문과 유사한 수준의 사고력이라고 할 수 있다. 따라서 이 경우의 통합 교과형 논술은 결과적으로는 특별한 분야의 심화 수업에 익숙한 학원 치중형 학생보다는 평소 교과서 공부와 학교 수업을 충실히 들어서 교과서의 기본개념에 익숙한 학생들에게 유리한 시험이 된다.

일부 학생들의 경우, 학교에서 시행하는 독서 프로그램이나 논술 지도는 잘 따라하지 않고 사교육으로 해결하려는 경향을 종종 보게 된다. 이는 대단히 어리석은 일이다. 공부법이 효과적이지도 못하거니와 그 결과 또한 신통치 않은 경우가 많기 때문이다. 사교육에서 가르치는 것은 글쓰는 기술이지 논술에 대한 이해를 바탕으로 한 논술 쓰기가 아닌 경우가 많다. 논술에는 모범 답안이 있을 수 없다. 다만 잘 쓴 글이 있을 뿐이다. 무엇보다도 논술은 학생 개개인의 독창적인 사고와 논리적인 주장이 기본이 돼야 좋은 점수를 얻을 수 있는 것이다. 학원에서 주로 제시하는 모범 답안을 외우기에 급급한 그런 학습 방법으로 논술을 해결하려고 하는 것은 근본적으로 사고력을 향상시키는 데 효과적이지 못하다.

강남의 H고등학교에서 연세대 수시에 50여 명이 지원한 일이 있었다. 그런데 결과는 한 명의 합격자도 내지 못했다. 이 학생들은 대부분 한 달에 수십만 원씩 하는 논술 학원을 다녔다고 한다. 논술 답안지를 채점했던 한 교수의 평가가 이들이 왜 하나같이 낙방의 고배를 들 수밖에 없었는지 여실히 말해 준다.

"문제는 답안들이 획일적이라는 점입니다. 시사 내용을 활용한 일률적인 서론과 결론이 눈에 뻔하게 보입니다. 단기간에 외우는 방식으로 학습한 냄새가 너무 풍겨요. 단언하건대 그중 읽어 볼 만한 답안은 10%도 안 됩니다."

대학에서 그토록 강조해 마지않던 '통합 교과형 논술'은 거개가 사회탐구 교과서에 나오는 지문들이다. 사회탐구 교과서의 다양한 개념들을 여러 개 제시해 유기적인 관계를 묻고 이를 기반으로 한 사고력과 독창적 작문을 요구하는 문제들이 대부분이었다. 따라서 평소에 사회탐구 과목의 주요개념들을 제대로 이해하고 일목요연하게 정리해서 자신의 것으로 완전히 소화해 내는 일이 중요하다. 그러지 못한 학생들은 논술문제가 무척 낯설고 어렵게 느껴질 수밖에 없었을 것이다.

따라서 사회탐구 교과서의 다양한 개념을 도출해 문제를 내는 최근의 논술을 잘하기 위해서는 교과서 개념과 원리를 완전하게 이해하는 것이 우선이다. 이러한 개념들이 어떻게 실생활에 응용되고 실용화되는지를 잘 파악해 논리적이고 독창적인 주장을 펴는 것이 중요하다. 여기에 언어영역 중 비문학 제재에 나오는 인문사회계통의 제시문들도 논술에 출제되는 제시문과 연관성이 높다. 따라서 언어영역의 주요개념도 잘 정리해 둘 필요가 있다. 주요개념을 바탕으로 주제를 찾거나 요약하는 연습을 하게 되면 언어영역 준비가 곧 논술 준비도 될 수 있는 것이다.

일선 학교에서 정기시험에 서술 논술형 문제를 통합적으로 잘 개발하면 그 자체로 학생들에게 논술 준비를 시키는 셈이 된다. 다음에 이어지는 문제는 숙명여고에서 2008년 3학년 사회문화의 1학기 기말시험으로 출제된 것이다. 출제된 문제를 기반으로 필자가 다소 변형하였는데, 기본적으로는 사회문화, 교육, 언어 등이 통합적으로 제시되어 있는 문제라고 볼 수 있다.

※ 제시문을 읽고 물음에 답하시오.

(가) 우크라이나의 옥사나 말라야Oxana Malaya는 4세 때부터 개들과 함께 5년을 지냈다. 알코올 중독인 부모가 한밤중에 아기를 밖에 내놓았는데 따뜻한 곳을 찾던 옥사나는 개 사육 오두막으로 기어 들어가 그곳에서 살기 시작했던 것이다. 이웃들의 신고로 1991년 발견될 때까지 옥사나는 개들과 똑같은 행동을 하며 생활했다. 옥사나는 보통 사람과 똑같은 외모이지만 어릴 적 익혔던 습성이 아직 몸에 배어 있다. 언제든 개처럼 네 발로 뛰고 크게 짖거나 낑낑거리는 소리를 낼 수 있다. 그녀는 남자 친구에게 이런 모습을 보여 주었다가 절교를 당했다. 옥사나를 진단한 아동 심리학자는 그녀가 6세 어린이의 지적 능력을 지닌 것으로 판정했다. 또 교육을 받았지만 글을 읽을 수 없으며, 손목시계를 자랑스럽게 생각하지만 시계를 보지는 못한다는 점을 지적하였다.

(나) 1차 세계대전 후 1920년 인도 뱅갈 지방의 늑대굴에서 늑대에 의해 양육된 것으로 보이는 두 소녀 아말라Amala와 카말라Kamala가 발견되었다. 둘 다 기어 다녔고, 음식은 혀로 핥아 먹었으며, 밤에 일정한 시간이 되면 세 번씩 짖어 댔다. 1년이 채 안 되어 아말라가 병으로 죽자 카말라는 6일 동안을 먹지 않고 울었다. 그후 카말라에게 말을 가르치려고 노력했는데 약 4년 동안에 45개의 단어를 습득시키는 것으로 끝났고 그후 얼마 안 있어 카말라도 병으로 죽었다.

(다) 촘스키N. Chomsky는 인간의 언어가 갖는 인간의 정신과의 관계에 특히

문제) 인간 사회화의 특성에 있어 (가)와 (나)의 입장이 지닌 공통점과 차이점을 확인하고, (다)의 입장이 지닌 한계에 대해 서술하시오. (10점)

모범 답안) (가), (나)의 상황으로 보아 기본적인 인간의 사회화에는 중요한 결정적 시기가 있음을 알 수 있다. 두 경우 모두 이러한 시기를 놓쳤기에 문제가 발생하였다. 결국 사회화를 위한 교육이 중요한 과제로 대두될 수 있다. 하지만 그 시기에 있어서는 차이가 있다. 옥사나는 4세 이전에 유아 교육을 받았으나, 아말라와 카말라의 경우는 일생 동안 전혀 교육을 받지 못했다. 그런 점에서 (다)의 촘스키와 그의 제자들이 4세까지로 LAD언어 습득 장치를 설정한 것은 학문적 한계라고 할 수 있다.

자연계 논술은 수학과 과학이 결합된 제시문이 자주 출제된다. 무엇보다도 자연계 논술은 수능의 경쟁력을 높일 수 있느냐 없느냐를 판가름하는 매우 중요한 요소이다. 비슷한 점수의 수험생일지라도 자연계 논술을 잘하는 학생이냐 아니냐에 따라 당락이 좌우되는 경우가 많기 때문이다.

　자연계 논술의 정식 명칭은 '자연계 통합교과논술'이다. 이 말의 의미는 자연계 학생들이 3년간 이수한 수학과 과학을 중심으로 교과간 통합을 이룬 문제가 다뤄진다는 것이다. 기존 출제된 서울대 논술을 예로 들면 자연 현상이나 실생활에서의 상황 및 인체의 생명기작에서 일어나는 현상들을 통해 물리, 화학, 생물 등의 원리를 적용하여 설명토록 한다. 여기에 때로는 수학적 원리가 동원되기도 한다. 특히 2008학년도 연·고대의 수시 논술이나 서울대, 연·고대의 정시 논술은 수리논술이 강화되어 변형된 형태의 본고사라는 논란까지 일으켰다. 분명한 것은 대학에서 이런 출제를 시도하는 것은 단순지식보다는 개념과 원리를 응용하여 답을 도출할 수 있는지를 가려내기 위함이라는 것이다. 물론 대학 측에서야 이렇게 말할 수 있지만 학생들 입장에서는 역시 어려운 문제임에 틀림없다.

　다음의 문제는 화학과 지구과학, 그리고 환경이 결합된 과학탐구 통합 교과 문제이다. 2007년 2학년 화학의 1학기 기말시험에 출제되었다. 출제 교사는 수업 시간에 엘 고어 주연의 〈불편한 진실〉이라는 영화를 먼저 보여 준 바 있다. 이를 토대로 다양한 사고를 필요로 하는 이 문제를 서술형으로 출제하였다.

※ 〈불편한 진실〉과 관련된 다음 제시문을 읽고 물음에 답하시오.

(가) 전 세계 해류는 마치 거대한 뫼비 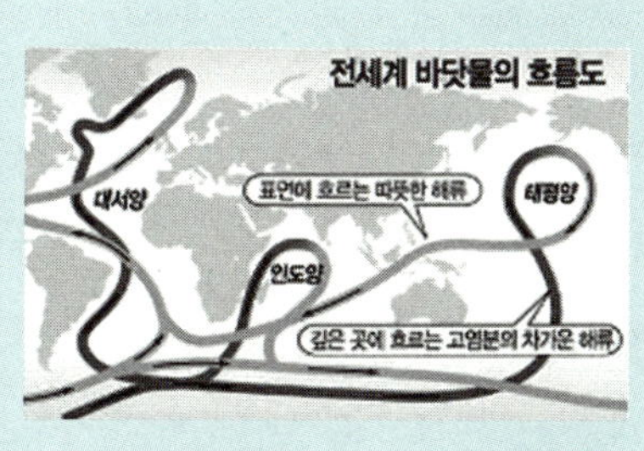
우스의 띠처럼 하나로 이어져 있는데
이를 전 지구적 '해양대순환벨트'라고
부른다. 표면에 흐르는 표층수는 따뜻
한 해류이고 깊은 곳에 흐르는 심층수
는 고염분의 차가운 해류이다. 지구 온난화가 가속되면 해양대순환에 심각한 영
향을 미칠 수 있다. 과거 일만 년 전에는 비슷한 이유로 빙하기가 온 적이 있다.

(나) 최근 과학자들의 강력한 지지를 받고 있는 이론에 따르면 지구 온난화
가 허리케인의 강도와 지속력을 높인다고 한다. 과학자들이 지구 온난화와 허
리케인의 파괴력을 연관지어 생각하게 된 계기 중의 하나는 4급이나 5급짜리
강력한 태풍의 수가 뚜렷이 증가하고 있다는 연구 결과이다. MIT의 연구 결과
에 따르면 1970년대 이래 대서양과 태평양에서 발생하는 주요 폭풍들의 지속
력과 강도가 50% 가까이 높아졌다. 2005년 미국을 강타한 허리케인 카트리나
는 끔찍한 참상을 가져왔다. 카트리나는 미국 관측사상 4번째로 강력한 허리
케인으로 기록됐다.

문제) 1. 영화 〈투모로우〉에서도 지구 온난화의 결과 빙하기가 온다는
설정을 하고 있는데 이는 (가)와 동일한 과학적 가설에 근거하고 있다.
(가)를 참조하여 지구 온난화가 어떻게 해양대순환에 심각한 영향을 미
치는지 구체적으로 설명하시오. (6점)

 2. (나)에서 태풍의 세력이 강력해지는 이유를 지구 온난화와 관련하여 설명하시오. (4점)

 1. 북극에 도달한 해류는 해수의 염분 농도가 증가하고 차가워져서 밀도가 증가한다. 밀도가 증가한 물이 가라앉아 심층수를 형성하고 깊은 곳을 흐르면서 해양대순환의 펌프 역할을 한다. 그런데 지구 온난화에 의해 기온이 오르면 북극의 빙하가 녹는다. 빙하가 녹으면 해수의 염분 농도가 묽어지고 밀도가 작아져 가라앉지 못한다. 그러면 심층수가 만들어지지 못해 해수대순환이 멈추게 된다. 해수대순환이 멈추면 열이 전달되지 않아 여러 가지 심각한 부작용이 생길 것이다.

2. 수온이 상승하고 대기 중의 온도가 높아지면 공기 중에 포함된 증기량이 많아진다. 이 공기가 상승하면서 단열 팽창하고 수증기가 응결되면서 폭풍의 세력이 강해진다.

서울대 논술 연수자료를 보면 자연계 논술고사에서 대학이 필요로 하는 수험생의 능력이 어떤 것인지가 잘 나타나 있다.

"결국 자연계 논술고사는 자연과학과 그 응용 분야를 수학하는 데 필요한 사고력을 평가하는 시험이다. 즉 반복 학습을 통해 습득된 단편적인 지식이 아닌 일상생활에서 자주 접하게 되는 현상에 대한 깊이 있는 생각과 이를 설득력 있게 표현하는 능력이 중요시 된다. 기본적인 개념·원리·법칙과 그 상황 관련성에 대한 이해를 바탕으로 주어진 문제를 해결해 가는 과정을 통해 드러나는 논리적 분석력과 창의적인 문제 해결 능력을 측정하는 시험이라 할 수 있다."

자연계 논술에서 주로 제시되곤 하는 수학과 과학이 결합된 심층적인 문제를 충분히 소화해야 자연계 논술을 해결할 수 있다는 결론에는 의심의 여지가 없다. 따라서 자연계 논술에 잘 대비하려면 평소 수학문제만 풀 것이 아니라, 과학 실험과 수학의 개념이 결합된 주관식 문제를 풀어 본다거나, 그래프나 실험 상황을 수학적으로 풀이하는 유형의 문제들을 꾸준히 연습해 둘 필요가 있다. 자연계 논술은 아무래도 성적이 엇비슷한 학생들 중에서 진짜 실력을 가려내는 시험의 성격을 띠고 있기 때문에 고난이도 문제가 출제될 확률이 높다. 따라서 평소에 고난이도 문제를 자주 풀어 보는 연습을 통해 자연계 논술에 대비해야 한다.

학교 현장에서의 논술 교육

논술은 무엇보다도 학교에서 학생들에게 얼마나 관심을 가지고 지도하느냐에 따라 학교간에도 차이가 분명하게 드러난다. 이 점에서 숙명여고의 논술 지도 사례를 전한다. 이러한 사례가 절대적이고 보편적일 수는 없다. 다만 학교 현장에서 이루어지는 변화를 위한 하나의 의미 있는 양상으로 이해하여 주었으면 좋겠다.

숙명여고는 '논술 위원회'를 상설 운영하고 있다. 이는 차별화된 논술 프로그램을 시행할 주체로 2005년도에 구성된 것이다. 여기에서 논술 지도의 아이디어와 실제적인 계획이 다양하게 이루어지고 있다. 이

위원회는 단순히 논술에 대비한 준비와 심사의 기능을 넘어서 통합 교과 영역의 상황에 대한 심도 있는 토의와 수업의 방향 등을 논의할 수 있는 범교과적인 협력체로서의 성격을 갖추고 있다. 현재 이 논술 위원회를 통하여 세 가지의 프로그램이 운영되고 있다.

① 매체를 활용한 논술 교육

주로 1, 2학년 학생들은 중간고사와 기말고사 시험이 끝나는 날 오후에 혹은 그 다음 날 강당에 모여 영화를 활용한 통합 논술 지도를 받게 된다. 현재까지 일 년에 3~4차에 걸쳐 시행되고 있다. 학생들은 지도 교사의 해설을 듣고 강당에서 영화를 감상하게 된다. 이후 그 영화가 담고 있는 문제의식을 토대로 제시문과 논제가 학생들에게 부과된다. 이후 더 나아가 논술 공모전을 통해 우수작을 가려 시상을 하는 경우도 있다. 이와 같은 방식은 매년 이루어지고 있는데, 학생들에게 친숙한 영상 매체인 영화를 논술 지도의 소재로 활용하는지라 좋은 반응을 얻고 있다.

이러한 시도는 유의미한 모색임에도 불구하고 명백한 한계를 안고 있다. 이는 우선 대단위의 학생들을 상대로 하는 만큼 학년별로 550여 명가량 집중력의 확보에 한계가 생긴다는 점을 들 수 있다. 한 지도 교사가 절대적인 다수 학생을 상대로 하기 때문에 통제 능력이 큰 변수로 작용한다. 아울러 가장 중요하고 핵심적인 문제로 실제적인 글쓰기를 위한 심사숙고와 글쓰기의 과정이 생략된 채 모범적인 개요가 먼저 전달된다는 점이다.

첫 번째 문제는 누적된 시행을 통한 경험으로 지도 교사가 학생들의 집중력을 확보할 수 있었다. 또한 두 번째 문제는 교육 활동 이후에 시간을 주고 논술 공모전을 시행하여 부족한 대로 관심 있는 학생들의 참여를 이끌어 낼 수 있었다.

② 방과후 학교의 논술 교육

방학 중의 논술 교육은 각 교과 연합으로 통합 논술팀을 꾸려 논술에 대한 체계적인 대비를 하였다. 2006년도와 2007년도의 경우, 학기 중에는 학생들의 스케줄을 감안하여 휴무 토요일과 공휴일을 활용하여 운영되었다. 강사는 학교에서 섭외한 외부 강사진과 본교 선생님이 참여한 혼합팀으로 조직되었다. 수업은 120분간의 주제별 특강에 이어서 60분의 논제 답안 작성 시간으로 진행되었다. 또한 작성한 논술문에 대한 여러 차례의 대면 지도가 이루어졌다.

③ 창의 재량 수업의 논술 지도

현재 숙명여고 1학년 학생의 경우 특정 요일2008학년도 현재는 월요일의 7교시는 격주로 창의 재량 수업을 받고 있다. 총 12회 수업 중에서, 진로 지도에 해당하는 4회를 제외한 8회 정도를 기초 글쓰기 시간으로 활용한다. 이때 학생들은 쓰기 전반에 걸쳐 기초적인 도움을 받는다.

이러한 세 가지의 시도를 통해 숙명여고의 학생들은 논술의 기본이 되는 '좋은 글을 쓰는 방법'을 익히고 있다. 하지만 사실 학생들은 주어진 주제를 놓고 글을 써 보라고 하면 벌써 표정부터 달라진다. 필자가 오랫동안 학생들을 관찰한 결과 학생들이 가장 싫어하는 일이 글쓰기가 아닌가 싶다. 그때마다 필자는 '글쓰기가 등한시되는 현실'에 대해 안타까움과 교사로서의 무한한 책무를 동시에 느낀다.

대학 입시에서 대학들이 수험생의 '논술 능력'에 그토록 촉각을 곤두세우는 것은 단순히 학생들의 변별력을 확보하여 입학의 기준으로 삼는 데에만 주목적이 있는 것은 아니다. 대학에서 학생들이 배우는 학과의 수학受學을 위해서는 논술 능력이 그만큼 중요하다고 판단하기 때문이기도 하다. 대학 수학에서 기본이 되는 능력은 바로 글쓰기이다. 대부분의 대학 수업에서 교수가 일방적으로 말하고 학생들이 받아 적는 수업은 거의 없다고 보면 된다. 대신 교수는 전공 분야의 전문 자료를 준비해서 프로젝터 등을 이용해 강의를 하고, 학생들은 교수가 내주는 과제를 각종 문헌과 정보를 취합하여 리포트를 제출하는 방식이 주류를 이룬다. 여기서 "자신의 주장을 얼마나 설득력 있고 독창적으로 드러낼 수 있느냐?"가 수업 평가의 대부분을 차지한다고 보면 된다. 그러다 보니 대학들은 단순히 노트에 정리한 지식만 축적한 학생보다는 다양한 경험과 사고를 통합적으로 정리하고, 새로운 시각으로 주어진 논제를 풀어낼 수 있는 창의적인 사고를 지닌 학생을 더 선호할 수밖에 없는 것이다. 바로 이것이 대학이 논술을 잘하는 학생들을 원하는 진짜 이유이다.

이처럼 논술을 잘하는 인재의 필요성이 강조됨에 따라 학교 현장에서의 수업 형태도 다양화되고 있다. 우선 예전과 달리 여러 개의 모둠으로 학생들을 나누어 토론식 수업을 많이 하고 있다. 어떤 학교에서는 하나의 개념을 여러 교과 측면에서 다양하게 설명하고 응용하기 위해 한 교실에서 여러 과목의 담당 선생님들이 유기적으로 각 분야의 개념을 설명하는 통합식 수업도 심심찮게 목격되곤 한다.

서울대 입학처장은 서울대의 논술에서 수험생들을 평가하고자 하는 부분은 결국 '논리적 서술 능력'임을 강조한다.

"서울대 논술시험에서 측정하고자 하는 것은 교과에서 제시되는 내용을 토대로 상황을 다각적으로 분석하고, 심층적인 사고로 재구성하여 창의적으로 문제를 해결하고, 논리적으로 서술하는 능력입니다."

결국 논술시험을 통해 대학들이 학생들을 평가하고자 하는 것은 우선 학교 수업 시간에 들은 교과서의 개념들을 잘 이해하고 있는지 여부이다. 더불어 이를 토대로 주어진 문제를 해결해 내는 독창적인 문제 해결 능력과 논리적인 사고의 전개 과정을 가지고 있는지를 측정하고 평가한다. 여기서 학생들이 '논술'을 어떻게 준비해야 하는지에 대한 단초는 이미 나와 있다고 볼 수 있다.

통합 논술, 학교에서 준비하자

수시 논술은 지금까지 주로 언급되던 통합 논술 유형이 대세를 이룬다. 각 학과의 특성에 맞추되 제시된 지문에서 논점을 파악하고, 글로써 표현해 내는 능력을 측정한다. 인문계는 주로 '요약 → 부분 문제 파악 논술 → 전체 문제 파악 논술'의 3단계 형태로 이루어진다.

정시 논술은 수시 논술과는 달리 순수한 의미의 논리적 글쓰기가 대세를 이룰 가능성이 크다. 그리고 이러한 정시 논술을 실시하는 대학은 수도권의 상위권 대학에 한정되어 있다. 정시 논술에 대한 대비는 일단 평소 논리적인 글에 대한 독서를 바탕으로 해야 한다. 다양한 여러 지문을 접하면서 글 읽기의 즐거움을 느끼고, 수능 이후에 집중적으로 글쓰기에 대한 대비를 하면 될 것이다.

2008학년도 서울대 수시2 논술고사에 나온 문제를 보자.

이 문제는 한 가지 논제를 놓고 세 가지 영역의 교과서 예문을 제시했다. 하나는 경제 교과서에서 아담 스미스의 『국부론』이 일부 발췌되어 지문으로 나왔고, 사회 교과서에서 "화폐는 반드시 시장 경제의 교환 수단이 아닌 문화적 교환 수단으로 쓰일 수도 있다."는 내용이 발췌돼 지문으로 제시되었다. 또한 세계사 교과서에서 서양 중세의 장원 경제에 대해 설명하는 부분이 지문으로 제시되었다. 통합 논술이 수험생들에게 원하는 것은 교과서에서 제시된 세 가지 지시문의 이해를 구하는 것이 아니다. 교과서의 개념은 이해하고 있다고 전제하고 이를 토대로 "이러이러한 상황에 근거해서 이러이러한 의견을 말해 보라."며 수험생의 종합적인 사고 능력을 평가하고자 하는 것이다.

따라서 고1 때부터 교과서의 기본개념을 확실히 이해하고 이를 실생활의 문제와 연관시켜서 생각해 보는 연습을 꾸준히 할 필요가 있다. 학교에서도 수업 시간에 이러한 논술화에 대비해야 한다. 정규 교과목에 편입할 수 있으면 좋겠지만, 그렇지 못하다면 교과서의 기본 개념들이 각 교과의 서술·논술형 문제로 개발될 수 있어야 한다. 그리하여 학생들에게 교과서의 개념과 실생활의 문제를 연관시켜 다양한 해석을 해 보는 '작문 + 사회탐구' 내지는 '독서 + 비문학의 인문사회 지문 이해 + 사고력 심화' 연습을 평소에 할 수 있어야 한다. 통합 교과 논술은 이처럼 유기적인 사고와 비판적인 사고, 자기만의 독창적인 글쓰기 능력을 갖추고 있어야 좋은 결과를 얻을 수 있는 것이다.

무엇보다도 학생 스스로 종합적인 사고력을 배양해야 한다. 그러려면 평소에 교과서의 내용에 대해서 "왜 그렇지?" 하는 문제의식을 가지고 이를 지금의 사회문화 현상과 연관시켜 생각해 볼 수 있는 비판적인 사고력을 키우는 연습을 꾸준히 해야 한다. 이때 교과서의 주요개념과 유사한 인문 교양서를 읽으면서 교과서 개념을 염두에 둔 심화 독서를 한다면 논술 대비에 훨씬 효과적일 것이다.

앞으로 대입에서 출제될 논술문제는 앞서의 교과서 내용을 기반으로 한 보다 다양하고 낯선 유형의 통합 교과 논술이 대세를 이룰 것으로 예상된다. 또한 지금까지 출제된 논술이 다소 기초적인 교과개념과 사고력을 묻는 문제였다면 2009학년도 입시에서는 교과와 관련하여 심화된 지식과 정답을 요구하는 난이도 높은 문항들이 출제될 가능성이 높으므로 이에 대한 대비가 필수적이다.

그동안 각 대학들은 자신들의 특성에 맞는 논술 문제들을 자체 교수들과의 협의와 연구를 통해 갈고 다듬어 왔기 때문에 기본적인 출제 경향은 크게 바뀌지 않을 것이다. 문제는 논술을 준비하는 학생들이 지금보다 더 심화된 논술에 대비하기 위해서는 고3 때 반짝 공부하는 정도로는 미흡할 수밖에 없다는 데 있다. 따라서 적어도 고2 때부터는 가고자 하는 대학과 학과의 논술 경향을 면밀히 검토해 대학에서 원하는 수준이 될 수 있도록 맞춤식 논술 준비를 미리미리 할 필요가 있다.

학원에서는 테크닉만 배우자

학원에서는 일찍부터 논술에 관한 훈련을 하는 것이 필요하다고 역설한다. 하지만 이러한 이야기를 가만히 들어 보면 거의 대부분 상업적인 코멘트에 치우치는 경우가 많다. 만일 1, 2학년생들이라면 논술 준비를 무턱대고 학원에 의존하지 말고, 학교의 독서 과제에 충실히 부응하는 가운데 신문이나 잡지를 읽는 습관부터 평소에 가질 것을 권하고 싶다.

만일 내신이 상위권에 해당하는 학생이라면, 2학년 겨울 방학 때부터 수시에 관한, 정확히 말하자면 수시 논술을 준비하라. 그러지 않은 경우라면 평소의 독서량에 대한 믿음으로 대비를 하고 최선을 다하여 정시를 준비하는 것이 유리하다. 정시가 끝난 이후 논술 준비에 최선을 다하여도 늦지 않기 때문이다. 이때에 논술 학원을 다니는 것은 유용할 수 있다. 학원은 기술적인 공부를 가르친다. 평소에 준비된 학생이라면 이러한 테크닉을 통해 최선의 상태로 자신을 끌어올릴 수 있을 것이다. 물론 성적이 상위권 학생 가운데 평소에 논술과 연관한 글쓰기 연습을 다각도로 하는 것이 나쁠 리야 없다. 다만 이러한 활동이 부담 없이 이루어져야 한다는 것이 전제되어야 한다. 즐거운 가운데 활동이 이루어져야지 지나친 부담감으로 논술에 매이는 것은 전체적인 입시 전략상 효율성이 떨어지기 때문이다.

구술 면접은 이렇게 준비하자

당락을 뒤집는 수험생들의 면접 태도

최근의 대입 시험에서 중요한 변수로 떠오른 것이 바로 구술 면접이다. 수시모집은 대개 1단계 전형에서 지원자들의 학생부 성적과 자기소개서, 추천서 등을 통해 합격자의 2배수에서 많게는 3배수까지 예비 합격자를 가린다. 문제는 2단계 전형에 해당하는 대학별 고사에서 최종 합격자가 가려진다는 데 있다. 이때 중요한 변수로 작용하는 전형 요소가 바로 면접이다.

특정 대학의 동일 학과를 지원하여 대학별 고사를 치를 수 있는 위치에까지 오르게 되면, 황당한 상향 지원이 아닌 이상 수험생들의 학생부 성적이 서로 엇비슷하다고 볼 수 있다. 1단계 전형에서 평가 기준으로 쓰였던 학생부나 비교과, 추천서 등이 이 시점에서는 큰 변별력을 가질 수 없게 된다. 본고사 전형까지 오게 된 수험생들은 불과 몇 점 안팎의 성적 차이밖에 나지 않기 때문에 구술 면접고사에서 당락이 뒤집히는 경우가 상당히 많다. 이는 역으로 1단계 전형에서는 그리 높은 점수를 받지 못했던 수험생이 면접에서 시험관의 눈에 들 정도로 좋은 결과를 보이기도 한다는 말이다. 뒤처져 보였지만 경쟁자를 물리치고 당당히 합격의 영광을 얻는 수험생들이 심심찮게 눈에 띄는 것이다.

사정이 이렇다 보니 본고사에서 면접을 치르는 수험생들은 심지어 너무 긴장한 나머지 평소 잘 알고 있던 문제도 생각나지 않고, 면접관 앞에서는 순간 머리가 하얗게 비는 느낌을 받게 된다. 면접을 보는 많은 수험생들이 지나치게 긴장하여 몹시 당황하는 모습을 보이는 것이다.

따라서 학교에서는 이러한 상황을 캠코더로 찍어 수험생들에게 미리 보여 줄 필요가 있다. 수험생들의 면접 보는 상황을 보여 주면서 학생들이 어떻게 면접에 임해야 할지 스스로 생각해 보는 계기로 삼으면 면접을 대비한 훌륭한 지도가 될 수 있다. 이때 선생님들은 그동안의 대입 경험을 통해 학생들에게 유의할 사항을 꼼꼼하게 짚어 주는 것이 좋다.

숙명여고의 경우이다.

반에서 10등 정도 하는 학생이었다. 수시에서 한국외대 본교 독어과에

합격을 하였다. 옆 반에서 2등을 한 학생이 같은 독어과에 떨어졌는데도 말이다. 그것은 면접 시간에 자기에게 주어진 기회를 최대한 활용한 것이 주효한 결과였다. 이 학생의 적극적인 태도로 인해 면접 분위기가 좋아졌다고 한다. 이 학생은 내친 김에 면접관들의 요청으로 독일어 시간에 배운 독일어 노래도 불러서 면접관들에게 큰 호감을 얻었다고 한다.

면접 장소에서 과잉 행동을 취해 속된 말로 "오버하라."는 말이 아니다. 면접에 임하는 학생 스스로가 밝고 적극적인 태도로 당당하게 임하면 좋은 기회가 생긴다는 점을 강조하고 싶다.

2단계 전형까지 올라와 면접을 보는 수험생들은 서로가 서로의 경쟁자라고 보면 틀림이 없다. 따라서 수험생들간의 점수 편차는 근소할 것이므

〈2009학년도 입시 심층 면접 반영 비율〉

대학전형	전형 유형	전형 요소별 반영 비율(%)			최저학력기준 유무
		학생부	논술	면접	
서강대	수시 2-1 〈일반전형〉	1단계: 30	1단계: 50	2단계: 20	미적용
이화여대	고교추천	학생부40 + 추천서40 + 면접20			2개 영역 2등급
중앙대	수시 2-1 〈학업우수자〉	1단계: 100 2단계: 40		2단계: 60	
한국외대	외대프런티어2		1단계: 100 2단계: 50	2단계: 50	2개 영역 2등급
한양대	수시 2-1 〈학업우수자〉	1단계: 100 2단계: 50		2단계: 50	미적용
홍익대	교과성적우수자(자연계)	1단계: 100 2단계: 70		2단계: 30	

출처 : 서울시교육청 진학지도 자료집

로, 면접장에서의 상황이 당락을 좌우하게 된다. 이때 "잘 모르겠습니다." 하는 수험생의 대답은 "저는 이제 이 대학은 포기했습니다."란 의미와 하등 다를 게 없다. 따라서 질문의 의도와 전혀 다른 의미가 아니라면 자신이 아는 것만큼 최선을 다해 성실하게 대답할 필요가 있다. 면접 교수에게 안타까운 표정으로 "제발 좀 도와 달라."는 무언無言의 호소라도 해야 하는 게, 바로 면접에 임하는 수험생들의 올바른 자세인 것이다.

구술 면접고사에서 수험생을 평가하는 기준

최근의 대학 입시가 수험생들에게 힘들게 느껴지는 것은 과거의 시험과는 달리 준비해야 할 것들이 무척 많고 신경을 써야 할 내용들이 많다는 것이다. 한마디로 과거의 평면적 시험에서 벗어나 대단히 입체적이고 다면적인 평가가 이루어진다는 것이다. 구술 면접고사에서도 이런 식의 평가가 두루 적용되기 때문에 수험생들도 대학이 원하는 구술 면접고사의 필요성을 먼저 파악할 필요가 있다.

대학에서 구술 면접고사를 치르는 이유는 수험생의 실력을 시험 성적으로만 평가하지 않고, 발표력이나 종합적인 사고력, 독창적인 작문 실력 등 여러 면에서 평가해 보겠다는 데 있다. 그 의도는 수험생들에게 보다 심층적인 준비를 하도록 하는 것이다. 즉 내신과 수능으로는 평가할 수 없었던 수험생들의 진짜 실력을 구술고사나 면접을 통해서 확실하게 테스트해 보겠다는 것이다. 그래서 심층 면접의 경우 필기시험과 일반 면접으로는 평가하기 어려운 심층적 수학, 과학 능력을 요구하는 문제가 제시되기도 한다. 단편적인 공식의 암기나 적용은 출제되지 않으며 주로 종합적이고 논리적인 사고를 통한 문제 해결력을 중시한다.

작년에는 실제 생활에 물리나 화학, 생물이 어떻게 적용되는지 시사 문제와 연관시킨 문제들도 눈에 띄었다. 따라서 학과 공부에 충실하여 과학적 지식을 쌓는 한편, 과학적 이론을 실생활에 접목시켜 분석해 보는 습관을 길러야 한다.

구술 면접고사를 준비하면서 빠뜨리지 말아야 할 것이 있다. 바로 영어 질문에 대한 준비이다. 최근 대학 입시에서는 논술고사에서 영어 지문 활용을 금지하면서 대학들은 구술 면접고사에서 영어 지문을 강화하고 있다. 특히 영어 면접을 실시하는 대학에서는 정해진 시간에 장문의 영어 지문을 주고 그 내용을 사회 현안과 대비해 수험생의 견해를 묻는 문제를 자주 내고 있다. 영어 구술고사는 면접장에 온 지원 학생들에게 대학에서 준비한 장문의 영어 제시문을 준다. 학생들은 영어 제시문을 10분가량 읽어 본 다음 면접관과 마주 앉아 질문에 답하는 유형의 시험이다. 이때 면접관은 제시문의 내용을 얘기해 보라거나, 제시문과 관련된 질문을 던지며 지원 학생의 견해를 묻는다. 채 20분이 안 되는 시간에 치러지는 시험이지만 학생들의 영어 실력이나 사고력 등이 그대로 드러나기 때문에 개인의 실력 차가 짧은 시간에도 분명하게 평가될 수 있다.

따라서 영어 면접을 실시하는 대학에 지원하려는 학생들은 평소 일주일에 한 번은 영자 신문의 사설란을 심층적으로 읽고 자신의 생각을 정리해 두는 연습을 꾸준히 해야 한다. 영어 면접에서도 단순히 영어 해석을 넘어서서 수험생의 사고력과 주장을 요구한다. 학생들은 이런 영어 면접의 출제 의도를 잘 파악해 문제의 단순한 해석이 아닌 자신의 주장이 담긴 견해를 발표할 수 있도록 철저히 준비할 필요가 있다.

대학에서 보는 구술 면접고사는 점점 더 다양한 방식으로 바뀌고 있다. 우선 거의 모든 대학들이 구술 면접을 실시하고 있으며, 몇몇 대학은 학생들을 그룹으로 구성해 집단 토론을 벌이도록 하기도 한다.

전국적으로 심층 면접 결과를 20% 이상 본고사에 반영하는 대학은 인문계 65개교, 자연계 43개교에 이르고 있다. 심층 면접을 보는 대학 중에 면접의 결과에 따라 본고사에서 합격자가 바뀌는 비율이 적게는 20%대에서 많게는 35%까지 육박하고 있다.

학교에서 준비하는 구술 면접고사

　구술 면접을 준비하는 것은 부담스러운 일임에 틀림이 없다. 하지만 그렇다고 해서 손을 놓고 있으면 안 된다. 구술 면접에 대한 자신감과 준비 태도 여하에 따라 점수에 있어 많은 차이가 날 수 있다. 구술과 면접이 실력이 아닌 운에 좌우되는 것이라고 생각하는 학생들이 주변에 의외로 많다. 전혀 그렇지 않다. 구술 면접은 실력에 따라 판가름이 난다. 치밀하게 준비해야 한다. 치밀하게 준비한 학생과 그렇지 못한 학생은 구술 면접을 통해 실력의 차이가 여실히 드러나기 때문에 결코 대충 준비해서 응시하려는 태도일랑 지니면 안 된다. 『젊은 구글러의 편지』로 유명한 김태원 씨가 2007년 숙명여고에서 특강을 한 적이 있다. 그는 유명 기업체의 입사 면접에서 항시 최고의 성적을 거두었고 결국 구글에 입사한 인물이다. 그 강연의 요지는 '면접은 실력으로 평가되는 분야'라는 것이다. 수험생들이 반드시 귀 기울여야 할 시사점이 있는 말이다.

　특히 내신에 비해 수능 성적이 잘 안 나오는 경우라면 수시의 논·구술 준비에 최선을 다해야 한다. 내신의 흐름으로 보아 수시라면 수도권의 캠퍼스 대학에 들어갈 수 있는 학생들이 무리하게 정시까지 끌고 나가는 경우가 있다. 결국 수도권의 캠퍼스 대학도 못 들어가고 지방 대학에 어렵사리 합격하는 것을 필자는 많이 목격하였다. 수험생들은 시간이 지나면 잘되겠지 하면서 막연한 기대를 가지면 안 된다. 고3 수험생의 거의 80% 가까이는 학기 초의 성적을 수능 때까지 가지고 간다. 그게 무시하기 어려운 현실이다.

그런 점에서 구술고사나 심층 면접에 있어, 철저한 대비도 없이 면접관 앞에 서는 것은 시간 낭비이다. 불합격이 확실하기 때문이다. 그런 점에서 무엇보다도 학교 현장에서 학생들에게 올바른 준비를 해 줄 필요가 있다.

우선 학생들에게 실제적인 1대 1 맞춤식 준비가 필요하다. 학교 차원에서 심층 면접을 상당히 체계적이고 주도면밀하게 준비시키는 고등학교들을 보았다.

필자가 아는 어느 학교의 경우이다. 이 학교에서는 고3 학생들의 면접 실습을 교장 선생님 앞에서 실제와 똑같은 상황을 연출하여 연습하곤 한다. 교장 선생님이 직접 영어 지문을 물어보고 학생이 대답하는 것을 고3 학년부장 선생님이 캠코더로 일일이 찍어서 학생들의 단점을 말해 주곤 한다. 물론 입시 지도가 이 학교마냥 그래야 하는 것은 절대 아니다. 다소 과도한 일면이 있기는 하지만, 최소한 시사점은 얻을 수 있을 것이다.

사실 면접이나 구술고사는 수시를 치르는 데 가장 중요한 잣대가 되는 시험임에도 불구하고 시험 날짜에 임박해서 부랴부랴 준비하는 경우가 많다. 안 될 일이다. 그렇게 해서는 수험생 스스로가 자신이 뭘 준비했는지, 면접관 앞에서 어떤 말을 해야 할지 난감할 수밖에 없다. 또한 막상 수시가 닥치면 이것저것 준비할 서류도 많은데, 면접 준비를 따로 할 만한 시간적 여유도 없게 마련이다. 그러니 면접과 구술고사에서 나올 예상 내용에 대한 준비도 평소에 학교에서 소홀히 하지 말아야 한다.

앞서도 말했지만 수시 전형에서 면접과 구술고사는 1단계 전형시 기준이 됐던 학생부나 비교과 점수와는 비교도 안 될 정도로 변별력이 큰 전형이다.

이러한 면접과 구술고사의 중요성을 감안해 수험생들은 평소 면접에 자주 나오는 질문에 대비해 예상답안을 만들어 준비할 수 있어야 한다. 즉 단골문제 유형을 만들어 수험생 개개인이 독창적으로 대답할 수 있는 연습을 자주 하라는 것이다. 평소 주제를 정하여 사회·문화·정치·경제 등으로 분야를 분류하고 예상되는 질문에 구체적으로 대답할 말들을 미리 적어 놓고 면접관을 가상으로 정해 놓은 다음선생님이든 부모님이든 발표하는 연습을 해 보도록 하자. 이때 면접일의 상황을 가정해 발표하는 학생이나 질문하는 선생님이 가급적 현실감 있게 재현하는 연출이 중요하다. 이렇게 미리 준비를 해 두면 면접 당일에도 당황하지 않고 면접관 앞에서 자신감 있게 발표할 수가 있다.

구술 면접고사에서 약방의 감초처럼 면접관들이 잘 내는 문제는 최근의 사회문화적 현안을 제시하고 수험생에게 자신의 입장에서 견해를 말하라는 형식의 질문이다. 대학에서 시사와 관련된 질문을 자주 하는 이유는 주어진 쟁점에 대해서 수험생이 어떤 생각을 갖고 있는지를 가늠하기에 사회적으로 민감한 시사가 안성맞춤인 소재이기 때문이다.

인문계의 경우 주로 최근의 사회 현안에 대한 본질과 문제점을 묻는 질문이 면접고사에서 자주 목격된다. 따라서 인문계 수험생들은 사회 현안들을 꼼꼼히 정리해 두었다가 이에 대한 자신만의 견해를 밝히는 연습을 자주 할 필요가 있다. 이때 중요한 것은 자신만의 독특한 생각이나 비판적인 관점을 담아 자기 목소리를 내도록 노력해야 한다는 점이다.

자연계 수시모집의 구술고사에서는 수학과 과학을 결합시킨 통합형 문제가 자주 출제된다. 따라서 자연계 수험생들은 평소 수업 시간에 수학과 과학의 주요개념들을 정확히 숙지하고, 과학의 주요개념을 제시하며 수학적인 계산을 할 수 있는 능력을 길러야 한다. 이때도 역시 가상의 면접관을 설정해 놓고 관련된 문제를 설명하거나 발표하는 연습을 게을리 하지 않는 것만이 면접에서 좋은 점수를 얻을 수 있는 지름길이다.

이처럼 평소에 구술 면접을 준비하는 과정은 논술에서의 다양한 논거를 제시하는 훈련도 되기 때문에 구술 면접과 논술 준비를 함께 하는 일석이조의 효과를 얻을 수 있다.

논·구술 전문 학원인가,
아니면 방과후 학교인가

논술은 모범 답안을 찾는 과정이 아니다. 논술은 말 그대로 자기만의 논리로 자신의 생각을 설득력 있게 펼치는 과정이다. 논술은 자신의 생각을 심화시켜 논리적인 글을 쓰는 것이기 때문에 평소의 독서력이나 사고력이 미약한 상황에서는 좋은 논술이 나올 수가 없다. 그런데도 일부 학부모들이나 학생들은 논술 학원이 '알라딘의 요술 램프'라도 되는 양, 논술을 준비하려면 꼭 학원에 다녀야 한다는 편견을 버리지 못하고 있다. 논술이 학원에서 필요한 경우가 있다면, 그야말로 글쓰는 테크닉을 익히는 논술시험을 한 달가량 앞둔 시점에서나 소용이 닿는다.

대학의 논술 출제 담당자들이 가장 싫어하는 논술 답안이 학원에서 속성으로 배운 티가 그대로 묻어나는 소위 학원형 모범 답안들이다. 이런 답안들에 대해 담당자들은 가장 낮은 점수를 부여한다. 이는 필자가 고려대 논술 출제 담당자로 참여하였기에 경험에서 우러나 하는 말이다. 표현은 다소 투박하더라도 출제자가 묻는 질문에 맞게 자기만의 독창적이고 신선한 논리로 답하는 학생의 논술문이 훨씬 높은 점수를 받게 된다.

수시 논술은 교과형 논술의 성격이 강하기 때문에 평소 교과 공부를 열심히 하고 창의적인 사고력, 문제 해결력을 기르는 데 주력하여 시사적인 쟁점에 대해 자신의 주관을 세운다면 좋은 점수를 받을 수 있다.

"급할수록 돌아가라."는 말이 있듯이 논술이라는 게 단기간에 학원에서 정리한다고 되는 게 아니다. 하나를 공부하더라도 기본부터 정확히 짚고 넘어가는 자세, 그리고 심층적으로 생각하는 자세가 필요하다.

논·구술을 효과적으로 배우기 위해서는 방과후 학교 수업을 최대한 활용할 것을 주문하고 싶다. 어느 학교든지 논·구술에 관심을 두고 이에 집중하여 지도하는 선생님들이 있다.

숙명여고는 논술 위원회를 두어 선생님들이 학생들의 논술 수업 전반의 지도에 대한 방향을 제시하고 있다. 구술 면접의 경우라면, 한 수학 선생님이 전적으로 헌신하여 담당한 바가 있다. 주로 방학 중의 방과후 학교 과정에서 학생들을 모집하여 이를 준비해 주는 논·구술 프로그램이 운영된다.

심층 면접은 고3 교실에서 선생님의 지도 하에 학생 개개인의 성격을 감안해서 주도면밀하게 준비하면 상당한 효과를 올릴 수 있다. 학생 개개인의 면접 상황을 모니터링해 보면, 어색한 말투, 잘못된 언어 습관 그리고 불필요한 몸짓 등을 발견할 수 있다. 이때 주의해서 살펴보면 학생들이 말을 할 때 끝맺음이 명확하지 않은 경우가 많은 걸 발견할 수 있다. 마지막 서술어까지 명확하게 발음하여 자기 의사를 표현하는 것이 면접관에게 좋은 인상을 줄 수 있다. 자신의 잘못된 점들을 수정하고 또 수정하다 보면 어느새 반듯한 자세로 유창하게 면접에 응하는 자신을 발견하게 될 것이다.

일부 학교의 경우 논·구술 대행업체가 학기 중 방과후 학교로 수업을 개설하는 경우도 보았다. 수업과 행정 잡무에 시달리고 있는 학교 선생님들이 물리적으로 논·구술을 담당하기에 어려움이 있기 때문에 빚어진 현상이다. 학교 현장으로 사교육 업체가 들어온다는 것은 아무래도 좋은 모양새는 아니지만, 현장 교사들의 여건으로 보아 각 대학의 전형에 맞추어 준비해 준다는 점에서 일정한 의미를 지닌다.

3학년에 한해 한시적으로 학생들이 주변의 논·구술 전문 학원을 이용하는 경우가 있다. 여름 방학과 2학기 초에 이러한 학원들을 많이 찾는다. 이들 학원들을 효과적으로 이용하려면 수시 전형에서 유형이 비슷한 대학들끼리 묶어서 원서를 접수하고 이에 대비하는 것이 좋다. 예컨대 서울대와 고려대를 묶고 연세대와 이화여대를 묶는 방식이다. 전형 유형이 다른데도 여러 대학에 수시 지원 원서를 내는 것은 분명히 소모적이다. 서로 다른 전형 요소를 맞추느라 정신적인 고민이 클 것이고, 막상 떨어지게 되면 수험생들은 예상보다도 큰 심리적인 타격을 입는다. 이는 수능 준비에 집중력을 현저하게 떨어뜨리는 결과를 빚는다. 그런 만큼 수험생들은 전형 요소가 비슷한 두세 군데의 대학에 원서를 넣고 여기에 집중해야 긍정적인 결과를 얻을 수 있다는 점을 명심해야 한다.

논술 준비는 언제부터 해야 하는가

논술 준비의 시기 여부는 매우 고민스러운 질문이다. 그렇다고 해서 학부모의 입장에서 자녀들에게 무조건 책만 읽으라고 하기도 그렇다. 독서 지도를 받아라, 학원에 다녀라, 과외를 받아 봐라 등 검증되지 않은 정보가 넘쳐 나는 분야가 바로 이 논술이다. 분명한 것은 다음의 핵심이다.

고1 때부터 독서로 준비하자

사실 고3이 돼서 논술 준비를 한다면 좋은 결과를 얻기 힘들다. 고3이 되면 논술 준비 말고도 기본적으로 준비해야 할 것이 너무나 많기 때문이다. 따라서 논술에 관한 한 평소에 얼마나 자신이 원하는 대학의 기준에 맞춰 준비를 게을리 하지 않았느냐가 좋은 성과를 올리는 중요한 요소라고 할 수 있다.

목표 대학의 출제 경향에 맞추어 자신만의 논술 노트에 기출문제, 출제 가능한 제시문이나 시사 자료 등을 정리하고 스크랩해 두는 것도 좋다. 그래야 시험 당일 논술을 치르는 데 가장 좋은 효과를 얻을 수 있다. 학생들의 태도가 극명하게 바뀌는 현장이 바로 논술 고사장이다. 평소 준비한 학생들은 자신의 역량을 충분히 발휘하느라 주어진 시간이 모자랄 지경이다. 반면 벼락치기로 준비한 학생들은 논제가 요구하는 것이 무엇인지조차 파악하지 못해 아까운 시간의 대부분을 제시문만 이리저리 옮겼다 붙이는 데 써 버리곤 한다. 정말이지 논술만큼 실력 차이가 월등히 드러나는 과목도 없을 것이다.

논술의 저변 실력을 배양하기 위해서는 가장 기초가 되는 풍부한 독서량이 바탕이 되어야 한다. 따라서 고등학교 1학년 때부터 다양한 독서로 교양을 꾸준히 쌓아야 좋은 결과를 얻을 수 있다.

상위권 대학을 목표로 하는 학생이라면, 2학년 겨울 방학에 논술 준비를 할 것을 권하고 싶다. 그리고 다시 3학년이 되면 자신이 수시에 치중할 것인가, 아니면 정시까지 가서 승부를 볼 것인가를 결정해야 한다. 수시에 치중할 것이라면 3학년 전반기의 내신에 최선을 다해야 한다. 이후 여름 방학 때부터 수시의 논·구술 준비를 하면 된다. 만일 내신이 나빠 자신이 정시까지 가야 할 것 같으면, 아예 수시를 돌아보지 말 것을 권하고 싶다. 만일 피치 못하다면 수시 응시 횟수를 최소로 줄여야 한다. 그리고 수능 성적을 최대한 향상시키기 위해 매진해야 한다. 이런 학생은 수능 이후에 논술 준비를 해도 늦지 않다. 최소한 1, 2학년 때에 적당한 독서량을 지닌 학생으로서 수능까지 가야 할 운명이라면, 수능 이후에 논술을 준비해도 늦지 않다는 말이다. 결국 입시의 향방을 가를 사람은 다름 아닌 바로 자기 자신이라는 사실을 명심해야한다. 자신이 어떤 처지에 있는지를 확인하고 이에 대처하는 태도가 필요하다.

한 달에 최소 한 편의 논술문을 써 보자

논술을 담당하는 선생님들은 한결같은 말을 한다. 많이 읽고 많이 생각하고 많이 쓰는 것이 최고의 방법이라는 것이다.

이는 누구나 알고 있는 말이지만 실천하기 어려운 말이기도 하다. 사실 고3이 되어 논술을 위해 독서를 한다는 것 자체가 어렵거니와 고2 때에도 여러 교과의 학습 부담 때문에 독서에 많은 시간을 할애하기가 힘든 것이 오늘의 고등학생들이 마주한 현실이다. 비록 그렇다 하더라도 논술의 바른 길이자 지름길은 독서밖에 없다는 것 또한 불문가지不問可知이다. 책을 읽고 생각을 정리하면서 사고력을 키우는 일만이 최선의 방책이다. 시간적 제약 때문에 많은 책을 읽지 못하더라도 논리적으로 정리하고 사고하는 습관을 들일 수 있어야 한다. 그래야 부족한 독서량을 보완할 수 있다.

논술에서 가장 중요한 것은 실제로 써 보는 것이다. 아무리 많이 읽고 생각해도 실제로 써 보지 않으면 실력이 늘지 않는다. 한 달에 최소한 한 편 정도의 논술문을 써 보자. 쓰면 쓸수록 실력과 자신감이 느는 것을 발견할 수 있을 것이다. 이때 시간을 정해 놓고 하는 것이 좋다. 각 논제마다 정해진 분량을 정해진 시간 안에 모두 채우는 훈련이 되어야 하기 때문이다.

다양한 분야의 책을 읽고 배경 지식을 쌓아 종합적인 사고력을 키우는 동시에 문제를 보는 자신의 시각을 키워 나가는 것―이것이 논술의 핵심이다.

6장 수능 실전 노하우

수능 준비는 언제부터 해야 하나

대입에 임하는 학생들의 태도는 학년마다 다르다.

"고1은 내신에 목숨을 건다. 고2는 아무 생각이 없다. 고3이 되면 내신은 어차피 소용이 없다고 생각한다."

내신에 대비하는 학생들의 마음을 표현한 우스갯소리라지만 일면 맞는 말이기도 하다. 결국 내신은 학생들의 필요에 따라 달라지게 된다. 내신의 필요성이 다 제각각이듯이 수능 준비도 학생마다 다 다르다. 어떤 과목을 어느 시기에 준비해야 하고, 어떤 전형 요소에 더 신경을 써야 할지는 개인마다 처한 상황이 다르기 때문이다. 한마디로 말해 수능 준비에 왕도는 없다. 다만 학교 현장에서 학생들을 가르치면서 대입 지도를 하다 보니 과목별로 다음과 같은 준비를 한 학생들이 좋은 결과를 얻은 경우가 많았다. 효과적인 대입 수능 준비, 이렇게 한번 대비해 보면 어떨까 한다.

언어, 2학년 겨울 방학을 놓치지 말자

국어 공부의 과정을 예로써 살펴보면 수능 공부에 대한 가닥이 잡힐 수 있다. 대부분의 학교가 1학년 때에 국어(상)(하)를 공부한다. 그러니 1학년 때에는 반드시 내신 공부에 치중해야 한다. 어차피 내신과 수능이 동떨어진 시험이 아니기 때문이다. 2학년 때에는 문학을 배운다. 이 때 배우는 문학 공부에 치중하라. 이것이 나중 수능의 문학 부분으로 연결된다는 것을 알게 될 것이다. 3학년 때에는 실전 교재를 가지고 공부하게 된다. 이 흐름대로 수능 준비에 올인하면 될 것이다.

현장 지도 경험으로 보아서 수능 공부를 체계적으로 해야 할 시기는 2학년 겨울 방학일 것이다. 2학년 겨울 방학 때에 그간 오래 누적된 수능 기출문제 풀이를 완성하라. 기출문제는 매우 중요하다. 아울러 수능에 자주 출제되는 유형에 대해서 공부해야 할 것이다. 다만 중요한 것은 국·영·수와 같은 도구 과목의 성적 가운데 특정한 부분이 부족하다면 이 겨울 방학의 기간을 절대로 놓치지 말아야 한다. 마지막 기회로 알고 최선을 다하되, 차츰 다가오는 수능에 대비하는 전초의 시기로 삼아야 한다.

외국어와 수리, 수능 당일까지 놓지 말자

수능에서 가장 비중이 큰 과목이 영어와 수학이다. 영어와 수학은 수능 당일의 마음가짐에 따라 자신의 평소 실력보다 많게는 10~20점 이상 차이가 날 수 있다. 어찌 보면 수능의 당락을 결정하는 운명 같은 과목이다. 그러다 보니 영·수는 수능시험이 시작되기 전날까지도 반복하여 보고 또 보게 된다. 이처럼 중요한 과목인 영어와 수학은 나름대로 유사한 유형의 문제들이 주로 출제된다는 점에 주목해야 한다. 따라서 기존에 출제된 대입 수능문제 유형에 맞게 맞춤식 공부를 할 필요가 있다.

우선 영어와 수학은 2학년 2학기까지 교과서 진도대로 기초개념을 이해하고 교과서에서 자주 반복되어 나오는 유형이나 기본예제들을 꾸준히 풀어 볼 필요가 있다. 한마디로 기초공사 곧, 학업의 정지整地 작업을 단단히 해 두어야 한다. 이때까지는 기초를 탄탄히 쌓으면서 자신 없는 분야가 있다면 그 부분에 대해서만 보충 학습학원 수업이나 인터넷 방송, 대입 관련 사이트 등을 반복해서 할 필요가 있다. 다만 2학년이 다 끝나지 않았는데도 선행 학습 차원에서 기출문제집을 들추어 보거나 3학년 진도를 미리 나가서는 안 된다. 이때까지는 교과서에 나와 있는 기초 연습과 개념 이해에 몰두해야 할 시기이기 때문이다.

① 수능 영어의 준비

수능의 영어 준비는 2학년 겨울 방학 때부터 본격적으로 시작해야 한다. 우선 겨울 방학 때는 그동안 배운 교과서 내용 중 수능에 자주 출제되는 기본 문법과 생활영어, 지문 등을 문장 파악과 함께 꼼꼼하게 정리해 둔다. 여기에 대학 입시와 비슷한 유형의 기본예제들을 하나둘 풀어 보면서 수능시험 유형을 익혀 나가야 한다.

학생들의 영어 실력은 영어에 대한 노출 시간과 비례한다. 또한 영어 과목은 읽기, 쓰기, 말하기, 듣기영역을 골고루 잘해야 비로소 영어를 잘한다고 평가 받을 수 있다. 영단어를 암기할 때에는 그 단어의 문장 속에서의 쓰임을 알아야 하므로 예문과 함께 외우는 것이 매우 중요하다. 이렇게 하면 읽기와 쓰기가 동시에 발달한다. 영어 일기를 통해 작문 실력을 기르는 것도 좋은 방법이다.

말하기, 듣기를 잘하기 위해서는 영어 소리음소, phoneme에 대한 이해가 필요하다. 즉, 정확한 발음을 알고 익혀야 한다. 여기서 중요한 것은 소리를 반드시 따라해 보는 것이다. 눈으로만 읽고 외우는 것이 아니라 정확한 발음을 익혀 입 밖으로 소리 내어 따라해야 한다. 그 다음에는 다양한 영어 표현들을 문장째 암기하는 것이 가장 좋은 방법이다. 이때 중요한 것은 되도록이면 정확한 발음, 억양, 속도를 맞추어 반복적으로 소리 내어 따라해야 한다.

3학년 초기에서 시작하여 6월에 치르는 평가원의 모의평가 전까지는 무조건 다양한 유형의 지문들을 읽고 해석하면서 문맥 파악에 힘쓴다. 이때 주요 어휘에 대해서도 다시 한 번 점검해 보고, 실용영어 상황이나 기출문제에서 자주 출제됐던 주요 구문들도 꼼꼼히 체크해 둬야 한다. 또한 한 달에 한 번 정도는 자신의 실력도 테스트할 겸 '실전 모의평가' 유형의 문제를 수능시험 시간과 똑같이 배정해 풀어 보는 연습을 해 두자. 이런 연습을 자주 하다 보면 자신이 어느 유형의 문제들을 잘 틀리며, 장문의 지문을 해석할 때 시간이 얼마나 걸리는지 정확하게 알 수 있다. 3학년의 3월부터 6월까지는 한마디로 '내 자신을 잘 알 수 있는' 혹독한 연습 기간이 되어야 한다.

6월 모의평가 전에는 EBS의 예상 모의평가가 출제되는데 이것을 풀어 보면 큰 도움이 된다. EBS 모의평가 1회에 시중 모의평가 2회 정도를 보면 자신의 실력과 장단점이 그대로 노출된다. 대체로 최후의 모의평가 점수가 자신이 가져가야 할 수능 점수가 된다. 혹독하게 자신을 테스트하는 기간을 가져야 한다. 히딩크 감독도 축구 대표팀과 유럽 전지훈련을 가서 일부러 강팀들하고만 붙었다. 그때 그가 얻은 별명이 '5대 0'이었다. 결국 혹독한 담금질을 한 한국 축구는 세계 4강에 오를 수 있었다. 수험생이라면 자신의 약점을 확실히 알고 대비해야 최종적인 수능시험을 올바로 치를 수 있다는 말이다.

6월 모의평가를 치르고 나면 올해의 수능 출제가 어떻게 될지 대강의 유형을 미리 점칠 수 있다. 이때부터는 각 파트별로 자신에게 맞는 교재를 선택해 실제 수능에 대비한 공부를 해야 한다. 자신의 약점으로 드러나는 부분들이 있다면 그 부분에 대해서만 집중적으로 학원 강의를 들어도 좋다. 다만 학원이 부담스럽다면 EBS 강의나 메가스터디를 비롯한 입시 전문 유료 사이트 등에서 부족한 부분을 보강할 필요가 있다. 모의평가를 치른 다음에는 자신의 전국 실력을 알게 되므로 이에 맞는 수준별 영어문제 풀이와 학교에서 준비한 수준별 수업을 착실히 들으면서 실력을 키워 나가면 된다.

수능시험에서는 최근 들어 시사문제가 자주 출제된다. 따라서 이에 대한 대비도 철저히 해 둘 필요가 있다. 시사적인 내용의 글을 손쉽게 접할 수 있는 매체는 신문과 시사 관련 잡지이다. 영어 공부를 위해서는 중앙 일간지의 영자판을 읽는 것이 가장 좋다. 만일 그럴 만한 실력이 안 된다면 우선 한글 신문에서 시사적인 내용, 최근 이슈가 되고 있는 사회문제, 화제의 문화 사건 등을 꼼꼼히 읽어 두고 동일 내용의 중앙지 영자판과 비교해 가며 영어 독해 공부를 겸해서 하는 것도 좋다.

② 수능 수학의 준비

수학 공부를 잘하려면 정말 승부 근성이 있어야 한다. 수학적으로 능력이 뛰어난 학생은 조금만 노력해도 좋은 결과를 얻는다. 그러나 그런 학생은 타고난 극소수이다. 수능의 수리 (나)형 1등급은 70점대에서 나오는 경우가 많다. 결국 원점수 70점 이상이 4%로 한 반에 한 명꼴이다. 그러니 90점 이상은 없을 수도 있다.

결국 수학적 능력은 타고나는 것이 아니라, 끈질긴 노력을 통해 습득하는 것이다. 그러니 수학은 별다른 공부 방법을 찾기 전에 먼저 꾸준하게 공부하는 마음가짐부터 갖는 게 매우 중요하다. 그러니 학생들은 무조건 일정하고 꾸준하게 수학을 공부해야 한다.

수리영역은 학생간의 개인차가 가장 많이 드러나는 분야이다. 그런 만큼 실력에 따라 자신에게 가장 효과적인 수능 준비를 하는 것이 중요하다. 보통 중위권 학생들부터 고3의 어느 시점이 되면 수학을 포기하는 학생들이 하나둘 생기게 된다. 하지만 특히 남학생의 경우 수학을 포기한다는 것은 '서울의 기타대'까지 포기하겠다는 것과 같은 의미이다. 수학 공부는 노력한 만큼 그에 따른 보답이 있다는 점을 명심하고 끝까지 포기하지 말고 노력해야 한다.

상위권 학생의 경우

우선 상위권 학생들은 고2 겨울 방학이 지금까지의 실력을 유지하기 위한 가장 중요한 시기라는 점을 명심해야 한다. 고2가 끝나도 수능시험 범위의 60%가량을 소화한 것에 불과하다. 아직도 공부해야 할 내용이 많이 남아 있다는 의미이다. 따라서 2학년 겨울 방학 때는 지금까지 교과서에서 배웠던 주요개념을 철저히 자기 것으로 만들고, 기본예제를 응용한 다양한 문제들을 풀어 봐야 한다.

고2 때까지 수학 성적이 상위권인 학생이 고3 때 다른 과목에 신경을 쓰다가 금세 중위권으로 곤두박질치는 경우가 의외로 많다. 고3 때에는 배우는 범위가 늘어나기 때문에 여기에 맞게 문제 풀이를 더 많이 해야 한다. 그렇지 않으면 고2 때까지 좋은 점수를 받았더라도 고3에 올라가 잠시 방심하다가 충격적으로 초라한 점수를 받을 수 있다. 하지만 사실상 고3에서 다루는 문제는 그 내용이나 개념에 있어 이미 고2 때까지 다 배운 것이다. 수학의 경우 두루 변화시키고 적용해 나가는 다양한 문제 풀이의 경험 여부가 학생들간에 중대한 성적차를 만들어 낸다는 점을 기억해야 한다.

또한 상위권 학생이라면 뻔히 알면서도 실수로 틀리는 문제가 있어서는 안 된다. 어차피 상위권 학생들은 한두 문제로 인해 대학 입시에서 당락이 좌우될 확률이 높기 때문이다. 그러니 실수를 최소화해야 한다. 이를 막을 수 있는 유일한 방안은 끊임없는 문제 풀이뿐이다. 또한 많은 문제를 풀다 보면 결과보다는 풀이 과정을 중시하는 학습 습관을 기르게 된다. 이렇게 되면 난이도 높은 문제나 풀이 과정을 묻는 문제가 나와도 당황하지 않고 침착하게 문제를 잘 풀 수 있다.

3학년 초부터 6월 모의평가 전까지는 중요한 기본문제를 꾸준히 반복적으로 풀어 보기 바란다. 여기에 기본예제를 응용한 고난이도 문제도 자주 풀어서 자신이 취약한 부분을 명확히 파악해 두어야 한다. 시간이 좀 더 허락되면 모의평가에 대비한 기출문제도 자주 풀어서 실전형 문제에 익숙해지도록 꾸준히 연습할 필요가 있다.

6월 모의평가를 치르고 난 다음에는 특별히 취약한 특정 단원이나 문제를 꼼꼼히 점검해야 한다. 그리하여 보다 집중적으로 문제를 풀고 주요개념을 자신의 것으로 소화해야 한다.

이때 자신이 자주 틀리는 문제나 자신 없는 단원에 대해서는 인터넷 강의를 적극적으로 활용하라. 특히 수학에서는 상위권 학생들이 이런 보충 수업을 얼마나 효과적으로 활용하느냐에 따라 결과가 달라질 수 있다.

중위권 학생의 경우

중위권 학생들이 가장 난감해하는 것은 잘 아는 단원과 그렇지 못한 단원 사이의 편차가 너무 크다는 점이다. 그러니 중위권 학생이라면 고3 수험 기간 내내 수학 공부를 놓지 않는 것이 가장 중요하다. 이 경우의 학생들은 기본예제에서는 어렵지 않게 문제를 푼다. 그러다 조금이라도 응용을 하거나 다른 개념의 문제를 섞어서 내면 그만 손을 놔 버리고 만다.

우선 2학년 겨울 방학이 되면 단원의 주요개념을 철저히 복습해 완전히 이해하도록 하는 게 중요하다. 여기에 각 단원의 기본개념을 심화시키는 문제들을 중점적으로 풀어 봐야 한다. 이때는 비록 많은 시간이 걸리더라도 정답 풀이집을 보지 말고 자신이 직접 문제를 푸는 연습을 꾸준히 해야 한다.

3학년 초부터 6월 모의평가 전까지도 기본개념 이해와 함께 기본예제를 응용한 문제들을 계속해서 풀어 보는 연습을 게을리 하지 않아야 한다. 이 부류의 학생들은 대개 자신의 수준에 맞는 기초문제 풀이에 치중하기보다는 상위권 학생들이 하는 문제 풀이를 따라하는 경향이 많다. 중위권 학생들이 단원에 따라 이해 정도의 편차가 심한 것은 아직 수학의 원리와 기본 법칙을 확실하게 자신의 것으로 소화해 내지 못했기 때문이다. 따라서 이런 학생들은 고난이도 문제에만 너무 집착하지 말고 자신의 수준에 맞는 난이도의 문제를 반복해서 풀고 또 푸는 것이 좋다. 3학년 여름 방학 때에는 지금까지 배운 교과서의 기본 원리와 개념을 묻는 수능 기출문제를 반복적으로 풀어서 수능 수리영역의 유형을 익히는 연습을 해야 한다.

3학년 가을부터 수능시험 전까지는 앞서의 단원별 주요개념 문제를 자신이 풀 수 있는 난이도의 문제 중심으로 풀어 보아야 한다. 이로써 아는 것도 틀리는 실수를 저지르지 않도록 꾸준히 연습할 필요가 있다.

하위권 학생의 경우

수능시험은 언제나 난이도를 고려해서 상·중·하의 수준에 맞는 문제를 골고루 출제하도록 되어 있다. 따라서 하위권 학생이라고 해서 문제에 손도 못 대는 경우는 없다.

무엇보다도 중요한 것은 하위권 학생들이라도 수학을 포기하지 말아야 한다는 점이다. 2학년 겨울 방학 때까지 지금까지 배운 수학 교과서에서 자신이 이해할 수 있는 내용들을 중심으로 기본개념을 익히는 데 주력하도록 하자. 명제나 방정식, 기초함수, 미·적분 개념 정도는 조금만 노력하면 이해할 수가 있다.

여기에 EBS 수학 강좌나 곰TV, 사설 대입 관련 사이트의 수준별 수업 등을 수강해 모르는 개념을 알 때까지 질문하고 구체적인 지도를 받도록 한다.

3학년 초부터 여름 방학까지 하나둘 기본적인 개념을 이해하고, 기본예제를 중심으로 아는 것만이라도 자주 풀어 보도록 하자. 수능시험에서는 간단한 계산 과정만 알아도 맞힐 수 있는 문항이 상당수에 달한다. 자신의 수준에 맞는 쉬운 문제를 많이 풀어 보도록 하자. 수학에 자신이 없는 학생일수록 자꾸 문제를 풀어 보는 연습을 할 필요가 있다. 이때 전혀 풀 수 없는 문제는 교과서의 문제 풀이 과정을 꼼꼼히 노트에 옮겨 적는 연습을 계속 하라. 그러다 보면 어느 때쯤이면 "아, 이 문제는 이렇게 풀면 되는 거구나." 하는 자기 식의 문제 풀이 요령을 터득하게 된다. 무엇보다도 문제 풀이 노트를 꾸준히 쓰다 보면 기본 원리에 대한 이해가 차츰 빨라지고 가끔은 스스로 정답도 찾을 수가 있게 된다. 물론 자신의 수준에 맞는 문제만 그렇게 풀고, 난이도가 높은 문제나 응용문제 등은 과감히 포기하는 게 좋다. 대신 해결 가능한 문제에 초점을 두어 적극적으로 노력을 기울이는 게 중요하다. 하위권 학생들의 수학 공부 비법은 바로 "포기하지 말고 자신만의 문제 푸는 비법을 터득하라."는 것이다. 수학에서 자신이 생각했던 것보다 두세 문제만 더 맞힐 수 있다면 자신이 생각했던 대학보다 2단계 높은 대학의 문을 두드려 볼 수 있을 것이다.

사회탐구, 학교 수업 진도에 맞추자

사회탐구영역에는 한국지리, 경제지리, 사회문화, 정치, 윤리, 법과 사회, 경제, 한국사, 세계사가 포함된다. 인문계 학생은 이중에서 자신이 원하는 과목을 택해서 시험을 보면 된다.

사회탐구영역의 과목들은 주로 기본개념을 이해하고, 한국 사회와의 연관성을 묻는 문제나 지리 현상을 제시하고 현재의 기후 변화와 연관지어 묻는 문제들이 많이 출제되곤 한다. 또한 한국사를 과거와 현재의 사건을 묶어서 통사적으로 묻는 문제나 세계사의 한 사건이 현대에 미치는 영향을 묻는 문제들이 곧잘 출제되곤 한다.

사회탐구 과목은 특별히 어느 시기에 공부하기보다 학교 수업 진도에 맞춰서 평소 수업에 충실하되 나름대로 시기를 나눠서 집중적으로 공략하는 것이 좋다.

우선 2학년 말 겨울 방학에는 사탐 과목 중 자신이 대입시험에서 볼 과목을 선택해야 한다. 그리고 선택한 과목의 주요개념 위주로 공부하며 체계를 잡아야 한다. 지엽적이고 세부적 내용보다는 핵심 사항, 개념, 이론에 대한 이해 위주의 학습을 해야 한다. 항상 교과서 중심으로 핵심 사항을 정리하고 그 다음에 학습서나 교재의 여백에 주요개념을 적어 놓는 것도 좋은 방법이다.

다음으로 3학년 1학기에는 모의평가를 보기 전까지 평소에 학교 수업 진도에 따라 자연스럽게 공부를 해야 한다. 그런 다음 모의평가를 통해 자신이 잘하는 부분과 자신 없는 부분을 파악할 필요가 있다.

1학기 여름 방학 기간 중에는 모의평가에서 드러난 사탐 과목의 취약점을 토대로 사탐 과목의 주요개념을 정리할 수 있는 시간을 갖는다. 이때는 개념 학습을 통해 익힌 것들을 보다 체계적으로 응용, 심화시키는 학습 훈련을 하는 것이 좋다.

2학기 들어서는 사탐 과목의 개념 학습과 심화 과정에 따라 정리된 것을 연습문제를 통해 실전 감각을 길러야 한다. 이때 취약한 부분이나 놓친 내용을 복습하면서 확인 정리하여야 한다. 많은 양의 문제 풀이에 집착하기보다는 제대로 된 정확한 문제 풀이로 적응력을 높여야 한다. 자신만의 오답노트를 작성해 보는 것도 좋은 방법이다.

마지막으로 수능 한 달 전까지 최종 정리를 한다. 지금 보는 것이 마지막이라는 마음으로 정리하며, 이때라도 개념 이해가 부족한 부분을 발견하면 이해할 때까지 책을 찾아보며 생각하고 기본 내용을 확인한다. 내용과 문제의 유기적 연결을 통한 최종 정리를 해야 하는 것이다.

과학탐구, 3학년 여름 방학까지 완전히 마스터하자

과학 과목은 물리, 화학, 생물, 지구과학의 네 과목이다. 물론 각 과목은 I·II로 각기 나누어진다. 자연계 학생의 경우 2학년 겨울 방학까지는 웬만해선 언어나 수리, 외국어영역의 공부에 시간을 집중 투자하고 과탐 과목은 3학년 시작과 함께 수능 준비를 하는 경우가 많다.

그러다 보니 물리나 화학 같은 개념 이해가 어렵고, 실험이나 그래프 파악이 어려운 과목은 수능시험일이 다가올수록 점점 더 버거운 짐으로 취급되기 일쑤였다.

과학 과목은 무엇보다도 기본개념의 이해를 통해, 실험이나 실생활에 응용하는 다양한 문제가 나올 가능성이 크다. 그러므로 2학년 겨울 방학 때부터 그때까지 배운 내용에 대해서 꼼꼼하게 정리해 둘 필요가 있다. 특히 2009학년도 대입부터는 수능등급제가 폐지되고 점수제로 환원되는 만큼, 1점이라도 더 높은 점수를 받는 것이 급선무다. 따라서 자연계 학생들은 보다 높은 점수를 올릴 수 있는 교두보로써 과학 과목을 심도 있게 공부하는 자세가 필요하다. 국·영·수 과목에 비해 투자

한 시간 대비 성취도가 높은 과목이 과탐 과목이기 때문이다.

2학년 겨울 방학에는 탐구영역의 학습량을 대폭 늘릴 필요가 있다. 과학탐구 과목은 단기간에 완성할 수 있는 영역이 아니라 원리나 개념, 상황 등을 차근차근 이해하고 기초개념에서 발전해 복잡한 고난이도 개념까지 이해해야 하는 계단식 학습 과목이다. 따라서 2학년 겨울 방학부터 과탐 과목의 기본개념을 이해하고 중요한 공식이나 화학표 같은 것은 철저히 암기해 두어야 한다. 이 시기에는 교과 내용의 목차를 완벽하게 암기하고 한 편의 이야기로 재구성할 수 있을 정도로 개념을 전체적으로 파악하고 있어야 한다.

3학년 초부터 여름 방학까지는 과학 과목의 주요개념을 완전히 자기 것으로 소화하고 있어야 한다. 주요개념을 마스터하기 위한 효과적인 학습법은 과학 과목을 테마별로 정리해서 암기하는 것이다. 예를 들어 문제를 풀면서 '평면에서의 운동 상황', '생명 현상의 특성', '지구 환경의 상호 작용' 등 주제별로 정리를 하면서 공부를 하는 것이 좋다. 이 시기에 심화개념까지 공부해 두면 수시 논술에 대한 대비까지 할 수 있다. 이때 시간 조절에 완급을 두어 언어·외국어·수리에 지장을 주지 않을 정도로 공부하는 것이 바람직하다. 학기 중에는 내신을 중심으로 수능 대비를 병행하는 것이 필요하다.

여름 방학 때에는 지금까지 공부한 탐구영역 과목을 압축·요약·정리하는 시기로 삼아, 약점으로 생각되는 부분을 따로 집중 보완해야 한다. 여기에 지금까지 치른 모의평가 오답 정리를 한다면 9월 모의평가에서 좋은 점수를 기대할 수 있다.

9월 모의평가 이후부터 수능일까지는 기출문제나 평가원 모의평가를 반복해서 계속 풀어 봄으로써 수능 탐구영역의 문제 유형을 철저하게 자기 것으로 익혀 둘 필요가 있다. 이때 중요한 것은 수능이 얼마 남지 않은 시기라 조급해도 절대로 유지해 왔던 페이스를 잃으면 안 된다는 점이다. 마지막 한 달을 남겨 두고는 기존의 기출문제나 파이널 총정리집 등을 통해 주요개념을 철저히 암기하고 각종 응용문제에도 대비해 두어야 한다.

수능시험의 본질과 출제 경향

지난 10년간 규제 일변도였던 대입 정책이 자율과 경쟁으로 대전환을 맞게 됐다. 정해진 틀에 맞춰 공부해 왔던 수험생 입장에서도 인식의 전환이 필요한 만큼 변혁적인 상황이다.

앞으로의 수능은 어떻게 변하는 것일까? 입시 전문가들과 대학 관계자들은 크게 세 가지 측면에서 변화가 예상된다고 지적하고 있다. 그리고 이에 대한 대비책도 제시하고 있다.

첫째, 수능시험에서 등급과 함께 백분위와 표준점수가 제공된다.

표준점수와 백분위가 제공되면 등급보다 총점이 중요해진다. 김혜남서울시 교육청 대학진학지도 지원단 팀장 선생님은 "등급제에선 모든 과목을 골고루 잘하는 게 중요하지만 총점제에서는 잘하는 과목에서 높은 점수를 받는 게 중요하다."고 조언한다.

또한 대학 입학처장들은 "전형 방법이 바뀔 뿐인지라, 학생 입장에선 아무런 변화가 없기 때문에 지금까지 해 오던 방식대로 공부하면 된다."고 조언한다.

둘째, 내신 반영이 자율화돼 정시모집에서 수능의 영향력이 더 커진다.

당장 2009학년도부터 대학들은 내신 반영 비율을 자율적으로 결정할 것이다. 이에 대해 황규호 이화여대 입학처장은 "2008학년도 입시는 교육부가 무조건 학생부로만 합격자들을 뽑아 달라고 강하게 요구했다. 하지만 2009학년도부터는 논술·학생부·수능 반영 비율이 대학마다 천차만별이 될 것이다."라고 전망했다. 대입 전문가들은 한결같이 "정시모집에서는 수능 비중이 높아지고, 수시모집에선 논술과 학생부 전형이 강세를 보일 것이다. 수험생들은 자신의 모집 전형 방법에 따라 공부할 분야를 확실히 정해야 한다."고 말하고 있다.

셋째, 대입 전형이 다양화될 것으로 예상할 수 있다.

당장 2009학년도부터는 시행되기 어렵지만 2011년 이후 수능 과목이 축소되면 대입은 완전 자율화될 전망이다. 이는 대학이 원하는 학생들을 알아서 뽑는 방식으로 대입 전형이 다양화될 것이라는 것이다.

앞으로의 대입 전형에 대해 한 대학의 입학처장은 "과거 1970년대식의 국·영·수 위주의 본고사는 부활하지 않을 것이다. 대신 완전 자율화가 실현되면 대학마다 전형 요소가 미국처럼 훨씬 복잡해지고 천차만별이 될 것이다. 대학 측에 강한 인상을 심어 줄 수 있는 다른 특기와 과외 활동을 보여 줘야 대학문을 들어설 수 있을 것이다."고 전망했다.

여기서 잠시 미국의 대학 입시를 살펴보자. 입학 전형은 내신GPA과 우리의 수능시험에 해당되는 수학능력시험SAT의 조합으로 하여 다양한 경우의 수가 발생한다. 보통 주립대는 내신GPA을, 사립대는 수학능력시험SAT을 중시한다. 여기에 더하여 동부의 유명 대학들인 아이비리그는 고등학교에서의 봉사 활동, 클럽 활동, 자치 활동을 매우 중요한 전형 요소로 삼고 있다.

이제 학생들도 변화하는 입시의 본질에 맞춰 자신이 원하는 대학의 학과를 어떻게 지원할지를 고민해야 할 때가 다가오고 있다. 그에 앞서 우선 수능시험의 본질은 어떤 것인지 살펴보고, 이에 대한 대비부터 철저히 하도록 하자.

언어영역

언어영역은 말 그대로 언어를 사용하는 모든 영역의 상황을 문제화하겠다는 시험이다. 따라서 중요한 것은 언어영역이란 '의사소통'에 관한 다양한 능력을 테스트하는 시험이라는 점이다. 의사소통의 과정은 대화와 더불어 읽고 쓰는 능력을 포함한다. 누군가가 전달하고 싶은 내용을 가지고 있고 상대방에게 어떤 형식을 사용해서 그 내용을 전달하면 그에 대해 이해하고 반응을 보이는 것, 이 모든 과정과 표현이 다

의사소통인 것이다. 따라서 문학이든, 비문학이든, 생활문이든, 정보든 간에 이를 말하고자 하는 사람과 받아들이는 사람 사이의 정확하고 올바른 의사소통을 문제로 삼는다. 결국 이에 관한 다양한 상황들을 물어서 가장 바람직한 대답을 듣고자 하는 것이 언어영역 시험의 본질이라고 보면 된다.

언어영역은 1교시에 치르는 시험이라는 점에서 수능시험에서의 상징적인 의미가 높다. 언어 시험의 결과가 나중에 치를 시험에도 영향을 미쳐 다른 영역의 시험에 대한 집중력을 높여 주거나 반대로 형편없이 떨어뜨리기도 한다. 무엇보다도 인문계 학생에게는 언어영역이 가장 비중이 높고 중요한 과목이며, 자연계 학생에게도 고득점 획득을 위한 필수적인 과목이라는 점을 숙지해야 한다.

최근의 언어영역 문제들은 개념과 원리를 중시하는 원론적인 문제들이 많이 출제되고 있다. 1980년대 시기의 지식에 관한 축적 정도를 묻던 특정 지식 위주의 성격에서 이미 많이 벗어나 있다. 언어영역에서는 주어진 지문에 대한 추리 과정과 논지의 적합성 등을 묻는다. 따라서 과거의 주지적인 성격의 내용은 〈보기〉와 같은 자료를 통해 제시될 따름이다. 출제자는 이를 통해 수험생에게서 논리의 전개 과정이라든가 비판 과정의 타당성을 묻는 등의 분석적 사고를 측정하곤 한다.

따라서 수능시험에서 언어영역을 준비하는 학생들은 어떤 사건을 그 자체로만 보는 단편적인 시각이 아닌 큰 틀에서 흐름을 읽는 시야가 필요하다. 예컨대 문학을 배운다면 고전문학에 나타난 선조들의 삶을 현대인의 생활과 연관시키는 통시대적 분석 방법에 치중해서 공부하는 태도가 요구된다. 그런 면에서 공부하는 학생들은 분석적인 방법으로 문제 사안을 거시적 입장에서 바라보는 태도가 매우 중요하다. 예컨대 문학 작품에서도 현대시를 다루는 경우라면 특정한 해석이 아닌 상식적인 추론의 과정이 중요시 된다. 이 경우 학생들은 "시의 화자가 어떤 태도를 가지고 어떠한 시적 배경에서 어떤 행동을 하고 있는가?" 하는 시적 정황에 대해 정확하게 추리해서 확인할 수 있다면 모든 문제가 해결되는 것이다. 시인에 대해, 시대에 대해 걱정할 필요가 없다. 이러한 주지적인 성격을 지니는 외재적 차원의 내용은 〈보기〉로 친절하게 제시되기 때문이다. 따라서 학생들은 듣기, 쓰기, 문학, 비문학 등을 하나의 과제로만 공부하지 말고 다양한 언어환경 속에서 비교해 보고, 분석해 보고, 유추해 보는 연습을 평소에 많이 해야 한다.

수리영역

2008학년도 수능에서 학생들은 학교에서 자주 풀어 본 유형의 문제들이나 기출문제 유형의 문제들이 많이 출제돼 큰 부담을 느끼지 않았다. 이러한 경향은 크게 바뀌지 않아 2009학년도를 위한 모의평가에서도 그 경향성을 그대로 이어 가고 있다. 그런 만큼 당분간 수능의 수리 영역에서는 교과서형 문제나 기출문제 등을 기초로 응용된 문제들이 출제될 가능성이 높다.

그해의 수능 경향은 주로 6월과 9월에 평가원이 주관하여 실시하는 모의평가의 경향이 반영되는 경우가 많다. 따라서 2009학년도 입시를 준비하는 학생들은 수능과 평가원 주관의 모의평가 기출문제를 중심으로 다양한 문제를 많이 풀어 봐야 한다.

특히 전년도 수능시험 문제는 앞으로의 출제 경향을 살필 수 있는 훌륭한 자료이다. 따라서 학생들은 2008학년도 수능문제를 풀면서 수능 기출문제는 어떤 유형이 자주 출제되는지, 그리고 중요하게 출제되는 개념과 단원은 무엇인지를 점검해야 한다. 이로써 자신이 부족한 단원이나 자신 없는 부분을 보강하는 연습을 남은 기간 동안 꾸준히 할 필요가 있다. 무엇보다도 무턱대고 문제만 많이 푸는 것이 능사가 아니라는 점을 알아야 한다. 이전의 문제 경향과 최근의 문제 유형을 파악하고 여기에 맞는 문제를 풀어 보는 것이 중요하다.

또한 최근의 수능 수리영역은 기본적인 개념을 묻는 문제가 많아지고 있는 추세이니, 수학의 기본적인 개념에 대해 제대로 이해하는 공부가 선행되어야 한다. 이때는 단원의 기본 공식을 무조건 외우기보다는 어떤 개념에서 이 문제가 나왔는지를 먼저 파악하고 이를 바탕으로 문제를 풀어야 한다.

외국어영역

외국어영역은 수험생들이 가장 피곤하게 치르는 시험이다. 앞선 시간대에 치른 시험이 외국어영역의 시험에 민감한 영향을 끼치는 경우가 많다. 너무 오래 정신을 집중해 시험을 봤기 때문인데, 지속적으로 긴장을 유지하는 것이 중요하다는 점을 학생들은 명심해야 한다.

외국어영역은 많은 학생들이 시간이 부족했다는 말을 자주 한다. 장문의 지문이 나오는 만큼, 지문을 독해하는 데만 많은 시간이 걸리기 때문이다.

최근의 문제는 수험생들이 자주 접해 보지 못한 낯선 유형이 많이 출제돼 수험생들을 당황하게 한다. 주로 시사적인 내용의 지문이나 회사의 프레젠테이션 자료 같은, 교과서 밖 지문들이 자주 제시되곤 하는 것이다. 이런 낯선 소재의 글이나 시사적인 글은 평소 이에 대한 배경지식이 없는 수험생들에게는 무척 어렵게 느껴질 수밖에 없다. 하지만 이런 유형의 문제들은 의외로 평이한 수준의 답을 요하는 경우가 많으므로 당황하지 말고 차분히 글의 맥락을 이해한 다음에 질문의 의도를 잘 파악해 정답을 맞혀야 한다. 또한 평소에 교과서 관련 지문뿐 아니라 정치적인 이슈나 주요한 경제 사안이나 흐름, 최신 산업계 동향 등에 관한 다양한 소재의 영어 지문을 꾸준히 직독 직해하는 습관을 들여야 한다.

최근의 외국어영역 문제는 단순히 문장 하나를 독해해서 문제를 푸는 유형에서 벗어나, 전체의 숲을 바라보는 것과 같은, 정보를 종합하는 능력을 요구한다. 결국 단순히 긴 문장에 긴장할 것이 아니라 글에서 제시하고 있는 다양한 정보를 하나로 묶어 통합해 내는 종합적인 사고가 중요하다. 즉, 과거에는 장문의 지문이 나오면 대개가 글의 도입 부분이나 결론을 맺는 부분에 핵심이 요약된 문장이 있어, 결정적인 문장만 이해할 수 있으면 문제가 요구하는 정답을 찾는 데 그리 큰 어려움이 없었다. 하지만 최근의 시험 경향은 달라지고 있다. 곧, 글의 전체 내용의 이해를 기본으로 하고 지문에서 주어진 정보를 모으고 분석해서 출제자가 요구하는 질문에 정확히 답할 수 있는 능력이 요구되고 있다.

외국어영역은 독해를 잘해야 주어진 질문에 제대로 답할 수 있기 때문에 직독 직해하는 기본적인 훈련을 평소에 꾸준히 해 둘 필요가 있다. 세세하게 문법을 따지고 단어의 뜻을 모두 알아내서 일일이 해석하는 것보다는 대략적인 내용의 파악을 빨리 할 수 있는 능력을 기르는 것이 중요하다. 수능에 맞는 효과적인 직독 직해는 교과서 내용보다 조금 어려운 수준의 문장들을 자주 읽으면서 자신이 생각했던 독해 내용과 해답을 비교해 보는 방법이 상당히 좋다.

근래 수능의 특징은 독해 지문 속에 사용되는 어휘 수가 제법 늘었다는 것이다. 이처럼 늘어난 어휘와 지문의 길이 때문에 학생들은 외국어영역을 더욱 어려운 과목으로 인식하고 있다. 따라서 한 달에 한 번 이상은 외국어영역 시험 시간과 똑같은 시간 안에 실전모의 문제를 풀어보는 연습을 할 필요가 있다. 무엇보다도 평소에 가능한 한 많은 지문을 읽어 내야 한다. 지문의 이해력과 읽기 속도는 비례한다는 실험 결과가 있다. 속도가 날 때 독해는 해결된다.

사회탐구영역

사회탐구영역에서는 최근 들어 교과서 내용의 개념이나 원리를 바탕으로 이를 실생활과 연관시켜 학생들의 이해를 구하는 문제들이 많이 출제되고 있다. 즉 기본적인 지식 정도를 측정하는 문제보다는 교과서에 나온 그래프나 연표, 도표 등 각종 그래픽 자료들을 지문으로 제시하고 역으로 교과서 개념을 이해하고 있는지를 묻는 문제가 더 많이 출제된다는 것이다.

또한 사회 현안과 관련된 시사적인 문제를 교과서에 나와 있는 법과 정치, 경제, 사회문화의 주요개념과 연관지어 학생의 사고력과 개념 이해를 묻는 보다 심층적인 문제들도 자주 출제되고 있다.

따라서 최근의 사회탐구영역의 출제 경향을 감안해 학생들은 먼저 교과서에 나오는 다양한 그래프나 도표, 사회과 부도의 지도나 연표 등을 꼼꼼하게 정리해 둘 필요가 있다. 다음으로 정치나 사회문화, 세계사 교과서의 주요개념들을 잘 정리해 두고 이를 토대로 국내외 정치·사회 현안을 정리해 둘 필요가 있다. 가령 중국을 비롯한 강대국의 민족화 경향과 소수민족의 분리 독립 문제, 광우병 문제와 FTA와의 연관성, 세계화와 국가의 보호무역 문제, 신자유주의와 세계 금융 위기 등을 정리한 예상문제집을 보면서 자신의 견해를 노트에 꼼꼼히 적어 놓는 연습을 해야 한다.

특히 시사성을 띠는 문항 출제에 대비해 언론 매체에서 비중 있게 다루는 사회적 쟁점이나 소재 등에 대한 기사를 읽고, 교과의 학습 내용과 연관해서 그 의미를 파악해 본다.

수능 사회탐구영역은 다분히 그해 평가원 주관의 모의평가의 출제 경향을 반영한 경우가 많았다. 2008학년도 수능에서도 2007학년도 수능과 평가원의 기출문제와 비슷한 유형의 문제나 이를 다소 뒤틀어 놓은 문제들이 많이 출제되었다.

따라서 고3 수험생들은 먼저 그래픽 자료의 정리를 마치고 시사문제와 교과서 주요개념의 연관 정리를 다 끝내야 한다. 이후 필히 전년도 수능시험 문제와 6월과 9월에 시행되는 평가원 주관의 모의평가 기출문제를 반드시 꼼꼼하게 살펴보고 주요 경향을 체크해 두어야 한다. 실제 수능시험에서 이들 기관의 문제들이 형태만 달리해 출제되거나 난이도를 바꿔서 재구성한 문제들이 출제될 확률이 높기 때문이다.

　　최근 사회탐구영역의 수능문제는 한 가지 개념만 알고 있어서는 풀기 힘든 복합적인 문제가 출제된다. 대부분 한 문제에서 여러 가지 개념을 적용해야 풀 수 있는 지문을 제시하거나 한 가지 개념의 깊이 있는 사고를 묻는 문제들이 주로 출제되고 있다. 따라서 학생들도 교과의 개념을 익힐 때에는 정확하고 심도 있게 핵심을 파악해 두는 연습이 필요하다. 또한 교과서의 내용을 전체적으로 꿰뚫어 이해하는 태도를 지녀야 하고, 핵심개념과 연관된 다른 개념도 함께 이해하는 공부를 할 필요가 있다. 만약 사회탐구 과목에서 이해가 잘 안 되는 부분이 있으면 그 부분은 개념도를 만들어서 전반적인 교과 속에서 파악해 두는 공부를 하면 수능시험에 큰 도움이 될 것이다.

　　수능시험에서 사회탐구영역 문제로 나오는 문항들은 반 이상이 자료분석 문제들이다. 따라서 학생들은 주어진 자료만 잘 해석하면 웬만한 문제는 어렵지 않게 풀 수가 있다.

과학탐구영역

　　수능시험에서 과학탐구영역은 기본적으로 인체를 비롯한 자연 현상을 탐구하고 이에 따른 기본적인 지식 여부를 묻는 경향이 강하다. 최근 수능시험에서의 과학탐구영역 문제들도 앞서 사회탐구영역과 유사하게 다양한 그래픽 자료들을 이용한 학습 과정을 묻는 문제들이 많이 출제되고 있다. 또한 지구 온난화나 인체의 질병 등에 관한 실제 자료를 지문으로 제시하고 여기에 과학 교과 개념의 이해를 묻는 문제들도 다수 출제되고 있다.

따라서 고3 수험생들은 달라진 출제 경향에 대비해 다양한 자료들그래프, 도표, 실험 상황, 신문 기사, 그림 등을 교과서의 주요개념이나 다양한 과학 상황과 접목해서 이해하는 공부를 평소에 철저히 해 둘 필요가 있다.

또한 최근 과학탐구 영역에 실험탐구에 대한 문제들이 다수 출제되는 경향이므로 이에 대한 이해를 철저히 해 유사한 문제 출제의 경우에 대비해야 한다.

마지막으로 단순한 과학 현상을 묻는 문제이면서 복잡한 계산 과정을 거쳐야 문제를 해결할 수 있는 문항들도 자주 출제되고 있다는 점을 상기해야 한다. 학생들은 주요개념을 단순히 이해하는 차원을 넘어서서 기본개념이나 공식과 연관지어 문제를 풀 수 있는, 다소 수학적인 해결을 요하는 문제 유형에 익숙해지는 훈련을 해 둘 필요가 있다.

효과적인 단계별 수능 전략

고3이 되면 자신의 미래를 구체화하기 위해 대학에 가서 어떤 공부를 할 것인지를 학기 초에 정하고 원하는 대학의 원하는 학과에 들어가기 위한 치열한 공부를 시작해야 한다.

고3이 되는 학생들은 1학기가 시작되기 전에 자신의 적성과 진로, 장래 직업에 대해 진지하게 생각하는 시간을 꼭 갖도록 하자. 먼저 적성에 따라 진로를 정하고 그에 맞는 학과를 정한 뒤에 마지막으로 대학을 정하도록 하자.

일단 목표를 정했다면 절반은 성공한 셈이다. 이제부터는 주어진 목표에 따라 열심히 공부만 하면 된다.

하지만 무턱대고 공부만 한다고 해서 원하는 대학, 바라는 학과에 합격할 수 있는 것은 아니다. 무엇보다도 한 해 동안 수험생활을 어떻게 할 것인지에 대한 전략을 세우고 이에 따른 세부 계획을 짠 뒤, 그에 맞취 계획한 바를 하나하나 실천에 옮기는 것이 중요하다. 이야말로 가장 효과적인 고3 수험 공부 전략이라고 할 수 있다.

이를 위해서는 먼저 다음의 7단계 기본전략에 따라 계획을 세우고 실천하는 것이 좋다.

1단계 지원 가능한 대학 선정

자신의 현재 학업 성적과 부모의 기대, 경제적 상황, 적성, 자신의 희망 등을 종합적으로 고려하여 지원 가능한 대학을 수시 서너 곳, 정시 세 곳 정도 정해 놓는다.

2단계 모집 시기별 전형 유형과 자료 분석

1단계에서 선정한 대학들의 수시모집 전형과 자료, 정시모집 전형 등을 꼼꼼히 살펴 자신이 지원할 수 있는 대학인지 아닌지, 지원이 가능하다면 어떤 전형 요소들을 보완해야 할지를 세심하게 점검해야 한다. 이때 부족한 것들은 미리 보완책을 강구해야 한다.

3단계 모집 시기별 지원 전략 수립

수시모집의 1단계는 학생부 성적이 당락을 좌우하는 경우가 많으므로 비교적 내신 성적이 우수한 학생들이 대거 지원하게 된다. 특히 대학마다 서로 다른 전형 조건을 제시하므로 이에 따른 맞춤형 지원이 필요하다. 자신이 어학이나 리더십, 특기자전형 등에 자신이 있다고 생각하는 학생은 과감하게 수시모집에 지원해 보는 것도 좋은 방법이다. 단수시모집은 최저학력기준이라고 해서 수능 성적에서 대학마다 요구하는 최소한의 성적이 있고, 이것이 대폭 강화되는 추세에 있다는 점을 염두에 두어야 한다. 결국 수시의 마무리는 수능시험으로 이루어진다는 사실을 명심해야 한다.

4단계 정시 목표 대학 선정

학생부 성적에 자신이 없거나 수능시험에서 고득점을 노리는 학생이라면 정시모집 '가', '나', '다' 군에서 자신이 원하는 대학과 학과의 전형 요소들을 꼼꼼히 살필 필요가 있다. 물론 수능시험에 최대한 대비하는 것이 급선무이다. 짬날 때마다 자신이 원하는 대학과 학과의 모집 요강과 준비할 서류, 특별한 전형 요소들이 무엇인지 꼼꼼히 살펴 미리 준비하는 것이 좋다.

5단계 학습 계획 수립

수시가 됐든, 정시가 됐든 간에 흔들리지 않고 꾸준하면서도 철저하게 대입 준비를 하는 것이 가장 중요하다. 최근 입시는 수능시험과 더불어 수시 전형 자료 확보나 심층 면접, 논술도 다 중요한 대입 준비 사항이 되어 버렸다. 그러므로 전형 날짜에 닥쳐서 벼락치기로 준비하지

말고 자신의 강점을 부각시킬 수 있도록 전형 요소에 맞추어 미리 대비
할 수 있어야 한다.

6단계 전형 자료 평가 및 보완

최근의 대학 입시는 2학기의 9월에 이루어지는 수시모집에 이어 수
능시험, 정시모집, 심층 면접, 논술에 이르기까지 일련의 과정을 끊임
없이 치르게 돼 있다. 따라서 수험생들은 각각의 시기에 맞는 전형 자
료를 잘 챙기고 자신의 위치나 실력을 계속 확인하면서 취약점을 보강
해 나가는 전천후적인 준비가 요구된다. 무엇보다도 수험생들은 인내
를 갖고 시시각각 변하는 입시 상황에 잘 적응할 수 있도록 탄력적인
준비를 하는 것이 가장 중요하다.

7단계 목표 대학의 학부 및 학과에 지원하기

3학년이 되면 수시로 담임선생님과 상담을 하면서 자신이 원하는 대
학의 학과를 목표로 하여 끊임없이 자신의 준비 상황과 학업 성취를 확
인해 보는 자세가 중요하다. 수시모집에 합격하면 마음이야 한결 편하
겠지만 이도 수능의 최저학력기준을 충족시켜야 한다. 해마다 이 기준
을 충족시키지 못해 눈물을 삼키는 학생들이 늘어나고 있다. 대입 전략
의 마무리는 바로 '원하는 대학의 원하는 학과에 합격하는 것'이라는
걸 명심하고 끝까지 소기의 목표를 달성하기 위해 방심하지 말고 노력

해야 한다.

학생들이 지원 가능한 대학이나 학과를 정하는 것은 빠르면 빠를수록 좋다. 필자의 생각으로는 3학년이 되어 지원 대학과 학과를 정할 것이 아니라 2학년 때라도 자신의 실력과 장래희망에 비춰서 미리 목표를 정하는 것이 좋다. 그렇게 되면 아무래도 입시에 필요한 전형 요소나 수시, 정시에서의 지원 방법 등도 미리 준비할 수가 있어 보다 전략적으로 대비할 수 있게 된다.

학교에서도 고2 때부터 시작하여 논술 준비나 심층 면접, 학생부 관리나 자기소개서 쓰는 방법 등을 지도할 수만 있다면 훨씬 더 효과적인 진학 지도 방법이 될 수 있다.

대입 준비 - 고3병의 시작

고3이 되면 일상적인 주변의 상황에도 신경질적으로 예민해지는 학생들이 많아진다. 이러한 전반적인 성향을 일컬어 '고3병'이라고들 한다.

고3 담임들은 학기 초 학생들과의 면담으로 입시 지도를 시작한다. 여기에서 진학을 비롯한 그들의 희망 사항을 파악하는 데 초점을 둔다. 면담 과정에서 학생들에게 당면한 현실의 실정을 말해 주면서 그들의 요구나 희망을 듣게 된다. 하지만 학생들은 여전히 예민해져 있다.

필자는 학생들의 학습 동기를 끌어내기 위해선 무엇보다 그들 개개인의 내면에 숨어 있는 진정한 소망이나 열정을 발견하는 것이 필요하다고 생각한다. 가끔씩 교내의 영란길본교의 과학동 뒷길이나 등나무 벤치 같은 자유로운 공간에서 학생들의 말을 듣곤 한다. 학생들이 교무실보다는 편안하게 느끼기 때문이다. 그러면 비교적 솔직한 말들을 주고받을 수 있게 된다.

학생들은 대학 입시를 앞둔 시기에 정말 큰 중압감을 느끼게 된다. 우선 막대한 학습량이 학생들의 무거운 어깨를 짓누른다. 학생들 개개인도 희망하는 대학 진학을 이루려면 행동을 절제하여 학업 성취에 최선을 다해야 한다는 것을 안다. 그러나 최선의 노력을 다하자며 다짐한 결심들이 오히려 더 큰 긴장을 낳게 된다.

외향적인 학생들은 친구들과 잡담을 하거나 가벼운 운동을 하면서 나름대로 스트레스를 해소하고는 공부에 집중한다. 문제는 성격이 내성적이고 소심한 학생들이다. 이런 경우 입시의 중압감에 빠져 친구들이나 선생님들과 의논도 잘 안 하려 든다. 그러다 보니 성적에 매우 예민해지고, 답답함을 혼자 껴안는 경우가 많아진다. 고3의 시기는 당사자뿐만 아니라 주변의 모든 사람들도 어렵게 여기는 때이다. 그런 만큼 주변에 마음을 터놓는 태도가 필요하다. 공부에 있어서도 방향을 서로 공유할 수 있는 선의의 경쟁자가 필요하다. 수험 생활은 자신을 잘 다스리지 못하면 결코 좋은 성과를 올리기 힘든 과정이다. 자신을 잘 컨트롤해 격한 감정이나 조급함을 다스리면서 차근차근 단계를 밟아 나가야만 한다.

가끔 영화에 보면 이기적이고 아집에 사로잡힌 학생이 우등생으로 등장하곤 한다. 하나 현실의 상황은 의외로 그렇지 않다. 필자가 경험한 바로는 학과 성적이 좋은 학생들이 성격이나 대인 관계에 있어서도 원만함을 잘 유지하곤 한다.

앞에서 소개한 숙명여고 H양의 사례를 다시 한 번 생각해 보자. 그 학생은 학업 성적도 월등했고, 인간관계도 좋았다. 'H사마'라 불릴 정도로 학급에서의 인기가 절정이었으며, 봉사심도 강했고, 밝고 쾌활한 성격을 지녔다. 결국 그 학생은 수능시험 전국 1등으로 서울대 법대에 합격했다.

필자가 파악한 대개의 우등생들은 모난 성격의 학생들이 아니었다. 그보다는 오히려 성적이 잘 나오지 않는 학생들이 지나치게 느끼는 중압감으로 인해 고3 생활을 서투르게 몰고 가며 주변과 불화하는 경우가 많았다. 안타까운 일이 아닐 수 없다.

무엇보다도 공부는 꾸준히, 차분하게, 끈기 있게 자신이 정한 학습량에 따라 성실하게 진행해 나가야 한다. 따라서 현명한 학생이라면 고3 시절은 자신의 높은 꿈을 이루기 위해 반드시 치러야 할 통과의례, 혹은 성장통이라고 생각하고 정말 지혜롭게 생활을 영위해 나가야 한다.

학업 성취도가 높은 학생들은 자기 나름대로 긴장과 스트레스를 효율적으로 다스리는 방법도 지니고 있다. 그들은 우선 자신을 잘 컨트롤할 뿐만 아니라 주위 사람들을 자신의 지원 세력으로 만드는 데에도 능력을 가지고 있다. 친구는 물론이고 부모님, 선생님, 대학생 가족이나 친척, 심지어는 학원 선생님까지도 자신의 고3 생활에 도움이 될 정보원이자 든든한 지원자로 만들 줄 안다. 그리하여 자신이 원하는 대로 자연스럽게 정신적, 물질적인 지원을 받아 낸다.

학부모의 입장에서도 고3이 된 자신의 자녀가 지금 가장 어렵고 힘든 시기를 보내고 있다는 점을 명심하고 자녀의 심리적인 안정을 위해 최선의 배려를 해 주어야 한다. 고3이 되면 수험생들은 모든 것이 버겁고 힘들게 느껴진다. 공부하는 학습량도 고2 때와는 판이하게 다른 막대한 분량으로 바뀐다. 여기에 매달 모의평가를 보면 신경은 예민해질 대로 예민해진다.

따라서 학부모들도 자녀에게 감정 섞인 말을 사용하는 것을 가급적 삼가야 한다. '엄친딸', '엄친아들'과 같은 예를 들어서 가뜩이나 힘든 학생을 더 지치게 해서는 안 된다. 한마디 말을 하더라도 사랑과 애정이 담긴 따뜻한 격려의 말을 해 주어야 한다.

학부모들은 자신의 자녀가 겪는 고3의 기간은 대학 합격이라는 결승 테이프를 끊기 전까지는 절대로 끝난 경기가 아님을 반드시 명심해야 한다. 2009학년도 입시부터는 수시모집이 대학 합격 여부를 가리는 대입 정원의 절반을 넘게 차지한다. 이런 까닭에 일부 학부모들은 수시에 지원한 자녀가 대학 지원에 실패하면 마치 입시에서 실패한 것인 양 자녀보다 더 낙담한다. 이는 절대적으로 삼가야 할 태도이다. 수시도 하나의 대입 전략이고 정시도 물론 대학에 들어가기 위한 여러 가지 방법 중의 하나이다.

결론은 간단하다. 대입은 내 자녀가 희망하는 대학이나 학과에 합격하는 것이 최종 목적인 것이다. 따라서 자신의 자녀가 생각보다 모의평가 성적이 잘 안 나오더라도 실망하는 기색을 보이면 안 된다. 또한 수시모집에 지원했다가 불합격하더라도 느긋하게 자녀를 격려해 주고 용기를 북돋아 줘야 한다. 수시는 거대한 대학 입시의 한 과정에 지나지 않는다는 점을 명심하자.

혹 자신의 자녀가 수시모집에 합격하였더라도 방심은 금물이다. 수능 최저학력기준이 기다리고 있기 때문이다. 그러니 대학 문을 들어서기 전까지는 모든 것이 다 과정에 지나지 않는다. 때로는 너무 빨리 달리다가 돌부리에 걸려 넘어질 수도 있고, 너무 늦게 뒤쫓아 오다 시간이 없어서 허둥거릴 수도 있다. 담임선생님과 부모님이 이럴 때 허둥대는 그들의 보폭을 조절해 주고 올바른 방향을 제시해 주어야 한다. 대학 진학 과정은 그러한 격려와 훈도를 통해 끊임없이 꾸준한 정성을 기울여야만 도달할 수 있는 마라톤 경주와도 같은 인생길의 한 여정이다.

이런 학생들이 수능 점수를 잘 받는다

한마디로 원리적 방법에 익숙하고 개념화를 잘하는 학생이 수능 점수를 잘 받는다. 부분에 매몰되지 않고, 지금 현재 배우는 부분이 앞의 단원이나 혹은 다음 단원과는 어떻게 연결이 되는지를 유기적으로 이해할 수 있는 경우이다. 그러기에 이 부류의 학생들은 교과서를 배울 때에도 학습 목표를 잘 이해하고 있다. 곧, 무엇 때문에 배우고 있고, 배워서 어떤 효과를 얻는지를 이해한다는 것이다. 이런 학생들은 수능을 보면 출제자의 출제 의도를 잘 파악한다. 출제자가 어떤 의도를 가지고 이 문제를 출제하였는가를 꿰뚫는다는 것이다. 자신 스스로가 출제자의 입장을 지니게 된다. 그러기에 수능 점수를 잘 받는 학생들은 심지어는 이 문제는 이렇게 출제하면 안 된다느니, 이렇게 출제하는 것이 맞다느니 하는 말을 하게 된다. 결국 주체적인 접근을 하는 학생일수록 수능 점수를 잘 받게 된다.

그렇다면 일반 학생들이 수능시험에서 현재보다 좋은 성적을 받기 위해서는 어떤 점에 중점을 두고 공부해야 할까?

우선 수능시험의 언어영역과 외국어영역의 성패는 시험에 나온 지문이나 제시문들을 얼마나 신속히 읽고, 내용을 정확하게 파악하느냐에 달려 있다. 보통 중위권 학생들은 교과서에서 본 지문이 나올 때와 그렇지 않을 때의 성적이 천차만별로 달라진다. 그만큼 새로운 지문에 능숙하게 대응하지 못한다. 따라서 중위권 학생들은 언어의 문학 작품이 됐든, 영어의 실용문이 됐든 간에 지문을 신속히 파악해 내용을 숙지하는 훈련을 꾸준히 할 필요가 있다. 또한 여러 단원의 내용을 유기적으로 연결시킨 문제 유형도 자주 접해 종합적인 사고력이나 응용력을 기르는 연습을 수능일 전까지 꾸준히 해야 한다.

입시제도가 아무리 바뀌어도 줄기는 같으며, 입시의 근본 원리는 변하지 않는다. 뿌리 깊은 나무는 바람에 흔들리지 않는다고 했다. 학교 교육에 충실히 임하는 단단한 근본 뿌리를 지닌 학생들은 시시각각으로 변화하는 입시제도에도 적용의 방향을 알고 대응한다. 이런 학생들은 평소에 수업을 충실히 듣고, 깊고 넓게 사고하는 능력을 키우기 위해 폭넓게 독서를 하고, 다양한 문제 유형을 익히기 위해 끊임없이 문제지를 뒤적인다. 이들에게 대입 제도는 그저 자신의 능력을 마음껏 펼칠 수 있는 좋은 기회일 뿐이다.

7장
다시 시작하는
교실공부

교실 문을 나오면서

이로써 필자는 즐거운 교실을 만들기 위한 여러 가지 방법과 실제적인 공부 방법들을 다양하게 제언해 보았다. 실로 두서없는 기술이 된 감이 있어, 이 시점에서 이제 이러한 방법들을 각 교육의 단위별로 정리해 보고, 미진한 부분에 첨언을 해야 할 필요를 느낀다. 사실상 오늘의 우리 공교육이 당면한 현실은 어느 한 단위의 노력으로 해결될 수 없기 때문이다. 모두의 노력과 관심, 그리고 우선순위를 분명히 할 수 있는 지혜가 필요한 시점이다.

학교

먼저 학교는 교사와 학생들이 학교생활에서 즐겁고 자율적인 활동을 할 수 있도록 최선의 여건을 만들어 줄 수 있어야 한다. 그러려면 교사와 학생의 관계가 미래를 향한 창의적이고 개성적인 활동 가운데 이루어져야 한다. 교장, 교감 등의 학교 관리자와 일반 평교사의 관계는 일방통행적인 구조를 넘어서 효율적이며 인격적인 구조로 넘어갈 수 있어야 한다. 이를 위해서는 학교 안에서 열린 관계를 지향할 수 있어야 한다.

이때의 '열린'이라는 것은 위아래의 질서와 관계가 무시되는 구조를 의미하지 않는다. 선배 교사의 경륜에 대한 경의와 후배 교사의 개성에 대한 사랑이 살아 움직이는 구조이다. 서로의 의사가 존중 받을 수 있는 시스템을 의미한다. 노장 교사의 경험과 관록, 그리고 소장 교사의 열정과 개성이 만날 수 있는 공간이다. 학교 관리자의 의견이 존중 받고, 일반 평교사의 창의적 제안들이 수용될 수 있는 현장을 말한다. 이런 관계를 통해 학교 현장은 다양성이 존중 받을 수 있고, 소수의 의견에도 귀를 기울일 수 있도록 변화되어야 한다.

모든 노력은 궁극적으로 수업 여건의 개선을 위해 집중화되어야 한다. 결국 교사들의 복지 향상, 노후화된 학교 시설에의 설비 투자, 학교 교육의 경쟁력 강화 등 모든 현안들은 교실 수업을 향해 초점이 맞추어져야 한다. 하지만 오늘날 학교 현장에서 보직 교사들이, 담임교사들이, 일반 교사들이 산적한 행정적 잡무 처리에 시달리고 있다. 그 결과 가장 중시해야 할 학교 수업에 소홀히 하는 경우마저도 생겨난다. 고등학교의 경우 주당 20시간에 육박하는중학교의 경우는 더한다 수업량을 안고

가는 교사들에게 높은 수준의 수업을 요구하는 것은 애초 무리가 따른다. 여기에 교사들에게 논술 지도와 토론 수업의 지도라는 새로운 수업 기법의 개발에 대한 요구가 더해지면, 교실 수업의 질적 도약은 영원히 요원한 과제로 남게 된다.

학교 교사들이 수업에 전념할 수 있는 환경을 만들어 주려면 우선순위가 분명해야 한다. 1순위가 교실 수업, 2순위 담임 행정, 3순위 부서 업무 분장, 4순위 보직 업무 등등으로 우 선순위가 이루어져야 한다.

교사

학교생활의 가장 기초적이고 근본적인 단위는 교실에서 만나는 교사와 학생 간의 관계이다. 교사는 무엇보다도 이러한 관계에 대한 실질적인 인식을 분명히 해 두어야 한다. 어느 한 교사가 아무리 다른 분야의 능력이 출중하다 해도, 그는 역시 교실에서의 수업 행위를 통해 평가 받을 수 있어야 한다. 그래야만 교육 행정가, 교육학자와 구별되는 현장 교사의 정체성에 대한 올바른 자리매김이 이루어질 수 있다.

먼저 교실에서 일어나는 학생들의 태도는 곧바로 교사인 나에 대한 거울이 된다는 사실을 기억해야 한다. 교실에서 일어나는 모든 문제는 일차적으로는 교사에게 책임이 있다. 학생들이 지루해하는 것은 가르치는 나에게 문제가 있다. 학생들이 산만한 것도 역시 가르치는 나에게 문제가 있다. ㅡ 이렇게 인식을 해야만 실마리를 찾아 문제를 해결해 나갈 수 있다. 문제 사안이 발생하였을 때에 그 반의 담임선생님을 탓한다든지 그 반의 학생들을 탓하는 것은 삼가야 한다. 남을 탓하면 주어진 문제를 미봉할 수는 있겠지만, 근본적인 문제 해결에는 오히려 방해가 되고 만다.

그 무엇에 앞서 교사들은 수업을 위한 최선의 준비를 할 수 있어야 한다. 지금은 은퇴하였지만그들은 그만두면 '은퇴'라는 표현을 쓴다, 대치동 학원의 단과반을 휩쓸던 국문과 후배 L을 연전에 만나 점심 식사를 같이한 적이 있었다. 5~6년 전 이야기인가 싶다. 당시 그의 이야기를 여러모로 경청하였는데, 수업을 위해 밤잠을 설쳐 가며 피와 땀을 쏟은 정성은 필설로 다 옮기기 힘들 정도이다. 그는 수업 시간의 수업 내용 한 부분, 농담 한 마디, 제스처 등등을 포함한 전체 콘티를 짜서 수업에 승부를 걸었다고 했다.

신성한 학교의 교육 행위를 학원 강사의 경우에 비교한다는 사실에 대해 불쾌해할 교사들도 있을 것이다. 맞는 말이다. 비교해서는 안 될 일이다. 하지만 학원 강사들이 수업에 투자하는 그 노력만큼은 우리 교사들이 분명히 배워 둘 필요가 있다.

사교육이나 공교육이나 할 것 없이, 수업 내용을 통해 가르치는 사람의 정체성은 드러나는 것 같다. 하지만 분명한 차별성은 있다. 사교육은 상업적 효율성을 높이려 그 교수의 방법이나 내용을 독점하는 '비법'을 강조한다. 하지만, 공교육은 교수의 방법이나 내용, 그리고 태도까지도 공유하는 '나눔'을 강조한다. 그러기에 공교육은 선후배 교사 간의 인격 관계를 통해 배우고 닮아 간다는 긍정적인 전염력이 있다. 이는 일종의 학교 학풍으로 확연하게 드러난다.

필자가 숙명여고 초임 시절 선배 교사들의 모습에서 배운 태도가 있었다. 수업 시간에 온 힘을 다한 정성으로 수업을 하고 거의 탈진 상태로 교무실에 들어오던 선배 교사들의 모습이었다. 이러한 모습은 필자에게 신선한 충격으로 다가왔다. 혼신을 다해 교실에서 자신의 모든 에너지를 연소하는 교사의 모습은 그 무엇보다도 아름다운 모습으로 다가왔던 것이다. 가끔씩 나태해질 때마다 수업에 진액을 쏟아 붓던 선배 교사들의 모습에 대한 회상이 필자에게 커다란 자극제가 되곤 한다. 숙명여고가 차지하는 평판의 거개는 선배 교사로부터 이어져 내려가는 이러한 '현장성'에 있지 않은가 한다. 결국 현장 교사가 쓰러져야 할 자리는 다름 아닌 교단이라는 점을 온몸으로 보인 예이다.

교실 안의 이야기로 다시 돌아가 보자. 교사들이 생각하는 이상으로 학생들은 주어진 사태의 실상을 잘 알아차릴 만큼 예민하면서도 영민하다. 그들은 선생님이 30분 분량의 내용을 1시간으로 늘려 가르치는지, 선생님의 농담이나 우스갯소리가 수업과 연관이 있는지 아니면 시간을 때우기 위한 여담인지를 안다. 그들은 가르치는 내용의 특정 부분에 대해 자신이 있는지 여부를 선생님의 눈빛만 보고도 파악해 낸다. 그러기에 어떤 경우는 교사의 입장에서 "모르는 것은 모른다고 하는 것이 더 낫다."는 것을 안다. "아는 것을 안다고 하고 모르는 것을 모른다고 하는 것이 바로 아는 것이다知之爲知之 不知爲不知 是知也."라고 했다. 교사라면 수업에서 문제의 핵심을 명확히 파악치 못한 채 정답에 꿰맞추어 가르치려다가 학생들 앞에서 식은땀을 흘려 본 경험이 다들 있을 것이다. 준비된 경우에는 모르는 것을 모른다고 할 수 있으나, 준비가 부족한 경우에는 무엇을 모른다 해야 할지도 모르게 된다. 참으로 모골이 송연해지는 경우이다.

요즘은 교육청 주관으로 교사의 수업 내용과 수업 기술 향상을 위한 많은 연수들이 마련되어 있다. 특히 교사들은 여러 연수 중 자신의 직무와 관련한 연수에 관심을 기울여야 한다. 개개인의 과목을 위한 심화 연수, 교과를 위한 수업 컨설팅 그리고 수업 방법의 개선을 위한 공개 수업 등 다양한 직무연수가 마련되어 있다. 교사들은 이러한 연수를 통해서 자신의 상황을 점검하고 재교육할 수 있어야 한다. 그래야만 자신을 자극하여 학생에 앞서 스스로가 새로운 학습 유발 동기를 얻게 된다. 공자는 "배움에 싫증내지 않으며, 남을 가르치기에 지치지 않는다學而不厭 誨人不倦."며 스스로를 자부했다. 교사로서 마땅히 새겨들어야 할 금언인 것 같다.

학생들에 대해서는 본문에서 이미 너무나 많은 이야기를 쏟아 놓았다. 더 이상의 언급은 췌언에 속할 것이고 다만 인성적인 측면에서 몇 가지 중요점을 확인하는 데에 그치고자 한다. 교육 행위의 주체가 학생인가, 교사인가를 놓고서도 말이 있는 것 같다. 주체 여부를 떠나서 분명한 것은 교사 없이는 학생도 없듯이 학생 없는 교사는 존재할 수 없다는 점이다. 그만큼 학생들은 교육 행위의 중심축이다. 무엇보다도 학생들은 자신이 속한 학교를 사랑하고 학교 수업을 가장 중시할 수 있어야 한다. 이것이야말로 학생들이 올바른 학교생활을 영위할 수 있는 가장 기본적인 첫 단추가 된다. 이를 위해 학생들에게 중요한 몇 가지 핵심 사항을 제공하고자 한다.

① 감사하는 긍정적인 마음을 가져야 한다

매우 중요한 태도이다. 학생들은 학교생활을 할 때, 매사에 긍정적인 마음을 지닐 수 있어야 한다. 주어진 사안을 놓고 "할 수 있다."라는 긍정적인 생각을 가졌을 때, 이미 50% 이상 목표에 도달한 것이다. 긍정과 감사의 마음을 가지면 학생들의 학교생활은 당연히 달라질 수 있다. 그러니 주변과 학교와 선생님과 부모에 대해 항상 감사하는 생활을 할 수 있어야 한다. 이러한 긍정적인 생각이 학생을 발전시킬 수 있다.

② 문제가 발생하면 자신을 탓하라

담임선생님의 입장에서 살피자면, 지각을 하는 학생들은 분명하고도 다양한 핑곗거리를 지니고 있다. 버스가 늦게 와서, 자명종이 울리지 않아서, 엄마가 늦게 깨워서, 학습물을 집에 두고 와 되돌아가느라 등등 실로 헤아릴 수 없이 많다. 하지만 이는 어디까지나 핑계이다. 여기에 모든 것을 포괄할 수 있는 단순한 이유만이 남는다. "내가 늦게 일어났다." ― 이것이 진정한 이유이다. 주변을 탓하는 것은 명백하게 그릇된, 심각한 습관이다. 핑계를 통해 학생들은 잠시 동안 심리적 위안을 얻을 수는 있겠지만, 결코 자신이 안고 있는 문제점에서 한 치도 놓여날 수 없다. 현명한 학생이라면 자신의 문제점을 직시하고 자신을 탓할 수 있어야 한다. 그래야 문제를 해결할 수 있다. 학업의 성취 과정도 이와 조금도 다름이 없다. '자신에게는 가혹하고, 남에게는 관대한' 태도를 지녀야 한다. 자신을 사랑하는 것과 자신의 나쁜 습관에 대해 가혹하게 대하는 것은 다르다. 나쁜 습관이 있다면 올바로 직시하고 가혹하게 대하여 그 상태에서 즉시 벗어나야 한다. 그래야 생활과 학업에서 바람직한 성취를 이룰 수 있다.

③ 교실 수업에 집중해야 한다

앞서 누차 언급한 내용이다. 학생들은 교실 수업에서만큼은 초집중할 줄 알아야 한다. 이 태도만큼은 가장 중요시해야 한다. 미루는 습관을 버리고, '지금 당장'이라는 개념을 항상 머릿속에 확고히 담고 있어야 한다. 배우는 내용을 지금 당장 생각 속에 녹여서 파악할 수 있어야 한다는 말이다. 그래야만 다음 수업의 이어질 내용들에 대한 준비가 이루어진다. 현명한 학생이라면 선생님의 농담이 한가로워 보여도 그 속에 개념을 이해시키기 위한 귀중한 교훈들이 담겨 있다는 점을 놓치지 않는다. 교사들의 입장에서는 집중하는 학생들은 반드시 시야로 들어온다. 저절로 그 학생들에게 설명의 흐름과 호흡을 맞추게 된다. 그러면 그 학생들은 더 잘 이해하게 된다. 학습의 선순환이 이루어지는 과정이다.

④ 주체적인 공부를 해야 한다

학생들의 공부는 반드시 주체적이어야 한다. 주체적인 공부를 하게 되면, 교실에서의 한 시간 수업을 위해 예습과 복습을 하게 되고, 수업 중에 메모나 노트 정리를 하는 과정이 필수적으로 이루어지게 된다. 이런 학생들일수록 예·복습 활동과 노트 정리의 주체성이 면밀하게 드러난다. 이 학생들은 오답노트, 어휘노트, 맞춤노트 등 자기 방식의 노트들을 지니고 있다. 이들이 굳이 사교육에 매달리지 않는 이유이다. 학교 수업에 능동적인 태도로 대하다 보면 예·복습을 통해서 공부하기에도 시간이 모자라기 때문이다. 이들은 부족한 학습 내용이 있을 경우 학교의 방과후 학교를 이용하여 해결한다. 예컨대, 논술이 부족한 학생이라면 방학 때의 논술 특강, 언어영역 중 현대시와 고전시가가 부족한 학생이라면 시문학 특강 등을 이용한다. 이렇듯 주체적인 공부가 학습 과정의 핵심이 되어야 한다.

⑤ 주변과의 관계를 원만히 하라

훌륭한 성취를 이룬 사람들이 곧잘 하는 말이 있다. 자신이 이룬 성취의 핵심은 "일이 아닌 사람과의 관계이다."라는 것이다. 사람과의 관계는 인성을 통해 드러난다. 공자의 말에 "공부하는 사람은 집에 들어가서는 효도를 하고 나가서는 웃어른에게 공순하며, 근면하고 신실하고 두루 사람들을 사랑하고 어진 이와 친하게 지낸다. 이렇게 행동하고도 남은 힘이 있다면 공부에 힘쓴다弟子入則孝 出則弟 謹而信 汎愛衆 而親仁 行有餘力 則以學文."라고 했다. 이는 명백히 인성을 기른 이후에 공부할 것을 권면한 내용이다. 좋은 인성은 주변과의 좋은 관계를 가져오고 일의 성공적 성취를 이루는 데에 핵심적인 기반이 된다. 결국 주변과의 관계를 돈독히 할 줄 아는 학생이라야 제대로 된 학업 성취도 이룰 수 있다는 것이다.

⑥ 자신만의 취미를 지닌다

사람은 기계가 아닌지라 학업에만 매진할 수는 없다. 학업은 즐거우면서도 고통스러운, 살아 움직이는 삶의 한 과정이다. 이 학업의 과정

284

이 지치고 피곤하게 느껴질 때가 반드시 있을 것이다. 이런 때라면 적절히 자신의 취미 생활을 통해서 이를 즐거움으로 반전시키기 위한 휴식의 과정을 가져야 한다. 종교를 가진 학생들은 기도나 명상 등을 통해 자신을 추스를 수 있을 것이다. 자신이 공부하고 있는 목표와 향방이 보다 뚜렷해짐을 느낄 것이다. 음악 감상, 영화 감상 등의 감상을 위주로 하는 정적인 취미이든 사이클, 요가, 농구 등의 스포츠와 연관한 동적인 취미이든 간에 적절한 취미 생활은 분명한 삶의 활력소가 된다. 아울러 독서가 개인적 취향이나 흥미의 차원에서 적절히 이루어지면 휴식에 큰 도움이 된다. 물론 앞으로 학생 각자에게 닥치게 될 입시에서의 논술이나 구술 상황에도 도움을 얻을 수 있을 것이다. 스포츠에 대한 취향이든, 감상 분야의 취향이든 취미 생활은 학생들에게 평생의 반려가 될 수 있다. 성인이 된 후 각자에게 유·무형의 어려움이 닥쳤을 때 취미 생활이야말로 이를 극복할 수 있는 좋은 수단이 될 수 있다는 사실을 잘 기억하기 바란다.

학부모

대한민국에서 가장 감당하기 어려운 일이 바로 이 학부모 노릇이 아닌가 한다. 공교육인 학교를 믿고 근본을 따르자니 내 아이만 뒤처지는 것이 아닌가 하는 두려움에 싸이기 쉽다. 사교육인 학원에 맡기자니 피곤해하는 아이의 모습이 눈에 밟히며, 엄청난 사교육비가 걱정된다. ― 이러한 양면적인 걱정으로 인해 학부모들은 오늘날 실로 난감한 처지에 놓여 있다.

하지만 분명한 것은 이런 때일수록 우선순위를 확고히 해야 한다는 것이다. 현명한 학부모라면 자신의 자녀들이 주체적인 공부 방법을 익힐 수 있도록 같이 노력해야 한다. 학교 수업에 최선을 다하게 하고, 학교에서의 인간관계에 대해서도 그 중요성을 훈계하고 훈육해야 한다.

물론 자녀들은 이를 잔소리로 여겨 몹시 싫어할 수도 있다. 이때 부모가 솔선해 보이는 태도가 중요하다. 부모가 자주 책을 접하고 문화적인 환경을 만들어 주며, 창의적인 태도를 보여 주면 그것 자체가 교육이 될 수 있다. 학생들은 부지불식간에 이러한 부모들의 태도를 이어받게 된다. 이는 학교생활의 태도에 그대로 드러나게 된다.

대학생이 아닌 이상 고등학생이라면 간섭과 훈도가 분명히 필요하다. 문제는 그 훈육이 정밀해야 한다는 점이다. 부모들이 지나치게 반복적이고 습관적으로 훈계를 남발하는 일은 삼가야 한다. 자녀들이 공부할 때 어머니가 같이 독서하고, 자녀들이 쉬는 토요일 오후 아버지와 학생이 같이 등산할 수 있는 가족간의 공감대가 중요한 것이다.

필자는 평소 두 딸아이들과 여행을 많이 다녔다. 방학이 되면 첫째와 2박 3일, 둘째와 3박 4일 그리고 가족 모두와 5박 6일 하는 식으로

286

많은 여행지를 돌아 다녔다. 오늘날 대학생과 고등학생인 두 딸아이들은 여전히 세상 물정 모르고 철없는 일면이 있기는 하지만 가족 관계와 친구 관계 등의 인간관계를 소중히 여길 줄 아는, 평범하지만 소중한 자의식과 인격을 지니고 있다. 이 아이들은 필자와 필자의 직업을 매우 소중하게 생각하며 자랑스럽게 여기고 있다. 필자가 이 지면을 빌려 뜬금없이 무슨 가족 자랑을 하고자 함이 아니다. 요는 평소 가족간의 유대감과 공감대를 가지고자 하는 부모의 노력이 자녀의 인격 형성에 매우 중요하다는 점을 말하고자 한 것이다.

부모의 태도는 학생들에게 그대로 전이된다. 교사도 흠결이 많은 인간에 지나지 않는다. 특정 교사에 대해 학부모들이 날카롭게 공격하게 되면 학생들은 해당 교사에 대해 아주 쉽사리 심한 불만에 감염되고 만다. 이는 학생들의 학교생활에 돌이키기 힘든 치명적인 결과를 낳곤 한다. 그런 만큼 부모들은 집안에서 학교와 교사에 대한 부정적인 험담을 가능한 한 삼가야 한다. 필자도 딸아이들이 중학교, 고등학교를 거쳐 자라게 되면서 학부모의 마음을 정말 많이 이해하게 되었다. 성의 없는 담임선생님의 태도로 인해 화가 나기도 했고, 융통성 없는 학교의 태도로 인하여 심히 분노하기도 했다. 두 딸을 키우면서 왜 학부모들이 학교에 대해 섭섭해하고 무엇을 불만으로 삼는지를 역지사지의 입장에서 혹독하게 경험하게 되었다. 이후 필자 스스로가 학생들을 대하는 태도에도 실로 많은 변화가 일어났다. 하지만 어떤 경우에도 두 딸아이들

면전에서 학교나 학교 교사를 비난한 적은 없다. 필자가 교사인지라 단순한 동업자 의식에서 그리 했던 것이 아니다. 평소에도 필자 부부는 두 딸아이들 앞에서만큼은 절대로 어떤 경우에도 부부 싸움을 하지 않는다. 동일한 이유에서이다.

또한 자녀가 고3이라면 입시 상황에 대해서 부모가 분명한 철학과 관심을 가지고 자녀를 대해야 한다. 부모가 일정한 안목을 가지고 대학 입시에 관한 정보를 모으되 옥석을 가려 숙지할 수 있어야 한다. 이 과정에서 학교나 교사를 신뢰하고 대화의 통로를 분명히 마련해 두어야 한다. 그러니 학교에서 개최하는 입시 설명회나 학부모 총회 같은 데에 빠지는 우愚는 절대로 범하지 말았으면 한다. 여기에서 그 학교의 입시 지도 방향이나 담임선생님의 교육 소신들을 확인해야 한다. 나아가 지속적인 관심을 바탕으로 자신의 자녀가 어떤 장단점을 지니고 있는지를 파악하고, 실력과 적성에 맞게 담임선생님과 더불어 자녀의 장래에 대해 고민하는 현명한 학부모가 될 수 있어야 한다.

분명 대한민국 사회에서 학부모 노릇 하기가 쉽지 않다. 그게 현실이고 사실이다. 하지만 학부모부터가 원칙과 근본을 분명히 세우면 된다. 나머지는 여기에 맞추어 자녀의 입시 상황에 따라 적절하게 그 과정을 밟아 나가야 한다. "근본이 서면 방향은 생겨나게 마련이다本立而道生."라고 했다. 학부모라면 가슴에 새겨야 할 금언이다.

부록

논술을 위한 권장도서목록

지정도서 지필평가

영화를 활용한 통합 논술

▶ 숙명여고의 경우에 한정된 도서목록이다. 각 교과에 의뢰하여 도서 선정을 확정하였으며, 매년 그 내용을 갱신하고 있다. 학교 현장에서 이루어지는 청소년들을 위한 도서 선정의 한 흐름을 살필 수 있을 것이다.

1. 철학

	도 서 명	지은이
쉽게 읽는 철학이야기	소피의 세계	요슈타인 가아더
	딸에게 들려주는 작은 철학	롤란드 시몬 셰퍼
	청소년을 위한 철학교실	알베르 자카르
	서양철학사 100장면	김형석
	오류를 알면 논리가 보인다	탁석산
	꼭 같은 것보다 다 다른 것이 더 좋아	윤구병
	철학은 내 친구	위기철
	두 글자의 철학	김용석
이론 속으로 한 걸음 접근하기	노자와 21세기	김용옥
	도올논어	김용옥
	노자와 장자	이강수
	철학이야기	윌 듀란트
	동양철학 에세이	김교빈
	철학의 에스프레소	빌헬름 바이셰델

2. 역사학

	도 서 명	지은이
역사이야기	광기와 우연의 역사	슈테판 츠바이크
	역사란 무엇인가	E. H. 카
	인간의 역사(상, 하)	미하일 일린
	세계사의 100대 음모론	데이비드 사우스웰
	역사의 종말	프랜시스 후쿠야마
세계사 속으로	거꾸로 읽는 세계사	유시민
	세계사 편력	자와할랄 네루
	먼나라 이웃나라	이원복
	살아있는 세계사 교과서	전국역사교사모임
	청소년을 위한 세계사(서양편 동양편)	이강무, 우경윤
한국사 속으로	삼국유사	일연
	한국고대사산책	한국역사연구회
	삼국, 고려, 조선시대 사람들은 어떻게 살았을까(각 2권)	한국역사연구회
	한국과 그 이웃나라들	이사벨라 버드 비숍
	역사 속의 역사 읽기(1~3)	고석규 외
	살아있는 한국사 교과서(1, 2)	전국역사교사모임
	조선왕국 이야기	김영자
	청소년을 위한 한국사	백유선 외

3. 심리학

	도 서 명	지 은 이
심리이야기	사랑의 기술	에리히 프롬
	소유냐 삶이냐	에리히 프롬
	위대한 콤플렉스	이규동
	밀실의 인간 광장의 인간	강인정
	화 - 화가 풀리면 인생도 풀린다	틱낫한
	선택의 심리학	배리 슈워츠
인간관계와 심리	화성에서 온 남자 금성에서 온 여자	존 그레이
	설득의 심리학	로버트 치알디니
	사람을 읽으면 인생이 즐겁다	이종주
	자기분석여행	에노모토 히로아키

4. 종교학

	도 서 명	지 은 이
종교란 무엇인가	한국의 종교, 문화로 읽는다	최준식
	신의 나라 인간 나라(세계의 종교편)	이원복
	세계 종교 둘러보기	오강남
종교로부터 배운다	무소유	법정
	탈무드	마빈 토케이어
	목적이 이끄는 삶	릭 워렌
	너무 바빠서 기도합니다	빌 하이벨스
	칼과 칼집	한홍

5. 신화학

	도 서 명	지 은 이
신화란 무엇인가	신화의 힘	조셉 캠벨 외
	신의 나라 인간 나라(신화의 세계편)	이원복
	신화의 역사	카렌 암스트롱
재미있는 신화이야기	중세의 신화	노마 로어 굿리치
	그리스 로마 신화	토마스 불핀치
	중국의 고대 신화	위앤커
	한국의 신화	황패강
	아즈텍과 마야 신화	길 토베
	(그림으로 보는) 황금가지	제임스 조지 프레이저
	살아있는 우리 신화	신동흔
	뱀파이어 연대기	한혜원
	한국인의 상징세계	구미래

1. 사회·문화

	도 서 명	지은 이
한국의 사회·문화	우리 문화의 수수께끼	주강현
	한국인에게 문화는 있는가	최준식
	꽃으로 보는 한국문화	이상희
각국의 사회·문화	미국의 정체성 : 10가지 코드로 미국을 말한다	김형인
	마이너리티 역사 혹은 자유의 여신상	손영호
	미국 메모랜덤	최성일
	반미	김진웅
	변화와 생존의 경계에서 선 중국 지식인	김태만
	중화요리에 담긴 중국	고광석
	떠오르는 용, 중국	김하중
	국화와 칼	루스 베네딕트
	일본 문화 이야기	유시민
	일본인 취급설명서	로버트 쓰치가네
미래와 문명진단	현대문명진단	이원복
	문명의 충돌	새뮤얼 헌팅턴
	21세기 예측	클라우스 슈밥
	당신의 인생을 이모작하라	최재천
문화기행	나의 문화유산답사기	유홍준
	나의 북한 문화유산답사기	유홍준
	독일문화기행	조두환
	실크로드	장 피에르 드레주
	세계문화기행	이희수
	무량수전 배흘림기둥에 기대서서	최순우

2. 여성

	도 서 명	지은 이
여성학 이야기	제2의 성	시몬 드 보부아르
	우리나라 여성들은 어떻게 살았을까	이배용 외
	세상의 절반 여성 이야기	최성수 외
	페미니즘의 도전	정희진
	행복한 페미니즘	벨 훅스

3. 법·정치·외교

	도 서 명	지 은 이
법·정치· 외교 이야기	법과 문학 사이	안경환
	살아있는 우리 헌법 이야기	한상범
	청소년을 위한 이야기 정치학	페르난도 사바테르
	(한국사로 읽는) 성공한 개혁 실패한 개혁	이덕일
	사이버 외교관, 반크	박기태

4. 경영·경제

	도 서 명	지 은 이
경제를 쉽게 이해하기	31가지 테마가 있는 경제여행	우영수
이론 속으로 접근하기	부자의 경제학 빈민의 경제학	유시민
	미래경영	피터 드러커
	유시민의 경제학 카페	유시민
	작은 것이 아름답다	E. F. 슈마허
세계경영인 에게 배운다	잭 웰치 - 끝없는 도전과 용기	잭 웰치
	빌 게이츠@생각의 속도	빌 게이츠

5. 언론·신문·방송

	도 서 명	지 은 이
언론·신문· 방송이야기	대중문화의 겉과 속	강준만
	신문읽기의 혁명	손석춘
	대중문화의 패러다임	원용진
	네트워크 사회의 도래	마뉴엘 카스텔

6. 사회현상

	도 서 명	지 은 이
사회문제 이해하기	NGO 시민의 힘이 세상을 바꾼다	박원순
	제3의 길	앤서니 기든스
	전환기 한국의 사회문제	한완상 외
	한국의 정체성	탁석산
	당신들의 대한민국	박노자
	불안	알랭 드 보통
	노동의 종말	제레미 리프킨

1. 교양과학

	도 서 명	지은이
수학이야기	재미있는 수학여행(1~4)	김용운
	화성에서 온 수학자	브루스 쉐흐터
	흥미 있는 수학 이야기	이만근 외
	유클리드 기하에서 현대 기하로	고바야시 쇼이찌
과학이야기	이야기 파라독스	마틴 가드너
	과학콘서트	정재승
	물리학자는 영화에서 과학을 본다	정재승
	(쉽게 읽는) 카오스	아이하라 가즈유키
	파인만 씨 농담도 정말 잘 하시네요!	리처드 파인만
	물구나무 과학	전용훈
	알고 싶은 과학의 세계(1~2)	리처드 플레이스트
	재미있는 화학여행	김희준
	21세기 과학의 포커스	서울대 교수 30인
	시네마 사이언스	정재승
	과학원리로 떠나는 창의력 여행	송은영
동물이야기	털 없는 원숭이(동물학적 인간론)	데스먼드 모리스
	솔로몬왕의 반지	콘라트 로렌츠
	지구 46억 년의 역사	장순근

2. 순수과학

	도 서 명	지은이
과학철학	과학혁명의 구조	토마스 S. 쿤
물리학	일반인을 위한 파인만의 QED 강의	리처드 파인만
	$E = mc^2$	데이비드 보더니스
	엘러건트 유니버스	브라이언 그린
	엔트로피	제레미 리프킨
	현대 물리학과 동양사상	프리초프 카프라
	부분과 전체	베르너 하이젠베르크
화학	신비스러운 분자	리오네 살렘
생물학	생명코드 AGCT	과학동아편집부
	유전자들의 전쟁	이병훈
	생물학의 시대	홍욱희
	꿈꾸는 달팽이	권오길
	종의 기원	찰스 다윈
	인간 복제 무엇이 문제인가	제임스 왓슨 외
지구과학	가이아 : 살아있는 생명체로서의 지구	제임스 러브록
	풀코스 우주여행	김지현 외

3. 기술과학

	도 서 명	지은이
건강 (생활의학)	인간은 왜 병에 걸리는가	랜덜프 네스
	잘 먹고 잘 사는 법	박정훈
	3일 만에 읽는 뇌의 신비	야마모토 다이스케
	죽은 의사는 거짓말을 하지 않는다	닥터 월렉
기술	파리가 잡은 범인	M. 리 고프
	나노기술이 미래를 바꾼다	이인식
	도구와 기계의 원리	데이비드 맥컬레이
	신라 과학기술의 비밀	함인영
	일렉트릭 유니버스	데이비드 보더니스
환경	침묵의 봄	레이첼 카슨
	카인의 환상	박형구
	위기의 지구	앨 고어
	녹색시민 구보 씨의 하루 : 일상용품의 비밀스러운 삶	존 라이언 외

1. 예술일반

	도 서 명	지은이
예술일반	예술과 인간	어윈 에드만
	예술과 환영	E. H. 곰브리치
	놀이와 예술 그리고 상상력	진중권
	오늘의 예술	오카모토 타로
	예술의 종말 이후	아서 단토

2. 미술

	도 서 명	지은이
미술일반·디자인	(난초를 닮은 서화가) 김정희	안성희
	이중섭과 아이들	강원희
	피카소의 성공과 실패	존 버거
	우리는 어디에서 와서 어디로 가는가	폴 고갱
	동양화 읽는 법	조용진
	서양화 읽는 법	조용진
	서양 미술사 100장면	최승규
	박수근	오광수
	소호에서 만나는 현대미술의 거장들	강은영
	바우하우스	권명광
	재미있는 디자인 여행	커트 행크스
	문방사우	이겸노
미술기행	50일간의 유럽 미술관 체험	이주헌

3. 음악

	도 서 명	지은이
음악일반	70일간의 음악여행	이장직
	재미있는 음악사 이야기	신동헌
	우리가락 우리문화	한명희
	판소리 이야기	최동현
	세기의 걸작 오페라를 찾아서	이덕희
	청소년을 위한 위대한 음악가	한국일보 타임-라이프
	모차르트 : 신의 사랑을 받은 악동	미셸 파루티
	무대 뒤의 오페라	밀턴 브레너
음악기행	유럽음악기행	황영관

4. 연극·영화 / 뮤지컬·무용

	도 서 명	지 은 이
연극·영화	재미있는 연극 길라잡이	이영미
	김성곤의 영화기행	김성곤
	문학과 영화	김성곤
	될 수 있다(영화·애니·만화)	이태균 외
	맛있는 시나리오	강석균
	영화의 이해	루이스 자네티
뮤지컬·무용	뮤지컬 : 기획·제작·공연의 모든 것	스티븐 시트론
	발레감상법	서차영
	현대무용감상법	남정호
	춤에 빠져들다	이용숙
	춤 테라피	가브리엘 로스

5. 건축 / 만화·애니메이션

	도 서 명	지 은 이
건축	세계건축기행	김석철
	20세기 건축	김석철
만화·애니메이션	일본만화 편력기	이명석
	미녀와 야수, 그리고 인간	김용석

지정도서 지필평가 –고전문학 6문제

※ (가)~(다)를 읽고 물음에 답하시오.

(가) 유영은 바위 위에 앉아 소동파의 시를 읊다가 문득 차고 있던 술병을 열어 다 마시고는 취하여 바위 옆의 돌을 베개 삼아 누웠다. 잠시 후 술이 깨어 주위를 살펴보니 산수를 즐기던 이들은 모두 돌아가고, 동산에는 달이 떴으며 바람은 꽃잎을 어루만지고 있었다.

그때 부드러운 말소리가 바람을 타고 들려왔다. 유영은 이상히 여겨 찾아가 보았다. 그곳에는 **한 소년**이 **절세미인**과 마주 앉아 있다가 유영이 오는 것을 보고 반갑게 맞이하였다.

－작자 미상 〈운영전〉

(나) 한편 김 진사는 많은 돈을 가지고 서울로 올라온 뒤부터 한시도 쉴 새 없이 권세가 높은 집안을 찾아다니기에 눈코 뜰 사이가 없을 지경이었다. 그 당시 서울 장안에서 세력깨나 쓰고 산다는 사람은 허 판사였다. 김 진사는 허 판사와 가장 가깝게 지

낸다는 사람과 친하게 되었는데, 그 (ⓐ)라는 위인은 윗사람에
게 아첨이나 하고 비위나 맞추어 주면서 살아가는 소인배에 지
나지 않았다. 허 판사에게 알랑알랑해서 양주 목사라는 벼슬자
리를 얻었고, 벼슬을 사고파는 무리 틈에 끼어서 뚜쟁이처럼 주
선을 해 주고 이익을 챙기며 사는 하잘것없는 위인이었다.

―작자 미상 〈채봉감별곡〉

(다) 태종 황제의 개국공신이었던 유기의 삼십대 손 **유심**이란
사람은 충직할 뿐만 아니라 부귀공명도 으뜸이었으나 다만 한
점 혈육이 없어 항상 신세를 한탄하였다. 이에 천지신명께 고
하여 애끓게 빌었으니 옥황상제인들 무심할 수 없을 것 같았
다. **장씨 부인**은 어느 날 한 꿈을 꾸고 그날로 태기가 있어 옥동
자를 낳으니 방 안에는 향기가 그윽하고 밖에는 예사롭지 않은
구름이 가득 찼다. 그때 선녀 하나가 나타나 하늘나라에서 나
는 복숭아 두 개를 내놓으며 일렀다.

"하나는 부인이 잡수시고 하나는 훗날 공자를 먹이면 오래도
록 죽지 않고 잘 살아가리라."

과연 아기의 모습은 비범한 데가 있었다. 두 눈은 봉황의 눈
처럼 빛났고 빼낸 것 같은 두 귀와 오똑한 코는 왕의 얼굴을 방
불케 하였다.

―작자 미상 〈유충렬전〉

Ⅰ.

1. (가)에 대한 내용이다. 맞는 것은?

① (가)는 병자호란을 겪은 쓸쓸한 궁궐터를 배경으로 한다.

② 한 궁녀의 시기와 오해가 불러일으킨 비극적인 결말의 이야기이다.

③ 꿈속에서 만난 **한 소년**의 이야기를 유영이 기록한 것이다.

④ **절세미인**은 자책감으로 스스로 목을 매어 자결한다.

⑤ 안평대군은 자신을 속여 온 궁녀들을 처형하고 만다.

2. (가)를 정리한 내용이다. 빈 칸에 들어갈 알맞은 낱말은?

발단	어느 가을, 선비 유영이 안평대군의 옛 집인 (㉠) 터에 들어가 홀로 술을 마시다가 잠이 들고, 꿈속에서 한 남녀를 만나 그들로부터 지난 이야기를 듣는다.
전개	(㉡)은/는 안평대군의 궁녀로 들어와 지내던 중에 대군을 찾아와 시로 풍류를 즐기던 젊은 김 진사를 보고 사랑에 빠진다. 이들은 궁을 드나드는 (㉢)을/를 통해 몰래 편지를 주고받는 등 은밀하게 사랑을 나눈다.
위기	김 진사의 종인 (㉣)와/과 궁녀인 자란 등의 도움으로 김 진사는 궁의 담을 넘나들 수 있게 된다. 김 진사는 함께 달아날 계획을 세우나 안평대군에게 들키고 (㉡)은/는 죽는다.
절정	사랑하는 여인의 죽음 소식을 알게 된 김 진사는 기절했다가 정신을 차린 후 보화를 부처에게 바쳐 내세를 기약하려 한다. 　그러나 모두 (㉣)에게/게 가로채인 것을 알고 억울함을 부처께 고한다. 그리고 자신도 슬픔을 이기지 못해 식음을 전폐한다.

<table><tr><td>결
말</td><td>남녀는 하늘로 올라가기 전에 슬픔을 억제하지 못하면서 자신들의 비극적인 사랑을 세인에게 전해 달라고 당부한다.</td></tr></table>

3. (나)의 제목과 ⓐ의 인물을 쓰시오.

4. (나)는 당대의 사회문제를 다루고 있어서 사회소설로도 볼 수 있다. (나)소설에 나타난 당대의 부패상 두 가지를 쓰시오.

5. (다)에 대한 설명으로 거리가 <u>먼</u> 것은?

① 천상에서 지상으로 적강한 영웅의 일대기를 그리고 있다.

② 충신과 간신의 대립구도를 통해 조선시대의 충신상을 그려낸다.

③ **유심**과 **장씨 부인**은 간신의 간교에 의해 처참하게 지내다가 마침내 목숨을 잃는다.

④ 역심을 품은 간신들의 모함으로 가족은 뿔뿔이 흩어지나 주인공은 무예를 배우며 때를 기다린다.

⑤ 주인공이 호국을 정벌하고 설욕하는 장면은 병자호란 이후 생긴 민중들의 청나라에 대한 적개심을 반영한 것으로 볼 수 있다.

6. (다)는 조선 후기의 대표적인 영웅 군담 소설이다. 빈 칸에 적절한 인물을 넣이 (다)의 영웅 시사 구조를 완성해 보라.

영웅 소설의 일반적 구조	(㉠)의 일대기
고귀한 혈통	현직 고위 관리 유심의 외아들
비정상적 출생	부모가 선천에 기도하여 늦게 얻은 아들
탁월한 능력	천상인의 하강이므로 비범한 능력을 지님
가족과 헤어짐	간신의 박해로 죽을 고비에 처함
구출 · 양육	(㉡)을/를 만나 그의 사위가 되고, 도승을 만나 도술을 배움
성장 후 위기 고난 극복과 승리	(㉢)의 반란으로 인한 국가적 위기를 맞음 반란을 평정하고 부귀영화를 누림

7. '신표信標' 란 뒷날에 보고 증거로 삼기 위하여 서로 주고받는 물건
   을 말한다. (다)에 나타나는 신표 두 가지를 찾아 적고 이들이 어떻
   게 사용되었는지 설명하라.

※ (라)~(바)를 읽고 물음에 답하시오.

   (라) 들어라. 먹는 것만 하더라도 사람은 못 먹는 게 없어 무
엇이나 되는대로 먹어 치우지만 범은 초목이나 벌레 같은 것은
먹지 않으며, 강술 같은 좋지 못한 것을 즐기지 않고, 젓갈이나
알 같은 자질구레한 것도 차마 먹지 못한다. 산에 있는 사슴이
나 노루를 먹고 들에 나가면 소나 말을 사냥하여 먹으며, 더구

나 사람들처럼 먹는 것을 가지고 서로 다투는 일은 없다. 이 얼마나 공명정대한가? 범이 노루나 사슴을 먹으면 사람은 범을 미워하지 않다가도 범이 만일 말과 소를 잡아먹으면 원수라고 떠들어 대더구나. 아마 노루나 사슴이 사람에게 은혜를 끼친 적이 없지만 말과 소가 태워 주고 일해 주는 공로도, 사랑하고 충성하는 생각도 다 저버리고 다만 날마다 푸줏간이 이어지도록 이들을 죽이고, 심지어는 그 뿔과 갈기까지 남기지 않고 오히려 노루와 사슴을 함부로 잡아 우리로 하여금 먹을 것을 잃게 한다.

— 박지원 〈호질〉

(마) 양반은 천한 말과 행동을 하지 말아야 하고, 선조들의 높은 행적을 본받아 이를 따라야 한다. 새벽에 일찍 일어나 등잔불을 밝히고 꿇어앉아, 눈은 코끝을 내려보면서 얼음 위에 조롱박을 굴리듯 동래박의東萊博義를 술술 외워야 한다. 배고픔을 참고 추위도 견뎌야 하며, 가난하다는 말을 해서는 안 된다. 할 일이 없어 앉아 있을 때는 아래 위의 이를 마주쳐 딱딱거리며, 뒤통수를 톡톡 치고 잔기침을 하며, 입을 다셔 침을 삼켜야 한다. 탕건이나 갓은 소매로 문질러 먼지를 떨어내고 윤이 나게 하며, 세수를 할 때는 주먹을 쥐고 씻지 말고, 양치질은 알맞게 해 냄새가 나지 않게 한다. 노비를 부를 때는 목청을 길게 돋우어 부

르고, 걸음은 느릿느릿 걷고, 신은 가볍게 끌어야 한다. 또한 손으로 돈을 만지지 않고 쌀값을 묻지 말아야 한다.

— 박지원 〈양반전〉

(바) 이튿날은 3월 24일이라, 고을 풍속에 따라 해마다 젊은 남녀들이 (ⓐ)을/를 찾아 향불을 피우고 저마다 소원을 비는 날이었다. 양생은 저녁 예불이 끝나기를 기다려 법당에 들어가 자기 소매 속에 깊숙이 간직해 가지고 갔던 (ⓑ)을/를 꺼내어 부처님께 아뢰었다.

"오늘 제가 부처님을 모시고 내기를 하고자 하나이다. 소생이 지면 법연을 베풀어 부처님께 보답해야 할 것이며, 만약 부처님께서 지신다면 꼭 미녀를 소생의 배필로 점지해 주시길 간절히 바라옵니다."

— 김시습 〈만복사저포기〉

8. (라)는 인간의 부정적인 면을 대표하는 인물을 통해 현실을 풍자하고 있다. 빈 칸에 알맞은 낱말을 넣어 표를 완성하시오.

북곽 선생	아첨을 잘하는 위선적인 인물
(㉠)	많은 이들을 속이는 표리부동한 인물
다섯 아들	상황을 판단하지 못하는 어리석은 인물
의원	모르는 것을 아는 체하며 시험하느라 많은 사람들을 죽인 인물
(㉡)	선량하나 선비의 이중성을 깨닫지 못하는 어리석은 대중

9. (마)의 내용이다. 사실과 거리가 먼 것은?

① (라), (마) 모두 박지원이 쓴 소설로 양반의 이중성과 위선의식을 신랄하게 비판하고 있다.

② (라)에서 범은 모든 일에 뛰어나며 천하에서 대적할 이가 없으며 모든 것을 잡아먹으나 결코 잡아먹히는 일이 없는 존재이다.

③ (라)의 다섯 아들은 결국 북곽 선생을 잡지 못하였으며 북곽 선생은 누구의 눈에도 띄지 않고 집으로 돌아갈 수 있었다.

④ (마)에서는 양반이라도 무능하면 환곡을 갚지 못하고 빚을 질 수 있었고, 부자라도 문벌이 없으면 천대를 받기도 했다.

⑤ (마)에서 군수가 '양반매매증서'를 만든 이유는 부자를 괘씸히 생각해서 부자가 함부로 양반이 되는 것을 막기 위해서였다.

10. (바)의 빈 칸 (ⓐ)와 (ⓑ)에 알맞은 낱말을 쓰시오.

11. (마)에서 비판하고자 하는 양반들의 모습을 한자성어로 잘 나타낸 것은?

① 표리부동 ② 백면서생 ③ 후안무치 ④ 허례허식 ⑤ 공리공론

12. (바)에 대한 설명이다. 거리가 먼 것은?

① 『금오신화』에 실린 이야기로 분위기가 비현실적이고 몽환적이다.

② 삶과 죽음에 대한 작가의 인식과 영혼관을 알 수 있다.

③ 이별을 극복하려는 인물의 적극적인 노력은 비극성을 고조시킨다.

④ 남녀의 초월적인 사랑이라는 점에서 (가)와 비슷하다.

⑤ 작품의 결말은 설화와 유사하며 양생의 절대적인 사랑을 함축한다.

13. (바)는 '만남과 이별'이 반복되면서 깊어지는 양생과 여인의 사
    랑 이야기를 다루고 있다. 이들의 '만남과 이별' 과정을 바르게
    전개하시오.

---

⑦ 양생과 여인이 불전에서 만남

㉯ 여인의 거처에서 3일간 지냄

㉰ 여인이 영원한 이별을 고함

㉱ 여인과 만나 보련사로 감

㉲ 양생이 전답을 모두 팔아 제를 지냄

㉳ 〈만강홍〉 곡조에 시와 술을 주고받음

(가 -   -   -   -   -   )

Ⅱ.

(라)에서 범이 꾸짖는 것 중 두 가지를 밝히고, 이를 토대로 오늘날
우리 사회의 지식층이 가져야 할 요건 두 가지를 서술하시오.

(5점)(조건 : 분량 15줄 ± 3줄 / 꾸짖기 2, 요건 2 중 다 못 쓰면 감점)

지필평가 정답 및 평가 기준

Ⅰ.

번호	정 답	인정 답안	오 답
1	④		
2	㉠ 수성궁		궁
	㉡ 운영		
	㉢ 무녀무선의 신녀	무당	
	㉣ 특	특이	
3	채봉감별곡	추풍감별곡	
	김양수		김양주, 김 목사 등.
4	물질에 대한 지나친 추구. 매관매직. 권력 남용. 부패한 관리. 권력 독점 등. (어법, 맞춤법, 문맥 이상시 −0.2점)	양반들의 허세. 윗사람에게 아첨을 일삼음. 돈에 눈이 멀어 사람을 속임. 권력에 눈 먼 사람들. 권세가 높은 사람의 횡포. 출세하려고 딸을 팔았음. 벼슬이라면 모든 것을 팔아넘김. 벼슬을 사고팖. 화적들의 횡포. 축첩제도. 탐관오리의 만행. 양반의 권위 하락. 무능한 양반층. 여자의 인권이 무시되었다. 모든 것이 돈에 의해 결정되었다. 돈 때문에 여자들이 기생이 됨.	권문세족의 횡포. 돈으로 사고팔 수 있는 신분제도. 왕의 절대적 권한. 세도정치. 양반의 불필요한 허례허식. 결혼할 상대가 마음에 들지 않아도 결혼함. 출세하는 것이 중시됨. 자신의 노력 없이 좋지 않은 길을 통해 돈을 수월하게 버는 것. 부모의 생각만으로 혼인하는 것. 신분제의 혼란, 붕괴.
5	②, ③		
6	㉠ 유충렬(유원수)	충렬	영웅
	㉡ 강희수(간 승상)	강희주	강 정승, 강 진사
	㉢ 정한담	정한담과 최일귀	최일귀, 간신

번호	정답	인정 답안	오답
7	칼, 죽도, 검		삼태성, 복숭아 등
	아들임을 증명. (어법, 맞춤법, 문맥 이상시 -0.2점)	유심과의 재회에서 사용, 아버지를 만날 때 사용 등. 아버지가 징표로 줌. 아버지와 만날 수 있게 하였다. 서로를 확인, 알아보다. 징표로 쓰임.	유충렬이 칼을 보고 아버지 임을 알아보았다. 등 주객이 바뀐 답.
	글, 시, 적삼과 치마에 쓴 시	치마, 적삼, 비단, 베	편지, 서찰, 시조, 비단 손수 건 등
	아내임을 증명 (어법, 맞춤법, 문맥 이상시 -0.2점)	아내와의 재회에서 사용, 아내를 만날 때 사용 등. 아내에게 징표로 줌. 아내와 만날 수 있게 하였다.	다시 만날 것을 기약함. 자신의 절개를 적음. 글을 남겼다. 유충렬이 아내에게 준 '치마'를 보고 아내를 알아 보았다 등 주객이 바뀐 답. 잘린 검을 보고. 대명국도원수라는 글씨. 삼태성. 유 씨와 강 낭자의 사랑의 증거
8	㉠ 동리자 ㉡ 농부, 농민		
9	②	③	
10	ⓐ 만복사 ⓑ 저포(윷)		
11	④		
12	③		
13	바 - 나 - 라 - 다 - 마		

Ⅱ. ― '아첨 잘하기, 성품이 어질지 못함, 성품이 악함, 인간의 잔인함, 함
부로 목숨을 뺏음(생명을 소중히 여기지 않음), 남의 것을 함부로 빼
앗는 탐심과 탐욕, 인정이 없음, 은혜와 원수를 모름, 천명을 모르고
의원이나 무당에 이끌려 혹함, 세속의 이해에 이끌려 병듦' 중 두 가
지를 밝힌다. (2점) (이때 한 가지만 바르게 밝히면 1점.)

― 우리 사회 지식층의 두 요건 : 도덕성과 윤리성, 공약에 대한 책임
감, 소신 정치 등에 관하여 두 가지 서술. (3점) (이때 한 가지만 적절하
게 서술하면 1점. 서술 내용이 산만하거나 일관성이 없으면 1점 감점. 분량
이 15줄에서 ±3이면 1점 감점.)

▶ 앞서 소개한 숙명여고 논술 지도의 한 사례이다. 1, 2학년을 대상으로 중간·기말시험이 이루어진 시기에 강당에서 실시된다. 지도 교사는 4단계를 거쳐 전체의 지도 과정을 완성하게 된다.

영화를 활용한 통합 논술

1단계 먼저 영화에 대한 해설지가 전해지고 학생들에게 영화 전반에 걸친 해설이 이루어진다. 영화 〈호텔 르완다〉의 해설지는 필자가 작성한 내용이다.

죽거나 혹은 다치거나 ─호텔 르완다

영화를 보고 나면 감동의 물결이 넘실넘실 밀려와 행복한 경우가 있고, 보고 나서도 종내 불편하고 무거워 그 침울함이 오래 가는 경우가 있습니다. 오늘의 영화는 후자의 경우로 단적으로 말해 매우 불편합니다. 하지만 여기에는 결코 지나칠 수 없는 영화적 힘이 담겨 있습니다. 요즘 뜨고 있는 프랑스의 젊은 감독 프랑소아 오종의 작품이 우리를 너무도 불쾌하고 불편하게 하지만 그의 메시지를 거역할 수 없듯이 말입니다.

영화의 공간은 아프리카 르완다입니다. 우리에게 아프리카는 〈야성의 엘자〉나 〈아웃 오브 아프리카〉에서 표현된 감성적 사랑이나 〈블랙 호크 다운〉에서 표현된 기근과 혼돈의 땅으로 다가옵니다. 그만큼 우리에게

310

먼 느낌을 주고 있습니다. 문제는 이곳에서 쉴 새 없이 벌어지는 내전. 이 영화는 근대사에 있어 가장 참혹한 학살극을 낳았던 1994년 르완다 내전을 다루고 있습니다.

배경 이해를 위해 '르완다 내전'을 인터넷에서 찾아보았습니다.

▶ 르완다 분쟁은 현재 진행되고 있는 아프리카 분쟁 중에서도 가장 비극적인 분쟁의 하나로 후투족과 투치족 간의 종족간 대립이 이웃 부룬디와 구 자이르현 콩고민주공화국로 파급되어 확대된 분쟁이다. 후투족과 투치족의 종족 갈등으로 1990년 이후 1994년까지 약 150만 명이 학살되고 국민 814만 명 중 240여만 명이 난민이 되어 주변국을 배회하며 분산 수용되고 있다.

르완다 난민의 대량 유입에 의해 주변 부룬디와 자이르의 내전이 악화되면서 해당 국가들은 르완다 난민의 축출을 실시하였고, 난민들도 피난국의 내전에 휩쓸려 수십만이 학살되는 등 세계 최악의 인권 유린이 자행되고 있다. 난민의 피란 및 이동 과정에서 대량 학살이 공공연히 자행되어 1997년 자이르에서 귀환 중이던 르완다 난민 20만 명이 행방 불명되는 등 최악의 상황에 있었다. 동 분쟁에 대해 국제 사회는 처음에는 개입을 시도하였으나 대규모의 인명살상과 난민이 발생하자 분쟁에 대한 개입을 포기하고 철수한 바 있으며, 이 분쟁으로 대규모의 난민을 발생시켜 주변 국가들의 안정에 위협 요인이 되었다. (네이버 지식IN)

　이 영화는 실화에 기초하며, 모든 캐릭터는 실존 인물에 바탕을 두고 있습니다. 주인공은 종족 갈등으로 고통을 겪는 폴 루세사 바기나. 내전 당시 르완다 수도 키갈리 지역에 위치한 특급 호텔 ‘밀 콜린스’의 지배인으로 일하고 있던 그는 후투족이면서도 투치족을 아내로 맞아 그 사이에서 낳은 세 자녀를 가족으로 두고 있습니다. 주된 영화적 초점은 생명을 돌보려는 그의 인간적 고민과 헌신적인 노력에 맞추어져 있습니다.

　의외로 캐스팅이 화려합니다. 주인공 폴 역의 돈 치들 외에도 닉 놀테, 호아킨 피닉스, 장 르노 등의 쟁쟁한 배우들이 출연하지요. 자치군의 장군이나 호텔 종업원 등 다른 흑인 배우들은 대부분 남아프리카 공화국의 인기 코미디언, 배우들인데 다들 연기의 포스가 대단합니다. 이중 아카데미에도 노미네이트되었던 주연 돈 치들의 연기는 정말 소름이 끼칠 지경입니다. 진실성 면에서 가히 경이롭다고밖에는 표현하기 힘들 정도로 탁월합니다.

　감정이 과잉으로 노출된 섣부른 감상주의나 영웅주의를 이 영화에서는 찾을 수 없습니다. 혹시 대규모로 연출된 공습이나 잔혹한 학살 장면과 같은 블록버스터 급의 볼거리를 기대했다면 실망할 것입니다. 감독 테리 조지는 우리에게 “이래도 비극적이라고 느끼지 않을래.” 하는 방식으로 강요하질 않습니다. 다만 그는 “도대체 인간이란 무엇인가.”를 나직한 목소리로 묻고 있습니다. 그러기에 이 영화가 우리에게 주는 울림이 더욱 큰가 봅니다.

　탄탄한 연출력과 시선을 떼지 못하게 하는 스토리의 긴장 구조, 제재의 섬뜩함을 요리하는 노련한 리얼리즘 수법 – 참 좋은 영화입니다. 하지만 뭐랄까…… 보기가 참으로 힘이 드는 건 사실입니다. 일테면 무거운 돌이 가슴 한복판을 짓누르는 답답함이랄까. 폴 역의 돈 치들이 넥타이를 매다 흐느끼던 장면은 오랫동안 잊혀지지 않습니다.

이 영화를 먼 아프리카 남의 나라 얘기로 돌리기엔 마음이 편치 않습니다. 열강들의 정치 논리에 소모되고 이용되는 나라. 프랑스와 벨기에 등 외세에 빌붙는 르완다 정치인들의 모습과 어리석게 희생되는 백성. 백성과 백성 간에 벌어지는 한없는 미움과 증오, 그리하여 돌이킬 수 없는 상처를 지니게 된 나라 르완다.

양상과 정도에서야 분명 차이가 있지만 우리의 역사도 이런 고통에서 자유롭지 못했나 싶습니다. 외세로 인한 민족 분쟁을 원죄로 안고 살아온 나라. 지역 갈등의 상처를 오랫동안 입고 이제 겨우 치유기에 들어선 나라. 하지만 세대간, 계층간 갈등이 이미 위험 수준을 넘어가고 있는 나라, 대한민국.

이 영화는 해피엔딩입니다만, 기쁘기는커녕 우리를 몹시도 착잡하게 만듭니다. '또 다른 르완다' 라는 현재 진행형의 남은 가시들이 도처에서 우리를 찌르고 있다는 걸 잘 알기 때문입니다. 모든 분쟁에는 정치니 이념이니 하면서 당의정이 그럴듯하게 입혀집니다. 하지만 그 당의정 속에 숨겨진 진실의 맛은 너무도 쓰디씁니다.

쓰다 못해 너무도 불편하고 거북한 영화. 하지만 결코 외면할 수 없는 진실을 담은 영화 – 호텔 르완다였습니다.

- -

♠ 다음 글을 읽고 물음에 답하시오.

(가) 학교 밖에서 우리를 괴롭힌 것은 대담하고 잔혹하기 이를 데 없는 석대의 보복이었다. 석대가 떠난 뒤로 한 달 가까이 우리 교실은 매일같이 어딘가 한 모퉁이는 자리가 비었다. 석대가 길목을 막고 있는 동네의 아이들이 결석하기 때문이었는데, 그때 아이들이 입게 되는 피해는 하루 결석 정도로 그치지 않았다. 어딘가 후미진 곳으로 끌려가 한나절 배신의 대가를 치렀고 그렇게까지는 안 돼도 가방이 예리한 칼에 찢기거나 책과 도시락을 든 채 수채 구덩이에 던져졌다. 나중에는 석대를 몰아낸 걸 공공연히 후회할 만큼 그 보복은 끈질기고 집요했다. 그렇지만 시간이 흐르면서 안팎의 도전들은 차츰 해결되어 갔다. 먼저 해결된 것은 석대 쪽이었는데, 그 해결을 유도한 새 담임선생님의 방식은 좀 특이했다. 우리에게는 거의 불가항력이었건만 어찌된 셈인지 담임선생님은 석대 때문에 결석한 아이들을 그 어느 때보다 호된 매질과 꾸지람으로 다루었다.

"다섯 놈이 하나한테 하루 종일 끌려 다녀? 병신 같은 자식들."

"너희들은 두 손 묶어 놓고 있었어? 멍청한 놈들."

그렇게 소리치며 마구다지 매질을 해 댈 때는 마치 사람이 갑자기 변한 것처럼 보였다. 우리는 영문을 몰랐으나 그 효과는 오래잖아 나타났다. 우리 중에서도 좀 별나고 당찬 소전거리 아이들 다섯이 마침내 석대와 맞붙은 일이었다. 석대는 전에 없이 표독을 떨었지만 상대편 아이들도 이판사판으로 덤비자 결국은 혼자서 다섯을 당해 내지 못하고 꽁무니를 뺐다. 선생님은 그 아이들에게 그 당시 한창 인기 있던 케네디 대통령의 『용기 있는 사람들』이란 책을 한 권씩 나눠 주며 우리 모두가 부러워한 만큼 여럿 앞에서 그들을 추켜세웠다. 그러자 다음날 미창米倉 쪽에서도 똑같은 일이 벌어지고 그 뒤 석대는 두 번 다시 아이들 앞에 나타나지 않았다.

– 문학교과서(상), 이문열, 〈우리들의 일그러진 영웅〉

(나) 지난 주 미국의 유명 안티 게임 변호사 잭 톰슨Jack Thompson은 버지니아 공대의 불행한 사건은 PC게임 '카운터 스트라이크' 때문이라며 비난하고 나섰다. 미국 방송 채널 NBC에서는 잭 톰슨과의 인터뷰를 생중계했고, 잭 톰슨은 인터뷰를 통해 조승희 사건은 폭력적인 게임 때문에 발생한 사건이라고 강력히 주장했다. 잭 톰슨은 "버지니아 공대에 재학하는 학생 중 대부분이 FPS게임 '카운터 스트라이크'를 플레이 했고, 조승희도 분명 함께 플레이 했을 것이다."며 "독일에서 발생한 청소년 총기 사건의 범인도 비디오 게이머였다."고 강조했다.

또한 그는 "조승희가 컴퓨터 앞에 항상 앉아 있었다는 점을 미루어 보아 분명 카운터 스트라이크를 플레이 했을 것이다."는 주장을 내세웠다. 그의 주장에 대해 아나운서가 "조승희의 룸메이트는 그가 컴퓨터 앞에서 대부분 에세이를 쓰며 시간을 보냈다는 증언을 했다."고 반박하자 잭 톰슨은 "그들은 사실을 모른다."며 "조승희는 범행 당시 각 방과 방을 마치 게임을 플레이 하듯 움직였고, 이번 사건이 그의 첫 범행인 것으로 짐작해 분명 게임을 통한 시뮬레이션이 머릿속에 각인돼 있었을 것이다."고 설명했다.

잭 톰슨은 "카운터 스트라이크는 사람들을 죽이는 방법을 간접적으로 가르치고 있으며, 조승희 역시 게임을 통해 훈련하지 않았다면 이처럼 침착하게 범행을 저지를 수 없었을 것이다."며 "실제로 이 같은 게임들은 군대에서 군인들의 훈련을 위해 사용되기도 한다."고 주장했다.

위와 같은 인터뷰 방송을 시청한 게이머들은 "카운터 스트라이크가 단지 사람들을 죽이는 게임인 줄 아는 그에겐 더 이상 할 말도 없다.", "그의 주장에 따르면 전 세계 게임 인구가 모두 범죄자로 변모할 수 있을 것이고, 심지어 나 자신조차도 살인자가 될 가능성을 지니고 있다."는 등 잭 톰슨의 주장에 심하게 반대하고 있는 상황이다. 또한 한 게이머는 "조승희가 단순히 충동적으로 범행을 저지르지 않은 것으로 미루어 보아 게임 자체가 조승희에게 범행 동기를 부여했다고 명확히 확정 지을 수 없다."며 논리적인 반박을 하는 모습도 보였다.

이에 대해 한 전문가는 "잭 톰슨은 그 동안 '그랜드 테프트 오토GTA', 불리 등 수많은 게임을 비판해 왔다."며 "하지만 이번 사건의 경우 조승희가 게임을 플레이 했다는 명확한 증거가 없는 상황이라 논란이 증폭되고 있다."고 말하였다.

–《게임 스팟》 김영대 기자 2007. 4. 24

(다) 미국은 2001년 9.11 테러를 당한 후, 테러를 자행한 빈 라덴과 그를 지원한 국가를 응징하기 위하여 아프카니스탄을 공격하고 이어서 2003년 3월 20일 이라크를 공격하여 사담 후세인을 정권에서 축출하였다. 국제사회는 미국의 이라크 전쟁을 찬성하는 국가와 반대하는 국가로 양분된 상태였다. 독일, 프랑스의 이라크 전쟁 반대는 전통적인 서구 진영의 동맹 관계를 약화시켰다. 그러나 참혹한 파괴를 동반할 수밖에 없었던 이라크 전쟁에 대한 체계적인 윤리적 분석이 아직까지는 이루어지고 있지 않다.

현대 정치 사상에서 정의로운 전쟁 이론은 통상적으로 다음의 3가지 영역으로 분류되어 논의되고 있다. 첫째, 전쟁을 수행하기 전에 고려할 사항으로 정의로운 전쟁의 조건Jus ad Bellum이다. 즉 어떠한 조건 하에서 결정된 전쟁이 정의로운 전쟁인지에 대한 것이다. 둘째, 일단 전쟁이 발발한 경우 교전국들은 어떤 수단을 사용하는 것이 정의의 원칙에 부합하는가에 대한 연구이다Jus in

Bello. 셋째, 전쟁이 종료된 후의 전후 처리 과정상의 정의론Jus post Bellum이다.

정의로운 전쟁 이론을 이라크 전쟁에 적용하는 과정에서 이라크의 지원을 받는 테러 집단의 공격이 확실하고 현존하는 위험clear and present danger인가에 따라 전쟁 사유cause의 정당성이 정해진다. 이라크 전쟁의 명분을 놓고 벌어지는 국내외 논쟁의 초점도 여기에 있을 것이다. 정당한 전쟁의 사유에 대한 실제적인 평가는 항상 어려움을 수반한다. 특히, 테러 집단에 의한 무력 사용의 경우에는 더욱 그러하다. 그러나 국제연합무기사찰단에 대한 이라크의 비협조와 은밀하게 진행된 테러 집단과의 연계 가능성은 이라크가 대량살상무기 개발 의지를 포기하였다고 추정할 만한 확신을 주지 못한다. 이러한 상황에서 전쟁의 개시 여부를 결정해야 했던 부시 대통령과 측근들은 확실하고 현존하는 위험을 느꼈을 것이다. 또한 정당한 전쟁 원인만이 정의로운 전쟁을 판단하는 근거는 아니다. 전쟁의 의도, 최후통첩 여부, *거시적 대칭성의 원칙을 포함한 포괄적인 고려가 필요하다. 특히, 미래의 국제 사회의 안정이라는 조건은 이라크 전쟁의 윤리적 평가를 내리는 데 있어서 중요한 요소이다. 안정된 국제 환경을 조성하는 것은 역사 발전이 지향하여야 할 목표이다. 9.11 테러를 자행한 극단주의 집

주* 거시적 대칭성의 원칙: 전쟁을 수행하지 않음으로써 초래되는 손실이 전쟁 수행의 비용보다 지대하여야 전쟁의 정당성이 인정되는 원칙

단들이 대량살상무기를 자의적으로 사용할 수 있는 국제사회는 결코 안정된 국제 환경이 아니다. 테러 집단마저 대량살상무기를 소유하고 있다면 전쟁의 가능성은 더욱 높아진다. 따라서 이를 저지하기 위한 미국의 이라크 전쟁은 정의로운 전쟁의 조건을 상당 부분 충족한다고 평가할 수 있다.

– 양진석, 〈정의로운 전쟁Just War 이론과 이라크 전쟁〉

(라)

▶ 제목 : 호텔 르완다 Hotel Rwanda, 2004

▶ 감독 : 테리 조지

▶ 출연 : 돈 치들, 닉 놀테, 소피 오코네도, 호아킨 피닉스

▶ 기타 : 2006. 09. 07 개봉/ 121분/ 드라마, 전쟁/ 12세 관람가

▶ 줄거리 : 1994년 르완다 수도 키갈리. 후투족 출신 대통령이 두 부족의 공존을 위해 평화 협정에 동의하면서 수십 년간 이어진 후투족과 투치족의 대립은 일단락되는 듯했다. 평화 협정의 진행을 돕기 위해 UN군이 파견되었고, 수많은 외신 기자들이 이 역사적인 사건을 취재하기 위해 르완다로 몰려들었다.

르완다의 최고급 호텔 '밀 콜린스'의 호텔 지배인인 폴 루세사바기나돈 치들는 평화 협정과 관련하여 밀려드는 취재 기자와 외교관들 때문에 바쁜 나날을 보내고 있다. 사랑 받는 가장이자 지배인으로서 행복한 삶을 살아가는 폴은 하루빨리 협정이 체결돼 르완다가 안정되기를 바란다. 그러나…….

대통령이 암살당하면서, 르완다의 상황은 악화된다. 후투족 자치군은 대통령 살해의 책임을 빌미로 아이들까지 투치족을 닥치는 대로 살해하고, 온건파 후투족까지 곱지 않은 시선으로 바라본다. 위협을 느낀 폴은 투치족 아내와 가족들의 안전을 위해 호텔로 피신한다. 이후 그곳으로 수천 명의 피난민들이 모여드는데…….

논제) (가), (나), (다)는 폭력의 발생에 대한 관점과 대응 방안을 담고 있다. 이를 검토하여 (라)의 폴과 유엔 평화유지군의 행위를 참고로, '폭력의 정당성과 그 해결 방안'에 대해 논술하시오.

3단계 학생들에게 각자 제시문을 읽고 이것과 연관해 생각할 시간을 준다. 이어 논술화를 하기 위한 모범적인 방안을 제시하여 주기 위해, 이와 연관한 프린트를 나누어 준다. 프린트의 내용은 다음과 같다.

제시문 분석과 통합적으로 엮어 짜기

1) 서론─개념화와 문제 제기 및 관심 환기·························· (15%)

   폭력이란?

   왜 인간은 폭력적인가?

   사회 폭력이 낳는 결과 등등

2) 본론 ① 사회 폭력 만연의 현실································· (20%)

   국내적 ─ 재벌 폭력, 조폭을 영웅시하는 영화 등등

   국외적 ─ 조승희 사건, 각종 내전, 종교 분쟁 등등

   적용하기 ─ 폭력의 발생에 대한 관점

   　(가) 문학교과서(상), 이문열, 〈우리들의 일그러진 영웅〉

   　　　다수자의 단결력 부족으로 인한 소수자의 횡포

   　(나) 《게임 스팟》 기사

   　　　사회 문화적 원인 ─ 청소년들의 게임 중독과 현실감 상실

   　(다) 양진석, 『정의로운 전쟁 이론과 이라크 전쟁』

   　　　테러와 테러에 대한 국제 사회의 응징

3) 본론 ② 해결 방안 및 대안 제시·································· (50%)

   (다) 평화를 지키기 위한 정의로운 전쟁의 가능성

   (라) 폴과 UN 평화유지군의 행위

      — 가족을 지키기 위한 본능적 태도

      — 평화를 지키기 위한 자위적 행위로서의 폭력

   현 사회 상황으로의 적용(개인/ 기업/ 정부/ 세계)

4) 결론··· (15%)

4단계 일정한 기간을 주고 공모전을 실시한다. 관리의 문제로 인해 공모를 못하고 3단계에서 끝내는 경우도 많았다. 우수작 2편을 소개한다.

〈호텔 르완다〉 논술공모전 (2007학년도)

최우수작

이선주, 2-7

연전에 일어났던 미국 버지니아 공대 난사사건은 많은 부상자와 사상자를 만들었다. 이뿐만 아니라 2001년에 일어났던 9.11테러 사건도 엄청난 피해를 불러일으켰다. 이와 같은 사건은 우리 사회에서 많이 일어나며, 우리에게 폭력이란 무엇인지에 대해서 의문을 제기한다.

폭력에는 두 가지의 종류가 있다. 타인의 몸에 피해를 가함으로써 생기는 물리적 폭력과 언어로 인해서 생기는 언어적 폭력이 있다. 이 두 가지 폭력의 원인은 나와 타인의 차별화에 의해서 생긴다. 나와 다르다는 인식으로 인해 자신의 우월주의에 사로잡혀 타인을 무시함으로써 폭력이 생기는 것이며, 인간은 폭력적일 수밖에 없다.

폭력은 사회에 만연하며, 이러한 폭력을 바라보는 관점은 모두 다양하다. (가)에서 담임선생님은 석대의 폭력이 다수의 부족한 단결력 때문에 일어난다고 판단하고, 다수의 협동을 강조한다. 이처럼 (가)에서 보는 폭력은 다수의 부족한 협동으로 인해 발생하는 횡포이며, 해결책은 다수의 단결심이다.

(나)에서 잭 톰슨은 미국 버지니아 공대 난사사건이 청소년들의 게임 중독으로 인해 현실과 게임 공간상의 감각을 상실하여 일으킨 착각 때문에 일어났다고 평가하였다. 이를 통해 (나)에서의 관점은 게임 중독과 같은 사회문화 현상 때문에 일어났다고 한 것이다.

(다)에서 화자는 미국이 테러를 자행한 빈 라덴, 그의 집단에 대한 보복과 그 집단이 소속된 국가를 응징하기 위해 전쟁을 일으켰다고 말한다. 그리고 화자는 테러를 일으킨 집단들이 무기를 가지고 있는 그러한 국제사회는 결코 안정적이지 않으며 그러한 국제사회를 구제하기 위해서 미국이 전쟁을 일으킨 것은 정당하다고 말하였다. 즉, (다)에서 화자의 관점은 정의를 지키기 위해서 사용되는 폭력은 정당하다고 주장한다.

(라)에서의 폴과 유엔 평화유지군의 행위는 달랐다. 폴은 가족 이외에도 많은 사람들을 가족으로 여기는 본능적인 보호의식으로 지켰으며 유엔 평화유지군은 테러를 집행한 집단으로부터 평화를 지키기 위해서 폭력을 행하였다.

이처럼 폭력에 대한 의의는 어느 상황에서든지 다 같은 것은 아니다. 다시 말해 테러를 행하는 집단과 그 폭력을 막기 위해 행하는 집단의 폭력의 의의는 다르다. 그러나 폭력에 대한 의의에 정당성이 있다고 하여도, 정의를 지키기 위한 집단의 폭력도 마찬가지로 물리적인 폭력이다.

이러한 물리적인 폭력에 대한 해결 방안은 (라)의 폴의 태도에서 찾을 수 있다. 폴은 호텔에서 머물고 있는 모든 사람들에 대해 책임 의식을 가지고 끝까지 남아 그들을 책임졌다. 즉, 타인에 대한 수용적인 자세이다. 이것은 더 나아가서 다수의 단결에의 자세가 된다. 자신과 타인과의 차별화는 결코 집단을 단결시킬 수 없을 뿐만 아니라 오히려 싸움과 폭력을 일으킨다. 인간의 다양성을 인정하여 개인부터 차별 의식을 없애고 다수와의 단결을 중요시 여긴다면 폭력과 싸움은 자연스럽게 사라질 것이다. 더욱이 세계의 차원에서는 민족, 더 나아가서는 인종과의 다름을 수용하여야 한다.

사회에서 사람들은 아직도 폭력의 피해를 받고 있으면서도 수용 자세의 중요성을 인식하지 못하고 있다. 여전히 영화에서는 폭력의 좋은 측면만을 묘사해 시청자들은 폭력을 행하면 영웅이 되는 줄 알고 있다. 이러한 사회에서 우리는 폭력의 올바른 정의를 알아야 하며, 자신과 타인의 다름을 수용하여 다수의 단결심을 길러야 한다.

정민수, 2-16

폭력이란 신체적인 공격 행위 등 불법으로 행사되는 물리적 강제력이다. 사회에는 언어 폭력, 학교 폭력 등 많은 폭력이 있는데 우리는 이것에 영향을 받아 폭력적으로 변한다. 또한 다른 사람을 향한 미움이나 자신과 다르다는 이유로 폭력을 쓴다. 이런 행동은 개인뿐만 아니라 넓게는 사회에 나쁜 영향을 끼친다. 폭력은 주위의 사람을 해치고 악화되면 분단, 전쟁 등 대량 학살의 원인이 되기도 한다.

폭력에 대한 사회의 현실은 참혹하다. 우리 주위에는 폭력을 부추기는 영화, 조직 폭력 단체, 전쟁이 만들어지거나 일어난다. 조폭의 이야기를 그린 영화나 폭력적인 장면이 대부분을 차지하는 영화가 극장에서 상영된다. 어떤 학생은 조폭이 멋있다고 생각해 그들을 아무 생각 없이 따라 하고 실제로 조폭이 되기도 한다. 게다가 다양한 매체를 통해 국내외에서 일어나는 폭력 사건을 접한 사람이 폭력에 눈을 뜨기도 한다.

(가)는 〈우리들의 일그러진 영웅〉의 대다수 학생이 단결을 못해 석대한 사람에게 폭력을 당하는 모습을 그린다. (나)에 의하면 안티 게임 변호사 잭 톰슨은 조승희가 플레이 한 것으로 추측되는 한 폭력적인 게임이 사건을 계획하고 사람을 죽이는 방법을 간접적으로 알려 줬다고 생각한다. (다)는 폭력이 또 다른 폭력을 부른다는 것을 이라크 전쟁을 통해 얘기하고 있다. 이처럼 우리 곁에는 다양한 폭력의 원인이 있다. 하지만

제일 심각한 건 주변 사람들은 이런 폭력이 일어나기까지 어떤 조치도 취하지 않는다는 거다.

폭력이 정당한가에 대해선 사람들의 의견이 분분하다. 〈호텔 르완다〉의 폴은 가족을 지키기 위해서, 유엔 평화유지군은 어려운 상황에서 자신을 지키기 위해서 쓰는 폭력은 정당하다고 생각한다. 모두 어떤 것을 지키고 또 다른 폭력이 일어남을 방지하려면 폭력이 행해져도 무방하다는 것이다. 하지만 그들이 사용한 폭력이 다른 폭력의 원인이 될 수 있다. 실제로 이스라엘과 파키스탄은 몇 년째 계속 싸우고 있다.

폭력을 해결하려면 첫째, 남을 자신처럼 여기는 행동이 필요하다. 실제로 나와는 무관하다고 방관하는 사람이 적지 않다. 〈호텔 르완다〉의 유엔 평화유지군과 유럽 나라가 자신에게 아무런 영향을 안 준다고 군인을 철수한 장면이 그 예이다. 그와 다르게 폴이 다른 사람을 지켜 주고 돌봐 준 행동은 폭력의 해결 방안이다. 둘째, 사람이 폭력적인 영상 매체를 자주 접하지 않도록 해야 한다. 어렸을 때부터 폭력적인 장면을 본 아이는 폭력적이 되며 청소년 때에 나쁜 길로 가기도 한다. 실제로 한 조사에 따르면 14%의 학생이 폭력 서클에 가입할까를 생각했다고 한다. 셋째, 다른 사람에게 관심을 가져야 한다. 관심을 많이 못 받은 사람은 자신의 존재성에 대해 고민하게 되고 애정결핍이 되기도 한다. 이런 사람은 자신의 불만을 해결하기 위해 폭력적으로 변한다. 결국 다른 사람을 괴롭히고 폭행을 하면서 만족감을 얻는다. 심하면 자살을 선택하는 경우도 있는데 남이 자신을 알아주지 않아 살 이유를 못 느끼게 돼서 극단적인 방법을 취하게 된 것이다.

　폭력은 종류가 다양해 정당성과 해결 방안을 내놓기 어렵다. 해가 거듭되어도 줄지 않는 폭력 사건의 수는 사회가 폭력에 대해 빈약한 관심을 보인다는 것을 의미한다. 그럴수록 우리는 주위에 관심을 가지고 남을 나와 동등한 존재로 생각해 사회 폭력 현실을 개선해야 한다.